CARL-FRIEDRICH GEYER

PHILOSOPHIE DER ANTIKE

CARL-FRIEDRICH GEYER

PHILOSOPHIE DER ANTIKE

Eine Einführung

PRIMUS
VERLAG

Einbandgestaltung: Jutta Schneider, Frankfurt

1. Auflage 1978
2., unveränderte Auflage 1988
3., unveränderte Auflage 1992

Die drei ersten Auflagen erschienen unter dem Titel
›Einführung in die Philosophie der Antike‹.

Die Deutsche Bibliothek – CIP-Einheitsaufnahme

Geyer, Carl-Friedrich:
Philosophie der Antike: eine Einführung /
Carl-Friedrich Geyer. – 4., neubearb. Aufl. –
Darmstadt: Primus Verl., 1996
ISBN 3-89678-305-X

Lizenzausgabe 1996 für den Primus Verlag, Darmstadt

4., neubearbeitete Auflage

Gedruckt auf säurefreiem und alterungsbeständigem Werkdruckpapier
Printed in Germany

ISBN 3-89678-305-X

INHALT

VORWORT ZUR VIERTEN, NEUBEARBEITETEN AUFLAGE

Diese vierte Auflage stellt insofern eine Neubearbeitung dar, als der gesamte Text kritisch durchgesehen, ärgerliche Druckfehler beseitigt worden sind und die wichtigste Literatur zur Philosophie in der Antike seit Erscheinen der ersten Auflage in die Auswahlbibliographie eingearbeitet worden ist. Zudem hat es sich als notwendig erwiesen, im Ausgang von neueren Tendenzen der Forschung wie von Verschiebungen innerhalb des die Rezeption der Antike leitenden Interesses nicht unerhebliche Teile neu zu fassen. Das Interesse an der Philosophie in der Antike hat sich in den letzten Jahren in zwei Richtungen verschoben: von der eher spekulativen und prinzipienorientierten Philosophie hin zur praktischen Philosophie (im Umkreis Platons ganz besonders zu Fragen der Politik und im Umkreis des Aristoteles hin zu Fragen der Ethik und Handlungstheorie) sowie in die Richtung einer neuen Sicht auf die vorsokratische Philosophie, d.h. auf die Anfänge von Philosophie überhaupt. Ungeachtet dessen glaube ich, weite Teile meiner ursprünglichen Konzeption erneut vorlegen zu dürfen, erscheint es doch nach wie vor geboten, daß sich der Leser die primär *philosophischen*, also *systematischen* Grundlagen in Auseinandersetzung mit den Originaltexten erarbeitet und zu eigen macht. Entscheidende Verbesserungsvorschläge und weiterführende Hinweise verdanke ich den Teilnehmern der unterschiedlichen Vorlesungen, Seminare und Übungen, denen diese Einführung zugrunde lag. Möge die vorliegende veränderte Fassung weitere zwanzig Jahre ihre guten Dienste tun.

Bochum, den 15. Februar 1996 Carl-Friedrich Geyer

EINLEITUNG

Die folgenden Ausführungen stellen den Versuch dar, einen in sich geschlossenen und dennoch sehr differenzierten Problemkomplex unter übergeordneten, *philosophischen* Gesichtspunkten zu beschreiben. Ein derartiger Versuch vereint nicht geringe Schwierigkeiten in sich. Zumindest teilweise bekannte historische Kontexte sollen so dargestellt werden, daß sie auch denjenigen für sich gewinnen, der über die bloße Vermittlung von Fakten hinaus – die auch nicht zu kurz kommen darf – so etwas wie eine 'neue Sicht' des schon Bekannten erwartet. Das nur Historische soll nicht negiert, aber auch nicht bestimmend werden, und dazu soll das ganze Unternehmen unter dem Anspruch von 'Philosophie' stehen, einer nachgerade nicht unangefochtenen Größe, die nicht mehr so sehr in ihren verschiedenen Erscheinungsformen, sondern in ihrer Daseinsberechtigung überhaupt diskutiert wird. Historisch ist diese Einführung, insofern sie Deutungsversuche menschlichen Welt- und Selbstverständnisses präsentiert, philosophisch aber, indem sie diese Deutungsversuche selbst wiederum einer Deutung unterwerfen will. Damit ist die Frage nach der Verbindlichkeit der Traditionen angesprochen, in die eingeführt werden soll, ein Problem, das sich am kürzesten in der Frage zusammenfassen läßt: welchen Sinn hat es, geschichtliche Sinnangebote unter veränderten und zum Teil entgegengesetzten Bedingungen überhaupt noch zu vermitteln?

Die antike Philosophie stellt keine in sich geschlossene Einheit dar, sie ist kein zusammenhängendes System, das sich entsprechend referieren ließe, auch wenn eine 'Einführung' notwendig referieren muß. Sie zerfällt vielmehr in verschiedenartige, zum Teil einander widerstrebende Tendenzen und Richtungen, die zusammen einen *Denkprozeß* anzeigen, der durch bestimmte Fragestellungen charakterisiert ist. Diese wiederum unterliegen Bedingungen, deren Diskussion jeweils unter einem bestimmten Aspekt in die Probleme der antiken Philosophie einführen kann. Zu diesen Bedingungen zählt der *funktionale* Umgang mit den Dingen, ohne den unsere gegenwärtige Welt undenkbar wäre. Diese Funktionalität ist zu einem nicht geringen Teil das Ergebnis eines Denkens, das vermittelst vorgegebener bzw. vom Subjekt eigens entwickelter Kategorien das Gegebene ordnet, in sich aufnimmt und Strategien zu seiner Veränderung entwirft. Fundamentale Voraussetzung eines derartigen Denkens ist die Annahme der prinzipiellen Erkennbarkeit von Natur und Welt überhaupt. Die Erkenntnis des Einzelfalles kann die Erkenntnis der ganzen, entsprechenden Art vermitteln, indem sie die Zusammenhänge konstruiert, die sich nicht mehr unmittelbar aus dem je Wahrgenommenen ergeben. Damit ist ein zentrales Problem nicht nur der antiken Philosophie, die uns hier in erster Linie beschäftigt, sondern des philosophischen Denkens überhaupt angesprochen, wie es *Aristoteles* im ersten Buche seiner ›Metaphysik‹ thematisiert hat.[1] Das Eigentümliche der philosophischen Erkenntnis liegt nicht so sehr in der Frage nach diesem oder jenem einzelnen, sondern in der Beschäftigung mit dem „Seienden, insofern es seiend ist“, also in der Frage nach dem Seienden in seiner Beziehung zum Sein schlechthin, zum *Ganzen* (*ontologische* Fragestellung). Der ausdrücklichen Erkenntnis dessen, was ist, geht jedoch schon eine Auffassung von der Welt voraus, die mit jedem, der sich um Erkenntnis bemüht, immer schon da ist: jeder, der in die Welt eintritt, entdeckt sich in schon gegebenen Zusammenhängen, die Husserl die „Lebenswelt“ nannte. Diese Zusammenhänge befragt das philosophische Denken auf ihre Gründe und entwickelt zu diesem Zwecke Erkenntnismodelle, deren kontinuierliche Weiterentwicklung und Systematisierung zu jenen Konstruktionen (Metaphysiken, Deutungssystemen) führt, welche es ermöglichen, das *Ganze (Aspekt der Totalität)* zu deuten und dem Einzelnen Antwort auf seine Fragen und Probleme zu geben.

Der *hermeneutische Zirkel*, in den dies hineinführt, ist offensichtlich: Die Auslegung von Traditionen erscheint nur möglich und sinnvoll auf dem Hintergrund dieser Traditionen selbst und vermittelst der Kriterien, die diese ihrerseits vermitteln, so daß die gesamte Rezeptionsgeschichte eigentlich nichts Neues zutage zu fördern scheint. Aus dem Potential dieser Traditionen läßt sich immer nur das eruieren, was schon vorgängig in ihnen enthalten ist. So legen sich zwei Möglichkeiten nahe: entweder ist das, was an Deutungen vorgegeben ist, immer schon als Ganzes sinnvoll und auf die Situationen, die wir an diese Deutungssysteme herantragen, zu übertragen, oder der uns vorgegebene ‘Kosmos an Sinn’ ist als ganzer zu verwerfen, da er anderen als unseren Problemen antwortet. Beide Weisen, mit Traditionen umzugehen, machen eine ‘Einführung’ in unserem Sinne überflüssig. Die einzig legitime Möglichkeit, diesem Zirkel zu entgehen, ohne den gordischen Knoten einfach voreilig zu zerhauen, wäre die *bewußte Thematisierung* des *eigenen, rational verantworteten Interesses*. Es findet seine erste Bestimmung in der Tatsache, daß sich Denken nicht losgelöst von den konkreten Bedingungen der Zeit, auf die es einwirken will, etwa als ewiger

Dialog der Geister, vollzieht. Das macht eine Berücksichtigung der gegenwärtigen Diskussion in den Natur- und Humanwissenschaften erforderlich. Die aus dieser Prämisse resultierende Kontingenz des Denkens verbietet daher ein emphatisches Sich-Berufen auf eine imaginäre – weil transzendental oder transzendent konzipierte – Vernunft, welche glaubt, zeitlos gültige Bedingungen des Denkens und damit des Handelns vorschreiben zu können. Auf der anderen Seite verbietet sich ebenso der voreilige Rekurs auf Glaubenspositionen, welche die *rationale Verantwortung* voreilig suspendieren.

So dürfte deutlich werden, daß die sich anschließenden Ausführungen zur antiken Philosophie gerade nicht mit einem Totalitätsanspruch auftreten wollen, wenngleich diese 'Bescheidenheit' nichts weniger ist als der Verzicht auf den eigenen Standpunkt. Dieser Standpunkt, der wie jeder seine 'Autoritäten' kennt, nach deren Legitimität ebenfalls zu fragen wäre, gerade bei der Formulierung eines Interesses, das kritisch gegenüber Autoritäten sein will,[2] sei daher gleich unumwunden ausgesprochen: trotz des Verzichts auf eine konstruierte Totalität und deren weithin hypothetischen Urteile geht es erklärtermaßen um das *Ganze*, insofern dieses synonym ist mit Humanität, Selbstverwirklichung, Autonomie und Wissen, mit dem „Versuch, bei dem Verstand zu bleiben, zu dem die Menschheit kommen muß, wenn sie nicht von vorne anfangen soll“[3].

Erstes Kapitel

DER ÜBERGANG VOM MYTHOS ZUM LOGOS

§ 1. Mythologie als Hintergrund

Ein wesentliches Kennzeichen des philosophischen Denkens ist die *Thematisierung des Ganzen.* Dies ist keineswegs etwas Selbstverständliches. War das Ziel, das Philosophie zu allererst ermöglichte, die systematische Erkenntnis dessen, was jeweils als erkennbar angesehen wurde, so lag das Neue gegenüber allen *vorangehenden* Versuchen der Erklärung der Dinge in der Behauptung der prinzipiellen Erkennbarkeit *aller Dinge* und in der *Systematik*, so wenig ausgeprägt diese anfänglich auch war. Weitere Kennzeichen müssen nicht in jedem Falle genuin philosophisch sein. Auch der *Mythos* rekurrierte beispielsweise auf das alltäglich Wahrgenommene, auch er stellte die Frage nach dem Woher und Warum und verstand sich als Deutungsmodell.

Als 'Deutungsmodell' unterscheidet sich der Mythos dennoch von jenen Versuchen, das Vorgegebene unter 'funktionalen' Totalitätsaspekten auf die Stufe des Bewußtseins zu heben. Gibt es in der Philosophie prinzipiell einen Fortschritt in der Erkenntnis, ausgehend von einem 'Anfang', der als solcher thematisiert und mit der eigenen 'Lebensgeschichte', mit deren Bedingtheiten *(Kontingenzen)* vor allem, in Verbindung gebracht wird, und dies auf eine Weise, die diese im Denken nicht nur bestätigt, sondern auch aufhebt, so stellt sich dem gegenüber der Mythos dar als Modus der Bestätigung und Bewährung des Immer-Gleichen, in der Gewißheit einer momentanen Evidenz, in der der Einzelne immer schon weiß, was kommen wird. Gedeutet wird nicht das Bestimmte, rational Erfaßbare, sondern ein Unbestimmtes, das nicht, wie in der rationalen Argumentation, in die Bestimmtheit gehoben, sondern in einer Art *Über*bestimmtheit belassen wird, der sich die Phantasie wiederholend und variierend zuwendet.

Dieses Grundmodell mythischen Weltverhaltens schließt *Humanisierung* nicht aus. Der Mythos macht verständlich, was immer schon – etwa in der *Liturgie* – dargestellt wurde, indem er es aus seiner Sprachlosigkeit befreit; als das *verbale Surrogat* eines verblassenden Liturgiezwanges tritt er an die Stelle dessen, „was einmal mit Assoziationen des Schrecklichen, der unmittelbaren Präsens der dämonischen Mächte“

besetzt war, und *negiert* auf diese Weise das Element des Chaotischen (des *Terrors*) zugunsten der *Poesie* (vgl. die Vermenschlichung der Gottesvorstellungen). „Das märchenhafte Fabulieren, die gedankliche Auseinandersetzung mit einer noch fürchterlichen Welt, kann als Vorzeichen eines menschlicheren, schon beobachtenden, überlegenen Interesses gelten;"[1] hier bereits berühren sich Mythos und Logos. Im Mythos wird ständig das reproduziert, was als aktuelles Selbstverständnis des Menschen angesprochen werden darf; dieses wird wiederholt in der „Selektion des Beliebigen auf das Bedeutende hin"[2], paradigmatisch zum Ausdruck gebracht im sogenannten „*mythischen Komparativ*", der ein 'Erstes' nie als absolut Erstes setzt: „sobald die Bedeutung von 'Urpotenzen' als ausdrücklich 'ewigen' auftaucht, ist schon Philosophie im Spiele". Mit anderen Worten: über *einen* Anfang mach der Mythos *den* Anfang vergessen; was ihn auszeichnet, ist „eine elementare Disposition, sich nicht in den Abgrund des Absoluten treiben zu lassen"[3]. – In diesem ist schon Philosophie.

Die Scheu vor den Anfängen ist eines der wesentlichen Kennzeichen des Mythos. Gerade dort, wo die Anfänge *(archaí)* thematisiert werden – charakteristisch im Denken der Vorsokratiker –, ist der Mythos zumindest partiell immer schon depotenziert. Insofern dem Mythos eine humane Bedeutung zukommt, ist sie in dieser Scheu begründet; so markiert das mythische Denken die *Distanz* zu allem, was es „schon hinter sich gelassen hat, was Schrecken, schlechthinnige Abhängigkeit, Strenge des Rituals und der sozialen Vorschrift oder wie immer genannt werden mag"[4]. Andererseits wird der Mythos aber auch gerade dadurch zu jenem *geschlossenen* Deutungssystem, das als die Summe dieses Distanzierungsprozesses ein Fragen über den Rahmen des Immer-Gleichen hinaus verbietet.

Die Vermutung könnte naheliegen, die mit dem Mythos bezeichnete Weise der Deutung der Wirklichkeit sei mit dem Aufkommen einer rationalen Betrachtungsweise der Welt endgültig überwunden. Dies gilt jedoch nur bedingt; sofern Mythos und Logos sich überhaupt exakt voneinander trennen lassen, existieren sie nebeneinander, häufig auch ineinander. Wenn die rationale Argumentation sich um eine *Erklärung* der Dinge bemüht, so liefert der Mythos häufig die dieser Erklärung vorausgehenden *Beglaubigungen*. Ihnen gilt das den Mythos bestimmende Interesse. Die frühen Versuche der Philosophie, die Welt als ganze in ein rational durchgegliedertes Schema einzufangen und durchgängig erklärbar zu machen, können dafür als Beispiel dienen. Die Gründe für die Glaubwürdigkeit einer derartigen Weltordnung – etwa der platonische Idealismus – scheinen nur auf der Ebene des Mythos gegeben. Aber nicht in der Anwendung völlig entgegengesetzter Kategorien liegt das Unterscheidende von Mythos und Logos. Diese sind vielmehr weithin identisch. „Nicht die Beschaffenheit, die Qualität dieser Kategorien, sondern (lediglich) ihre *Modalität* ist es, worin der Mythos und die empirisch-wissenschaftliche Erkenntnis sich unterscheiden. Die Verknüpfungsweisen, die beide gebrauchen, um dem sinnlich Mannigfaltigen die Form der Einheit zu geben, um das Auseinanderfließende zur Gestalt zu zwingen, zeigen eine durchgehende Analogie und Entsprechung. Es sind dieselben allgemeinsten 'Formen' der Anschauung und des Denkens, die die Einheit des Bewußtseins als solche, und damit sowohl die Einheit des mythischen wie die des reinen Erkenntnisbewußtseins konstituieren.“[5] Beide Weisen, die Wirklichkeit zu deuten, stellen den Versuch einer *Synthese* dar, der gleichzeitig das beide Denkformen Unterscheidende sichtbar werden läßt. Das empirisch-wissenschaftliche Denken schafft eine Synthese, die einen bestimmten Ausschnitt der Welt in einer überschaubaren, logischen Reihenfolge als *Ganzes* nach vorausgegangener kritischer Prüfung vorlegt. Diese Synthese ist gleichsam durch *Subtraktion* zustande gekommen. Das Ergebnis der Synthese, welche das mythische Denken bewirkt, ist in der Anwendung dem empirisch-wissenschaftlichen weithin gleich, doch ein grundsätzlich anderes: die vielfältigen Gesichtspunkte, die durch die Kategorien erfaßt werden, sind in der Synthese gleichsam 'untergegangen'. Das Vielfältige und Vielartige fällt in der durch den Mythos aufgestellten Synthese zusammen zu einer substantiellen Einheit des Wesens, gleichsam durch *Addition* zustande gekommen. Die mythische Anschauung hat das, was sie zu einer Synthese verknüpft, in einem letzten Akt zusammenfallen lassen. „An die Stelle der Einheit der Verknüpfung – als synthetischer Einheit, also als Einheit des *Verschiedenen* – tritt hier die dingliche Einerleiheit, die Koinzidenz.“[6]

Am Beispiel des platonischen Denkens kann dieses Ineinander von Mythos und Logos deutlich werden. Der 'Aufstieg', in der ›Politeia‹ (517B) das Werk der *Dialektik*, wird im Dialog ›Phaidros‹ dem 'Flügel der Seele' zugeschrieben und im ›Symposion‹ dem darbenden Dämon Eros. Die Umkehr vom 'Sinnlichen' zum Seienden, vom 'Unten' zum 'Oben', vom 'Dunkel' zum 'Licht', in der ›Politeia‹ das Werk der Wissenschaften,[7] übersteigt im Dialog ›Phaidros‹ das Vermögen der dialektischen Beweisführung auf den Mythos hin. Das eigentliche Gegenüber zum Mythos ist im platonischen Idealismus die methodische Verwirklichung der Erkenntnis im Fortschritt der Dialektik. Beide werden in der Form des Dialogs miteinander vereinigt, so daß sich mit fortschreitender Methodisierung der Dialektik ein in gleichem Maße intensiveres

Heraustreten der Eigenarten des Mythos beobachten läßt. Der Mythos, der zwar noch äußerlich die Züge der Fabel oder ätiologischen Legende beibehält, wird mehr und mehr zu einem kunstvollen Stilmittel, das die Differenz von 'Außen' und 'Innen', von 'vordergründig' und 'hintergründig' in der Argumentation hervortreten läßt.

Ein Aufeinanderbezogensein beider Denkformen läßt sich nicht nur bei der Betrachtung der platonischen Dialoge antreffen. Die Verwendung des Mythos als Stilmittel (oft bewußt antiquierend) bedeutet seine erneute Depotenzierung; die Vielfalt seiner Möglichkeiten kann nicht darüber hinwegtäuschen, daß er von einer „verstimmenden Absichtlichkeit" (Stenzel) begleitet ist. Seine einem anderen Welt- und Selbstverständnis entstammenden Vorstellungsschemata werden zum Nachweis einer ihm fremden Sache eingesetzt, die ihn, künstlerisch angepaßt, zwar duldet, ihm aber keine eigenständige Bedeutung mehr beimißt. Der Mythos wird relativ früh zur Bildungsreminiszenz, zum geschmackvollen Zierat, den der Logos im 'Selbst-mit-sich-selbst-Zusammensein' *(synousía)*[8] immer schon hinter sich gelassen hat.

Ein Blick auf den Ursprung beider Denkformen zeigt jedoch ihre gemeinsame Wurzel, die Entdeckung, daß die Dinge nicht unbedingt das sind, als was sie den Sinnen erscheinen. Der Mensch besitzt nur eine vage Vorstellung von den Dingen, weshalb *Heraklit* diejenigen als Toren bezeichnen konnte, die glaubten, das Seiende erkennen zu können. Dies führt früh zu jener erkenntnistheoretischen Abwägung von Erkennen und Verfehlen des *Wahren*, der das unentschiedene Verhältnis von Mythos und Logos korrespondiert. Beide weisen darauf hin, daß alles Wirkliche in der Welt weder im reinen Sinn des Wortes 'ist' noch völlig 'nicht ist', sondern sich „irgendwo herumwälzt zwischen Nichtsein und reinem Sein"[9]. Die Erscheinungen *(dóxai)* als unerläßliche Bedingungen aller Erkenntnis sind gleichzeitig die Ursache aller Täuschung.[10] Die Einheit *im* Gegensätzlichen, die den uns erscheinenden Dingen innewohnt, spiegelt sich wider in der begrifflichen Auseinandersetzung mit diesen. Auf der einen Seite muß sie das inadäquate Reden der Mythenmacher über die Dinge kritisieren – so will *Platon* den Mythenmachern feste Grenzen geben,[11] da das, was sie vorbringen, nie ganz an die Dinge heranreicht, auch dann, wenn das, was „im ganzen Täuschung ist", im einzelnen einen geringen Wahrheitsgehalt aufzuweisen vermag[12] –, weiß aber andererseits auch, daß weder der einzelne Gegenstand, den die Vernunft erkennt, noch das Denken als derjenige letzte Grund sich darstellen, auf den das Fragen der Philosophie hinzielt. Dieser Zusammenhang wird sehr plastisch geschildert zu Beginn des ›Phaidon‹, wo *Sokrates* im Traume aufgefordert wird, 'Mythen, nicht logo' hervorzubringen. Dieser Text präzisiert sehr genau die Aufgaben des 'philosophischen Mythos': er soll *beschreiben*, was sich der gegenständlichen Erkenntnis notwendig entzieht, und dieses bewähren im Sinne einer Verstärkung des Gesagten (Anklänge an die rituelle 'Beschwörung'). Auf diese Weise trägt der Mythos zur Lösung einer mit der Dialektik immer schon gegebenen Aporie bei, die sich auf den Nenner bringen läßt, daß derjenige, der den Gegenstand seines Forschens bereits kenne, ihn nicht mehr zu suchen brauche, wohingegen jener, dem dieser Gegenstand verborgen sei, ihn auch nicht suchen könne, weil ihm das Kriterium fehle, zutreffende von unzutreffenden Hinweisen auf diesen Gegenstand zu unterscheiden.

Die Frage nach der *Legitimität* eines solchen Vorgehens ist damit aber noch nicht beantwortet. Die Philosophie kann sich auf keinerlei 'göttliche Inspiration' berufen; wo sie dies tut – etwa im Lehrgedicht des *Parmenides* – nimmt sie im gleichen Zuge ihre Remythisierung in Angriff. Sie kann daher um den Preis ihrer Identität keine Mythen schaffen; vielmehr muß sie diese schon vorgängig als menschliche Erfindungen auslegen, die aus reinen Zweckmäßigkeitsgründen preisgegeben oder verändert werden können. Sie knüpfen in kritischer Weiterführung an tradierte Mythenstoffe an und will vermittelst des Mythos aufweisen, wie das Gegensätzliche, „gleichsam am Kopfe zusammengebunden wird, so daß dem, der das eine ergreift, das andere notwendig folgt“[13]. Wo die dialektische Beweisführung im Aufweis von notwendigen Widersprüchen endet, die weder durch die Versöhnung ihrer Glieder noch durch ihre Trennung aufzulösen sind, weist der Mythos auf die diese Gegensätze verknüpfende Einheit hin. Eine Diskussion des Verhältnisses von Mythos und Logos hat es daher immer auch mit der dialektischen Verschränkung von Naiv-Ungegenständlichem und rationaler Arbeit zu tun. Unter dem übergeordneten Gesichtspunkt einer derartigen Dialektik kann daher gelten: „Schon der Mythos ist Aufklärung“[14], ebenso wie der Wille zu rationalem, nomologischem Wissen das Amorphe schwerlich ganz überwindet, ganz abgesehen davon, daß die Frage nach dem *Sinn* des Ganzen, nach dem Wert, den wir gewissen Handlungen beilegen, im Vorgegebenen, empirisch Faßbaren und Systematisierbaren keine endgültige Antwort findet. Das Vorgegebene ist, entgegen den Behauptungen einer wie immer sich verstehenden *Ontologie*, prinzipiell *sinnleer*. Der Mythos versucht, wo rationale Einsicht in die Regelmäßigkeit von Naturabläufen noch nicht vorliegt, solche zu konstruieren, indem er Erfahrungswerte strukturiert und so den Raum bereitet, in welchem sich die betrachtete *(theoretische)* Erfahrung von gegenständlich-blinden Erfahrungen distanzieren kann. So wird die

Mythenbildung zur Bedingung der Möglichkeit erster Abstraktion, die bei fortschreitender Entwicklung ihre ersten Bedingungen nicht nur nicht verleugnet, sondern im Mythos sowohl ihre *Kritik* wie auch ihre *Gefahr* erkennt, denn „noch konsequente Aufklärung schlägt zurück in Mythologie an der Stelle, wo sie im Glauben an ein letzthin Gegebenes die Reflexion abbricht“[15]. Diese Polarität gilt nicht nur für die erste frühe und für die Folge entscheidende Begegnung von Mythos und Logos, wie sie im antiken Denken erfolgte, sondern hat auch für unser Denken noch Bedeutung. Der ursprüngliche Mythos ist die Folie, auf deren Hintergrund *Rationalität* zu ihrem Selbstverständnis gelangte, und deren Verlust der Preis für den Rückfall ins Irrationale ist.

Die philosophische Aufnahme tradierter Mythen hat sich einer Denkform zugewandt, die abweichend von der Weise wissenschaftlicher, vorgängig auf Empirie gegründeter Welterklärung umgreifende, nicht mehr unmittelbar einsichtige Zusammenhänge evident zu machen versuchte. Die Motivation eines solchen Verhältnisses zum Mythos im weitesten Sinne kann einmal in dem Willen begründet sein, bestimmte Strukturen zu legitimieren, ein bestimmtes Bewußtsein *(Sinn)* zu vermitteln oder bestimmte Vorstellungen zu realisieren, deren Begründung die bloße Faktizität des Erfahrbaren überstiege (Funktion der *Ideologie*). Ihre Argumentationsweisen unterscheiden sich deutlich von denjenigen diskursiven Denkens. Dies kann jedoch nicht bedeuten, daß diese Differenz auch in jedem Falle für die Ergebnisse beider Argumentationsfiguren gelten müßte. Allerdings beansprucht die mythische Argumentation eine umfassendere Geltung als die diskursive, die einerseits immer auf ein überprüfbares Moment rekurriert und eine selbst kritische Infragestellung der einzelnen Ergebnisse mit einschließt, wogegen die in der mythischen Argumentation beanspruchte Geltung jenseits der „Dichotomie von Wahrheit und Falschheit“ (Kolakowski) unser Selbstverständnis bestimmt. Im Rahmen dieses Selbstverständnisses wiederum finden sich erhebliche Nuancierungen und Akzentverschiebungen. Diese wird eine Deutung der Probleme des Übergangs vom Mythos zu Logos ohne Zweifel mitberücksichtigen. Dabei werden die 'alteuropäischen' Deutungen dieses Wandels sehr wahrscheinlich als zu *monokausal* abgelehnt werden müssen. Diese Deutungen verstehen unter *Mythos* in der Regel das *Archaische*, dem der *lógos* der griechischen Philosophie bzw. die christliche Theologie entgegengestellt werden. Dementsprechend wurde der Schritt vom Mythos zum Logos entweder im Sinne eines einlinigen Fortschrittes bzw. als ebenso eindeutiger Verfall begriffen. Von dem Zeitpunkt jedoch, von dem an man die gegenwärtige 'Lebenswelt' nicht mehr wie in der bisherigen europäischen Geschichte als in einen logoshaften, vernünftigen Totalitätszusammenhang eingeordnet denken konnte, wurden die traditionellen Konzepte hinfällig. Derartige Totalitätskonzepte gingen davon aus, das Ganze von Natur *und* Geschichte oder das Ganze der Natur oder das Ganze der Geschichte seien ein *in sich geordnetes* und sinnvolles Ganzes, welches der Mensch allein weder verantworten noch konstituieren könne (vgl. Nomoi 904 E). Für das *griechisch-stoische Kosmosdenken* etwa bedeutete dies konkret: die Welt ist ein vernünftiger, nichttranszendierbarer Kosmos mit immer wiederkehrenden Phasen des Umschwungs und des Neubeginns, verläßlich aus einem vernünftigen Totalitätszusammenhang heraus, der auf den Menschen zwar wenig Rücksicht nimmt, dem dieser sich jedoch vorbehaltlos anvertrauen kann, nicht zuletzt auf dem Hintergrund der Auffassung, im Allgemeinen (dem Logosgemäßen) wie im unveränderlich sich Wiederholenden (Mythischen) schienen die gleichen Aspekte des Ewigen auf. Bereits hier zeigt sich der fundamentale Unterschied zwischen antikem und modernem Denken. Die Antike konnte davon ausgehen, daß ohne das Allgemeine und die *Wiederholung* (die Struktur, innerhalb derer der *lógos* sich dem Mythos verbunden weiß) keine Mitteilung durch die *Sprache* möglich ist. Die Sprache gehört für dieses Denken gerade zu jenen Eigenheiten, welche den Menschen von den Tieren trennen und dem 'Gotte' nahebringen. Das gegenwärtige Denken dagegen ist durch die Auffassung gekennzeichnet, daß ohne das Allgemeine und die Wiederholung (jetzt als *nationale* Applikation des Allgemeinen an das Individuelle verstanden) keine *Technik* möglich ist. Das Funktionieren der Maschine beruht auf der Möglichkeit derartiger Wiederholung, die freilich eben dadurch sekundär wird. *Philosophie muß auf diesem Hintergrund zum Ergreifen des Individuellen werden.* Die Bestimmung des Verhältnisses von Allgemeinem und Einzelnem ist in der Antike also genau derjenigen entgegengesetzt, welche die moderne Philosophie mehr oder weniger ausdrücklich meint.

Das hat für eine Einordnung des europäischen Rationalisierungsprozesses, wie er sich bis in unsere Zeit hinein belegen läßt, zur Folge, daß die exakte Trennung von Mythos und Logos im christlich-abendländischen Verständnis immer unschärfer wird und nach und nach verwischt. Das Herausfallen aus einem universalen Ordnungszusammenhang, sei er im Mythos oder im Logos verwurzelt, und die damit zusammenhängende Tendenz zur *Individualisierung* lassen einen Konsens darüber, ob auch in Zukunft die Fragen und Bedürfnisse des Subjekts, die bislang durch Sinn- und Totalitätskonzepte beantwortet wurden, eine Antwort erhalten, fragwürdig erscheinen. Der gegenwärtige Pluralismus von Sinnkonzepten läßt begründete Zweifel darüber zu, ob die Sinnfrage (in der Antike als die Frage nach dem Ganzen vorgebracht und in Totalitätskonzepten ausformuliert), welche die Religionen, Weltanschauungen und Ideologien für sich reklamieren, ein invariables anthropologisches Faktum ist. Für die Behandlung des Themas von 'Mythos zum Logos' bedeutet das weiter, daß dieses augenscheinlich nur in der *Transformation* die Diskussion weiterhin bestimmen kann, etwa als relativ abstraktes Geschichtskonzept, das es ermöglichen soll, das Verhältnis von Mythos und Logos als dasjenige von Mythos (ungeschichtlichem Denken) und *Geschichte* (entweder als Prozeß mit benennbaren Stufen und Zielen oder aber als loser Zusammenhang einzelner 'Geschichten') als *irreversiblen Ereigniszusammenhang* zu denken, der trotz allem dennoch kaum imstande wäre, Begründungszusammenhänge oder gar Begründungsverfahren zu entwickeln, die für das Selbstverständnis von Individuen oder sozialen Gruppen plausibel wären.

Die eindeutigen Ergebnisse der mit der schrittweisen Loslösung des Denkens aus dem Archaischen, Uranfänglichen, das sich selbst nicht die Frage nach *dem* Anfang stellt, und aus der Struktur der *Wiederholung*, die das Allgemeine nicht nur sinnvoll strukturiert, sondern auf eine *Überallgemeinheit* hin transzendentiert, die wiederum 'Überbestimmtheit' als *Unbestimmtheit* setzt, werfen uns zurück auf die Betrachtung eben dieses Prozesses, weniger in der Absicht einer erneuten Aneignung der in diesem Prozeß ausgesagten traditionellen Deutungsmuster, als vielmehr darum, weil im Verlaufe dieses Prozesses jene Begriffe und Sprachformen geprägt wurden, die zwar Nichtidentität bzw. partielle Identität nicht aufheben können, die aber dennoch „zu denken geben",[16] und die bei der Artikulation gegenwärtiger Probleme behilflich sein können.

§ 2. Die Frage nach den archaí

Wo die Frage nach den Anfängen *(archaí)* zum ersten Mal ausdrücklich thematisiert wird, kann bei aller Undeutlichkeit in der Grenzziehung zwischen Logos und Mythos letzterer als prinzipiell depotenziert betrachtet werden. Dies gilt selbst für jene Formen des *aitiologischen* Mythos, der immer schon vorgängig von einem spekulativen Interesse geleitet ist.

Die *Vorsokratiker* fanden für die physische Welt verschiedenartige, zum Teil dogmatische Erklärungen, die sich untereinander stark widersprachen. Ihr erster Ansatzpunkt waren die alten *Theogonien*, Versuche, die Gesamtheit der Götter in eine genealogische Ordnung zu bringen. Sie versuchten hervorzuheben und bewußtzumachen, was im Material derartiger Erzählungen an allgemeinen Gedanken enthalten war. Dieses Allgemeine mußte sich sofort gegen das ursprüngliche Material wenden. Die philosophische Zielsetzung, den zeitlich-räumlichen Aufbau des Weltganzen zu entwerfen, ist den theogonischen Konstruktionen, wie sie etwa bei *Hesiod* zu finden sind, diametral entgegengesetzt. Was dort Mythos, also das Zusammenspiel *personaler* Mächte war, wird zum Beispiel im Denken *Anaximanders* dadurch zur Philosophie, daß es zu einem Stufenbau gegenständlicher, *neutraler* Kräfte umgeformt wird. Physis im antiken Verständnis meint ein organisches Werden und Wachsen nach einem den Dingen innewohnenden Gestaltungsplan. Die Erforschung dieses Planes wird zur Suche nach einem einheitlichen Urprinzip als einem Welt und Überwelt umfassenden Bauplan. Aus der Frage nach der 'Physis der Götter' entwickelte sich die Forschung nach dem Wesen und den Baugesetzen des Seins schlechthin, weshalb bis weit in die ausgehende Antike hinein die metaphysische Gotteslehre ein Teil der 'physikalischen' Betrachtungsweise des Ganzen war. Daher konnten die ersten griechischen Denker, welche nach einem rationalen Erklärungsprinzip der Dinge forschten, Physiker (*physikoi*) genannt werden, Gelehrte, die Kenntnisse über das innere Wesen der Dinge erworben hatten. *Platon* spricht noch vom „natürlichen Bau der Zahlen"; als Entstehungsgrundlage ist die Physis zugleich der Uranfang.

Die Lehre für die Physis bot Raum für rationale und mythologische Elemente. Als *Thales von Milet* das Urprinzip der Welt als 'Wasser' bestimmte,[17] konnte dieser Gedanke bereits auf die mythologische Vorstellung von einem 'Urwasser göttlicher Art' zurückgreifen. *Anaximanders* grenzenlose Unbestimmtheit (*apeiron*)[18] ist ebenfalls nicht frei vom Walten göttlicher und geheimnisvoller Kräfte, ebenso wie im Urprinzip der 'Luft' bei *Anaximenes* noch die Mythen vom Äther und den Göttern des Windes anklingen. Diese erste Naturlehre kann daher mit Recht *Hylozoismus* (Lehre von der belebten Natur) genannt werden. Die Physis ist demgemäß ein in allem Werden und Vergehen, in allem Wachsen und Wiederabnehmen bleibendes und zugleich schöpferisches Gestaltungsprinzip, das sich zwar verbirgt, aber durch die Arbeit der Forschung sichtbar gemacht werden kann: „Die Natur liebt es, sich zu verbergen."[19]

Bereits auf dieser frühen Stufe der Reflexion in der *ionischen Naturphilosophie* begegnen uns sehr verschiedene Grade der Abstraktion. Im Gegensatz zu den meist primitiven Vorstellungen vom Uranfänglichen, das zumeist mit einem vorfindlichen Stoff identifiziert wird, gibt die Lehre des *Anaximander* bereits Anlaß zu unterschiedlichen Interpretationen. *Ápeiron* meint das Grenzenlose. Aber welche Grenzen sollen in diesem Begriff aufgehoben werden? Geht man nur vom *räumlich* Grenzenlosen aus, so ergeben sich bereits Differenzen, etwa ob dem Urstoff unendliche Ausdehnung zugesprochen oder ob lediglich eine räumliche Sonderung von einzelnen Bestandteilen innerhalb dieses Urstoffes geleugnet werden. Das Apeiron läßt sich aber auch als die Aufhebung aller *qualitativen* Unterschiede deuten; „beruht nämlich die qualitative Unbestimmtheit des Urstoffes, aus dem alle anderen Elemente durch 'Ausscheidung' und 'Absonderung' hervorgehen sollen, auf einer ursprünglichen Mischung aller Bestandteile, entstehen die einfachen Stoffe also nur durch eine Art von Läuterungsprozeß, durch den sie aus der Verbindung mit fremden Bestandteilen gelöst werden, oder entwikkeln sich alle qualitativen Bestimmtheiten überhaupt erst durch diesen Prozeß der Aussonderung aus einer an sich qualitätslosen Urmaterie? Eine eindeutige Entscheidung dieser Frage im Sinn eines 'Entweder – Oder' läßt sich aus den überlieferten Berichten nicht gewinnen. Je spärlicher aber die Unterlagen sind, um so mehr Gelegenheit bietet sich den Interpreten, ihren Scharfsinn an der Konstruktion 'einzig möglicher' Auffassungen zu üben.“[20]

Nun dürfen die unterschiedlich bestimmten 'Urprinzipien' nicht ausschließlich statisch verstanden werden. Im Begriffe der Physis war vielmehr eine innere Spannung enthalten, die zu sehr differenzierten Antworten auf die Frage nach der 'Ordnung des Seins' führte. Diese innere Dynamik wird im Entwurf des *Parmenides* besonders deutlich. Er unterscheidet erstmals zwischen Wahrheit *(alḗtheia)* und trügerischer Subjektivität *(dóxa)*. Nur die echte, wahre Seinsfülle *ist* im wahrhaftigen Sinne, hat Ewigkeit und Unvergänglichkeit. Vordergründig zeigt sich dagegen die Welt als zusammengesetzt aus seiendem und Nichtseiendem, aus Licht und Dunkel, Aktivität und Passivität. Aber wie wir mit unseren Bezeichnungen nicht das wahre Wesen der Dinge treffen, so ist das Werden der Dinge nur scheinbar, weshalb *Platon* in der Lehre des *Parmenides* den Versuch sah, den Lauf der Welt anhalten zu wollen.[21] Dem Denken des Parmenides ähnelt der Versuch des *Zenon von Elea*, die Vielheit der Dinge zu eliminieren und alle Bewegung als bloßen Schein zu erklären. Aber gerade die Versuche dieser frühen *Dialektiker*, die das Denken erstmals von der vorgegebenen Natur loslösten, stellen den Beginn der rationalen wissenschaftlichen Diskussion dar, welche das Problem des trotz allen Wandelns Bleibenden als eine die Philosophie ständig bewegende Frage ins Bewußtsein hob.

Der Rahmen dieser Problematik ist die *ontologische* Kritik, welche den Nachweis zu erbringen versucht, daß in aller erfahrbaren Wirklichkeit Sein und Nichtsein auf unlösliche Weise untereinander „gemischt" sind. Der Grund für das Nichtseinkönnen ist identisch mit demjenigen des Seinskönnens des Wirklichen. Im Spruch des *Anaximander* ist diese Identität die Bedingung der Möglichkeit, das Seiende einer radikalen Kritik zu unterziehen, die mit den Begriffen „Strafe", „Buße" und „Unrecht" verbunden wird. Durch ihre bloße Existenz fügen die einzelnen Seienden einander Unrecht zu.[22] „Wenn aber Anaximander seine Kritik am Seienden als ‚Strafe und Buße' bezeichnet für ein ‚Unrecht', das die Seienden einander durch nichts anderes antun als durch ihre Existenz, so wird zweierlei deutlich: Die aus der religiösen Weltauslegung geläufige Identität von Grund des Seinkönnens und Grund des Nichtmehrseinkönnens ist für ihn zum Anlaß für ein kritisches Weltverhältnis geworden; und er spricht dieses kritische Weltverständnis in einer Rede von Urschuld und Strafe aus, also in einer Form, die noch einmal auf einen religiösen Ursprung zurückverweist. Auch Heraklit kennt den inneren Zusammenhang von Existenzbegründung und Vernichtung alles Seienden. ‚Der Weg hinauf und hinab ist derselbe.'"[23] Die Vorstellung vom Seienden als von etwas Strafwürdigem, dessen Charakter nur der von der *Zeit* hervorgerufene Prozeß des Vergehens (im Sinne des *Werdens* vom anfänglichen Sein zum 'vollendeten' Nicht-Sein) zu tilgen vermag, findet sich über die diesbezüglichen Gedanken des Anaximander hinaus in der gesamten antiken Philosophie thematisiert. *Heraklit* geht davon aus, daß Sein und Vergänglichkeit im Realen nur gemischt wahrgenommen werden können, denn „wir sind und sind nicht"[24]. Der Hauptakzent liegt auf einem fortwährenden Werden ('alles fließt'). Das göttliche Wesen geht durch alle Verwandlungen hindurch; daher gibt es nichts Beharrendes (in genauer Gegenposition zu *Parmenides*), selbst dann nicht, wenn auch über allem eine gemeinsame Vernunft walten sollte, die sich in allen Wiederholungen typisiert.

Bereits im Denken der Vorsokratiker findet sich das Problem der Relation von Denken (Erkennen) und Sein (Vorgegebenem). Wurde dieses Problem auf der *vor*philosophischen Ebene durch die Intervention der Götter gelöst – die nicht unmittelbar einsichtigen Himmelsphänomene wurden dadurch erklärt, daß sie mit alltäglichen Erscheinungen parallelisiert wurden, analog dem theologischen Anthropomorphismus –, und so kann seit *Parmenides* folgendes Prinzip als dem Denken zugrundeliegend angesehen werden dürfen: Erkennen und Wahrnehmen beruhen auf Ähnlichkeit oder Gegensätzlichkeit, die jeweils zwischen dem Erkannnten stehen. Im Bereich des Wahren erkennt der Geist das Sein, weil er selbst seiend ist; im Bereich des bloßen Meinens aber findet sich ein aus Hellem und Dunklem gemischter Kosmos, dessen Mischungsverhältnis ebenfalls die Organe des Meinens bestimmt. *Empedokles* hat dieses Prinzip weitergebildet. Erkennen wird hier bereits als die Berührung der Gleichen durch ein Gleiches verstanden.[25] *Demokrit* wiederum scheidet eindeutig das Seiende vom bloß Gemeinen. Die Seinspartikel *(Atome)* sind ausschließlich dem feineren Wahrnehmen zugänglich. Die groben (fünf) Sinnesorgane bleiben auf die unbegrenzt variablen und relativen Farben, Töne und Gerüche beschränkt. Die Frage nach der Erkenntnis der einzelnen Gestalten wird damit beantwortet, daß angenommen wird, von allen Gegenständen lösten sich fortlaufend reduzierte Bilder *(eidōla)* ab, welche imstande seien, jegliche Distanz mit der größten Schnelligkeit zu überwinden und in ihrer Einwirkung auf die Sinnesorgane die Wahrnehmung des betreffenden Gegenstandes zu bewirken. Allerdings warf diese primitiv anmutende Theorie eine Unzahl neuer Probleme auf, wie etwa das einer konkreten Realisation der Bildertheorie, deren konsequente Anwendung zu einer Korrektur des Seinsbegriffes des Parmenides hätte führen müssen. Durch die Verbindung der Atome, die gleichsam durch Haken zusammengehalten werden, entstehen die Dinge, durch die Trennung der einzelnen Atome voneinander vergehen sie. Ihre Mannigfaltigkeit ergibt sich aus der Vereinigung der Atome verschiedener Größe und Gestalt und aus ihrer je verschiedenen Stellung zueinander. Alles Werden und alle Veränderung wird auf diese Weise auf die *räumliche* Bewegung und jede qualitative Verschiedenheit auf *quantitative* Unterschiede zurückgeführt. Die Bewegung selber gründet in den Atomen und ist ewig. Sie vollzieht sich nach rein mechanischen Gesetzen. Auf diese Weise entstehen zu verschiedenen Zeiten und an verschiedenen Orten des Weltraums verschiedene Welten, welche sich nach mechanischen Gesetzen weiterbewegen, bis sie durch den Zusammenstoß mit anderen Welten zertrümmert oder aber in die Bewegung einer größeren Welt hineingerissen werden, um sich wieder neu zu bilden.

Das Sein ist, wenigstens in seinen letzten Bestandteilen, vollkommen einfach und einförmig *(univok)*. Das Sein des *Parmenides* wird in dieser Theorie gleichsam zertrümmert und diesen Trümmern (Atomen, Elementen) Ewigkeit und Unveränderlichkeit zugeschrieben. Darüber hinaus scheint alles *Qualitative* aus der Seinswelt evakuiert. Auf diesem Hintergrund stellt lediglich die Lehre des *Anaxagoras* einen Schritt über Parmenides hinaus dar, der gleichzeitig zur klassischen antiken Philosophie *(Platon, Aristoteles)* überleitet.

Nach Anaxagoras gibt es nicht nur vier Grundelemente, sondern so viele Arten, als sich einfache Stoffe in den Dingen finden. Die Stoffe zerfallen bei fortschreitender Teilung immer wieder in gleichartige Bestandteile; diese Teilung läßt sich ins Unendliche fortsetzen. Anaxagoras bezeichnete diese gleichartigen letzten Bestandteile als *Keime*, von Aristoteles *Homoiomerien* genannt. Ihre Bewegung geschieht in der Weise gegenseitigen Sich-Verschiebens, infolge dessen der Raum stets ausgefüllt ist. Alle Bewegung geht zurück auf eine das gesamte All belebende Kraft, den *nous*, welcher die Welt aus ihrem Urzustand, dem Chaos, in dem die Elemente in ungeschiedener Vermischung existieren, zu einem sinnvollen Ganzen *(kósmos)* gestaltet, dadurch daß er die Homoiomerien von einem Punkt aus harmonisch verteilte. Der *nous*, den Anaxagoras mit dem Göttlichen identifizierte, wird zwar als der Welt immanent gedacht, da er das Lebensprinzip der organischen Dinge ist, geht aber selbst keine Vermischung mit den Dingen ein. Wiewohl ihm geistige Eigenschaften wie etwa Erkenntnis zugeschrieben werden, ist eine Transzendenz begrifflich nicht eindeutig bestimmt.[26] Der Begriff des 'für sich Seins' ist bestimmt durch den Gegensatz zum Begriff der Mischung aller Dinge mit allen. Der Entwurf des Weltganzen, den Anaxagoras vorlegte, ist durchgängig *rational* gestaltet. Die Götter greifen nicht mehr in den Weltlauf ein, sie werden vielmehr zu Symbolen des einen Göttlichen, das reine Vernunft und rationale (teleologische) Tätigkeit des Geistes ist. „Dennoch läuft durch seine Physik hindurch eine Achse, deren Pole Gott und Mensch sind, richtiger: das göttliche Prinzip der Natur und die menschliche Erkenntnis, die es begreift, und das Umfassende selbst stellt den Anaxagoras irgendwie in die Gefolgschaft der großen Denker, die seine Vorbilder waren, auch wenn wir bedenken müssen, daß er durch die historische Perspektive, in der wir ihn sehen, als Orakel des großen Perikles und Vorläufer der platonisch-aristotelischen Geistesphilosophie, für unser Auge wahrscheinlich zu nahe gerückt und zu stark vergrößert erscheint. Mit dem teleologischen Gedanken ist eines der geschichtlich wirksamsten und folgenreichsten Motive in die philosophische Erörterung über das Göttliche eingeführt. Der Begriff des *télos* (eine allen Dingen immanente *Zielgerichtetheit*) selbst gehört zwar erst der Sokratik an, aber das, was sie in allem sucht, das Gute, Sinnhafte und Vollkommene, ist in Anaxagoras' Prinzip der *diakósmesis* und dem in ihr liegenden Ordnungsbegriff virtuell bereits enthalten."[27] Auch dem Begriff der *'Bewegung'* kommt damit eine neue Bedeutung zu. Bewegung meint nun nicht mehr ausschließlich den Vorgang des Trennens und Vereinigens, sondern ein *planendes Ingang-Setzen*. Demgegenüber sind bei *Demokrit* die Atome von Ewigkeit her bewegt, ihre Kombinationen vollzieht sich 'von selbst', nach dem Prinzip, das je nach der Akzentuierung Notwendigkeit oder Zufall heißen kann. Hier bleibt der Geist auf die Relation reduziert, die ihm schon bei Parmenides zukam – wie dort das Sein, so sind hier die Seinspartikel der Sinneswahrnehmung prinzipiell nicht zugänglich –, ebenso wie es eine Rückkehr zu Parmenides bedeutet, wenn Demokrit den Seinspartikeln das Leere als das Nichtseiende zur Seite stellt. Die Gesamtheit des Alls erscheint als eine Zusammensetzung von Seiendem und Nichtseiendem, wobei jenes das 'Volle', dieses das 'Leere' ist; beides aber ist grenzenlos und ewig (vgl. Anaximander).

Das vorsokratische Denken erfährt seine entscheidenste Ausprägung in den gegensätzlichen Positionen des *Anaxagoras* und des Demokrit. Gleichzeitig ist hier der Mythos im Sinne eines unreflektierten vorwissenschaftlichen Weltverständnisses am weitesten überwunden, wiewohl die durchgängig rationale Erklärung der Phänomene, wie sie von beiden Denkern vorgelegt wird, auf diesen Erklärungsversuchen vorgängigen *Optionen* aufruht, welche als Bedingungen der Möglichkeit einer rationalen Erklärung des Vorgegebenen selbst nicht mehr unmittelbar rational zu begründen sind.

Die Option, welche den Erklärungen des *Anaxagoras* vorausgeht – der Geist als das Prinzip alles Gewordenen –, kommt der von Nietzsche[28] kritisierten Position des *Idealismus* sehr nahe; die Idiosynkrasie idealistischer Philosophie wird von Nietzsche darin gesehen, daß das Letzte mit dem Ersten verwechselt wird und umgekehrt. „Sie (die idealistischen Philosophen) setzen Das, was am Ende kommt – leider! denn es sollte gar nicht kommen! – die ‚höchsten Begriffe', das heißt die allgemeinsten, die leersten Begriffe, den letzten Rauch der verdunsteten Realität als den Anfang als Anfang. Es ist dies wieder nur der Ausdruck ihrer Art zu verehren: das Höhere *darf* nicht aus dem Niederen wachsen, *darf* überhaupt nicht gewachsen sein ... Die Herkunft aus etwas anderem gilt als ... Wert-Verzweiflung." Abgesehen von dem nur aus Nietzsches eigenem Denken heraus verständlichen Hinweis auf die Wertproblematik läßt sich eine Parallelität zwischen den Vorwürfen an die idealistischen Philosophen und dem Denken des Anaxagoras nicht einfach von der Hand weisen, wenn es auch zweifelhaft bleiben muß, derartige, in einer völlig anderen geistigen Welt entstandene Begriffe auf das Denken früherer Epochen zu übertragen. Der eigentliche metaphysische Idealismus findet ja darin seinen Ausdruck, daß er die fundamentale Realität als eine Gesamtheit von *Ideen* denkt, die untereinander verbunden und hierarchisch geordnet sind und die als vom *Geist*, der sie denkt, und von den Dingen, in denen sie sich verwirklichen, unabhängig betrachtet werden. Diese Zusammenhänge finden sich im Denken des Anaxagoras eher angedeutet als konsequent durchgeführt. Der *transzendente* und zugleich *immanente* Geist,[29] dessen Vorgebenheit jeden Idealismus, der vorgängig die Relation von objektiv Vorgegebenem und diesem gegenüberstehender Subjektivität reflektiert, von sich weisen muß, wird gerade dadurch, daß er nicht nur als physikalisches Prinzip fungiert, sondern auch – in seiner Ewigkeit, Allwissendheit und teleologischen Bestimmung – eine *intelligible* Welt zumindest anzudeuten scheint, zum ersten Ausdruck jener Deutungsschemata, welche über eine ewige und unzerstörbare materielle Ursubstanz hinaus die Wirklichkeit vorgegebener Ideen, die als unabhängig zu bestimmen sind, vom Geist, der sie denkt, und von den Dingen, in denen dieser sich verwirklicht, annehmen. Anaxagoras selbst hat den Geist noch nicht scharf von den 'übrigen Dingen' geschieden, da er ihm trotz seiner 'Unvermischtheit' das 'reinste und dünnste Ding' *(chrēma)* blieb und dem Gegensatz von Stoff und Geist enthoben war, weil das Geistige, als bewegende Ursache, zwar ein *denkendes Ding* war, aber eben doch *ein Ding* unter anderen. Anaxagoras überträgt die eleatische Grundüberzeugung, daß nichts aus nichts entstehen kann und Seiendes in jedem Falle 'schon da ist', auch auf die qualitativ bestimmten Dinge. Wie *Empedokles* nimmt auch Anaxagoras einen Zustand allem Seienden vorgängiger Gleichzeitigkeit an, welcher sowohl als zeitlicher Ursprung des Alls wie als Prinzip jedes einzelnen gegenwärtigen Dinges gedacht wird; in jedem Einzelnen ist alles enthalten, das *Eine*, der *Geist*, ist der Möglichkeit nach nicht nur vieles, sondern alles. Es enthält selbst alle qualitativen Grundsätze, die „nicht mit dem Beil abgehauen sind“[30], sondern ineinander übergehen. Charakteristisch für die Option des Anaxagoras ist das Bestreben, den Geist allem Stofflichen entgegenzusetzen, ihm Einsicht, Denken, Voraussicht, also die Prädikate des Geistigen beizulegen; auf diese Weise findet eine *subjektivistische* Tendenz Eingang in das erste Prinzip des Anaxagoras, welches, wenn auch keine ausdrücklich idealistische, so doch eine *dualistische* Bestimmung in das Sein hineinträgt, die die Seele als den eigentlichen 'Machtbereich' des Geistes beschreibt und so bereits auf den späteren platonischen Idealismus hinweist. Der denkerische Entwurf, den Anaxagoras vorlegt, zeigt deutlich, daß die Frage nach den *archaí*, mit denen das vorsokratische Philosophieren anhebt, keine isolierte oder gar nur physikalische ist, sondern der erste Ausdruck eines 'Sich-heran-Tastens' an eine *metaphysische* Erklärung des Ganzen. Dies ließe sich an den einzelnen Antworten auf die Frage nach den *archai* nachweisen. Die Spekulationen der vorsokratischen Philosophie gehen auf ein Prinzip aus, das als Träger dauernder Bewegung gefaßt wird, auf ein *Lebendiges*, welches allem Geformten und Bestimmten zugrunde liegt und daher nicht bloß die relative Beharrung der festen, jedoch vergänglichen Dinge anzielen darf. Sie suchen ein Beharrendes im steten Wechsel, in welches die Bewegung als Prinzip miteingeht. Die *archai* – Wasser, Luft, Feuer – können daher sowohl als Inbegriffe und Ursprünge, als *archai* lebendiger Bewegung erscheinen, welche die Physis als ewiges Werden des Wirklichen bedingen, wie aber auch als das letzthin Bleibende, Erste und Letzte in einem, zu dem die verschiedenen Ausformungen, durch das Werden hervorgerufen, wieder zurückkehren.

Das frühe *metaphysische* Denken rekurriert auf ein Ungestaltetes, das gleichwohl alle Gestaltung bedingt. Bei diesem Formlosen, Amorphen, bleibt das Denken stehen und sieht in ihm das entscheidende 'ur'-sächliche Sein des Anfangs. So wird von *Anaximenes* überliefert, daß gerade die *Unbestimmtheit* der Luft der Grund war, in ihr das Urprinzip zu sehen. Ähnliches dürfte für *Thales* und selbst für das Apeiron des *Anaximander* gelten. Sowohl Anaximander wie Anaximenes insistieren zum ersten Male darauf, daß das ursprünglich Seiende die Seinsgrundlage einer unendlichen Anzahl nacheinander entstehender Welten sei. Das Unendliche – bei *Anaxagoras* der Nous, der ähnlichen Bestimmungen unterliegt – wird als eine metaphysische Realität vorgestellt, der ein auf die Erkenntnis der Welt gerichtetes Denken die Bedeutung eines Urprinzips – des Weltgrundes – zuspricht. Wo immer das Allgemeine als die Wiederholung eines Wesens oder eines Vorgangs hervorgehoben wird, kommt ihm eine Bedeutung zu, welche das Einzelne und immer wieder Andere nicht besitzen kann. Was sich wiederholt (in Bewegung und stetem Werden) und dennoch inmitten aller Veränderung unwandelbar ist in bleibender Selbstidentität, hat notwendig den Charakter des Ewigen und partizipiert am Göttlichen. Dies gilt auch dort, wo die Philosophie erstmals thematisiert auf Unwandelbares stößt, im Bereich der Himmelskörper, wo den Himmelskörpern eine absolute Regelmäßigkeit zugeschrieben wird, und im Bereich der *Ethik*, wo jenseits der Vieldeutigkeit dessen, was unter den Menschen 'gut' oder 'gerecht' heißt, die unveränderlichen Gestalten *(idéai)* des Guten, Tapferen und Gerechten an sich entdeckt werden. Der Glaube an eine feststehende, unverrückbare Gesetzmäßigkeit schaltet die Tatkraft des einzelnen Individuums nicht nur nicht aus, sondern fordert diese sogar.[31] Die Bestimmung des Verhältnisses von Allgemeinem und Einzelnem prägt daher nicht nur Physik und Ethik, sondern auch die *Lehre vom Göttlichen.* Nur das, was im strengen Sinne mit sich selbst identisch ist und als Vorgang sich wiederholt, also zuverlässig ist, kann im eigentlichen Sinne begriffen werden. Vom Einmaligen und Individuellen, welches einmal so, dann aber wieder anders in Erscheinung tritt, kann es keine Erkenntnis geben. Es bleibt beim bloßen Meinen *(dóxa).* Wenn das Allgemeine aber am Göttlichen partizipiert, dann ist auch die Erkenntnis des Allgemeinen dem Göttlichen zugeordnet und nur denkbar, wenn der Geist als Träger derartiger Erkenntnis ebenfalls dem Göttlichen nahesteht.

Diese in der vorsokratischen Metaphysik angelegten Gedankengänge finden sich konsequent weiterentwickelt in der *platonischen* Konzeption einer Welt ewiger Wesenheiten, welche sowohl das Sein repräsentieren wie auch das Allgemeine, von dem die Individuen nur mehr oder minder gelungene Abbildungen sind; die Fähigkeit des Menschen, die Ideen wenigstens teilweise zu erkennen, muß daher selber göttlicher Herkunft sein.

Diesem Gedankengang genau entgegengesetzt ist der in der Argumentationsweise *Demokrits* begegnende; in ihm wird die zweite, entscheidende *Option* antiken Denkens sichtbar.

Die antike Atomistik, als deren erster Repräsentant Demokrit angesehen werden darf, erklärt alles Reale durch Atome, durch äußerst kleine, den Sinnen nicht wahrnehmbare Teilchen, die vollkommen hart, unveränderlich, ewig und verschiedenartig geformt sind. Sie sind im *leeren* Raum in dauernder Bewegung begriffen, finden sich zusammen, lösen sich wieder voneinander, um sich neuerlich zu vereinigen in einem die ganze Ewigkeit fortdauernden Prozeß. Damit wird die *Materie* als Prinzip der Wirklichkeit konsequent allem Realen zugrunde gelegt. Diese 'Entseelung' der Natur stellt eine ungeheure Abstraktionsleistung dar; die im eleatischen Denken angelegte Umwandlung des Problems in ein Postulat wird hier radikal vollzogen: die Kennzeichen des Einen und Ganzen werden übertragen auf die unzähligen Atome als nicht weiter aufzulösende Einheiten des Vielen. Nur die Erkenntnis dieser letzten, materiellen Einheit ist echte Erkenntnis. Die Bewegung der Atome erfolgt ohne besonderen Anstoß; sie bewegen sich weder aus Liebe oder Haß *(Empedokles)* noch durch die Kraft des Geistes *(Anaxagoras)*, aber auch nicht nach Zufall, sondern aus Gründen ewiger Notwendigkeit. Ähnlich heißt es bei *Leukipp*: „Kein Ding entsteht ohne Ursache, sondern alle aus bestimmtem Grunde und unter dem Drucke der Notwendigkeit.“[32] Diese Notwendigkeit überträgt sich auf das Erkennen selber; alles Erkennen sucht Gesetzmäßigkeiten zu erfassen. Je ausnahmsloser, 'unfreier', zwangsläufiger, der *anánkē* entsprechend die Gesetzmäßigkeit ist, je eher ist dem Bedürfnis nach adäquarter Erkenntnis entsprochen.

Es entspricht der Konsequenz dieses frühen *Materialismus*, wenn sich auch die Seele der Tiere und Menschen aus den feinsten, am vollkommensten kreisförmigen und daher beweglichsten und flüchtigsten

Atome bilden. Die *Substanz* ist gleichbleibend mit der *Materie*, weshalb sich alle Wahrnehmungen letzten Endes auf den Tastsinn zurückführen lassen.

Von besonderer Bedeutung für das Denken Demokrits ist die Frage nach dem *leeren* Raume, der die Lehre des *Parmenides* über das Sein erheblich in Frage stellen mußte. Wenn allerdings die materiellen Atome die einzige reale Substanz darstellen, kann der leere Raum nicht im gleichen Verständnis real sein. Demokrit ging davon aus, daß bei der Annahme eines endlosen leeren Raumes mit einer Unzahl in ihm verstreuter mikroskopischer Körper diese sich ohne ein bestimmtes Ziel in alle Richtungen bewegen müssen. Die auf diese Weise entstehenden Verwechslungen und Zusammenstöße führen dann zur Entstehung der Welt. Es bleibt allerdings zweifelhaft, ob sich alles Vorgegebene ausschließlich auf einen reinen *Mechanismus* zurückführen läßt. Dennoch kommt gerade der Atomistik das Verdienst zu, erstmals jenes Prinzip widerspruchslos formuliert zu haben, welches die gesamte jüngere Naturphilosophie gesucht hatte, um die eleatische Unveränderlichkeit des Seienden und den auf Heraklit zurückgehenden steten Wechsel zu versöhnen. „Dieses Prinzip, daß Entstehen und Vergehen zwar in Wirklichkeit nicht stattfindet, aller scheinbaren Veränderung aber doch ein Wechsel von Mischung und Entmischung, Vereinigung und Ausscheidung der Urstoffe zugrunde liegt, war bereits von Empedokles und Anaxagoras ganz unzweideutig ausgesprochen worden. Aber dieser Begriff der Mischung mußte so lange unklar bleiben, als man den Begriff der unendlichen Teilbarkeit mit dem widerspruchsvollen Begriff einer aktuell vollzogenen unendlichen Geteiltheit verwechselte. Erst die Einsicht, daß trotz der unendlichen mathematischen Teilbarkeit der Körper die materielle Zerlegung eine untere Grenze finden könne und *müsse*, wenn das Ganze als eine Mischung betrachtet werden solle, ermöglichte daher die widerspruchslose Durchführung dieses Prinzips ... Damit vermeidet der Atomismus den unendlichen Regressus, der sich aus der Frage nach der ersten Bewegung ergibt und immer nur durch einen Machtspruch abgeschnitten werden kann."[33]

Dieser Hintergrund macht den Sinn der Spekulationen Demokrits im Ganzen deutlich. Es mußte ihm weniger darum gehen, bestimmte kosmologische Tatsachen nachzuweisen, als vielmehr um die Veranschaulichung der Feststellung, daß im Begriff des Grenzenlosen nicht nur die Weite (im Sinne einer beliebigen Ausdehnung) in Raum und Zeit, sondern auch die *Beliebigkeit* der immer wieder anderen Gestaltung enthalten sei. Dieses Vorhaben führte zu jener *skeptisch-resignativen* Haltung, die bei *Epikur*, dem eigentlichen Vollender der Gedanken Demokrits, besonders deutlich hervortritt. Da das *ungegrenzte* Sein, wie es Parmenides dachte, nicht gefunden werden kann, bleibt nur das *grenzenlose* Sein, welches in unabsehbaren Variationen zerfließt und den 'leeren Raum' zur 'Ortlosigkeit' werden lassen muß.

Die beiden Grundhaltungen, die sich in *Anaxagoras* und *Demokrit* als in ihren Extremen gegenüberstehen, sind jenseits der vordergründigen naturphilosophischen Problematik einmal die Zuversicht, das All als ein umgrenztes fassen zu können, um von dorther zu einer wie auch immer im einzelnen zu bestimmenden *Sinnhaftigkeit* ('dem Logos gemäß') zu gelangen, und, repräsentiert durch Anaximander und vor allem die Atomisten, die Auffassung, die wahrnehmbare Welt und damit auch der Einzelne bewegten sich im Grenzenlosen, innerhalb dessen ein beständiger Austausch stattfinde, der sich nach notwendigen Gesetzen vollziehe, die auf ihre Sinnhaftigkeit hin nicht mehr befragt werden können. Im *ethischen* Handeln läßt sich zwar ein partieller Sinn retten, die Frage nach dem Sinn des Ganzen aber läßt sich auf dem Hintergrund dieses Ansatzes nicht einmal mehr angemessen zur Sprache bringen.

Zweites Kapitel

THEMATISIERUNGEN DES ERKENNTNISINTERESSES IN DER ANTIKEN PHILOSOPHIE

Hinter der Konjunktion von Erkenntnis und Interesse verbirgt sich nicht zufällig die Frage nach der Zuordnung von Philosophie und Wissenschaft. Ihr Hintergrund bildet die Einsicht, daß es mehrere Formen von Wissen gibt, deren Konfrontation die verschiedenen Ansprüche auf Objektivität in Zweifel zieht.

Das Verhältnis von Erkenntnis und Interesse findet sich bei *Kant* erstmals reflektiert, so in der Konsequenz des Nachweises, daß die nur zum Schein voraussetzungslose Kritik immer schon mit einem vorgängigen, also unausgewiesenen und doch als verbindlich angenommenen Kriterium der Geltung wissenschaftlicher Aussagen beginnen muß; Hegel hat diese Überlegungen dahingehend konkretisiert, die Legitimation des universalen Geltungsanspruches der Wissenschaft könne niemals durch einen wie auch immer gearteten Rekurs auf die 'reine Vernunft' erwiesen werden, sondern nur auf dem Wege der Auflösung im Sinne eines Begreifens der sich der Wissenschaft entgegenstellenden anderen Wissensformen dem Begriff nahegebracht werden. Der Standpunkt der Wissenschaft kann sich demnach als universaler nur dadurch legitimieren, daß er die anderen Formen des Wissens als durch ihn (den Begriff) aufgelöste und *begriffene* nachweist. Das Wissen hört damit auf, nur erscheinendes Wissen zu sein. Es wird aller Gegenständlichkeit enthoben und zum 'reinen Begriff' hypostasiert. Mit der Zuordnung und Bestimmung der einzelnen Wissensformen ist aber über die Erfahrung (und Verarbeitung) des jeweiligen Wissens noch nichts ausgesagt. Deren Einfluß als gegenstandskonstituierende Tätigkeit auf die einzelnen Wissensformen bedarf weiterer Reflexion, zumal die vermeintliche oder wirkliche *Objektivität* weithin abhängig ist von dieser Tätigkeit. Habermas hat Kants 'transzendentales Subjekt' – die identitätsphilosophische Prämisse aller Erkenntnis und auf diese Weise der Garant deren Objektivität – in einer wenn auch veränderten Weise in seine Überlegungen miteinbezogen, wenn er behauptet: „Die Objektivität der Erfahrung konkretisiert sich innerhalb eines durch anthropologisch tiefsitzende Handlungsstrukturen bestimmten Auffassungsschemas, das für alle sich durch Arbeit am Leben haltende Subjekte gleichermaßen verbindlich ist.“[1] Die Bedingungen der Objektivität der Erfahrung des

Wissens und damit dieses selbst liegen hier in einer anthropologisch invarianten Handlungsstruktur, also wiederum in der Identität eines natürlichen Substrates.

Diese Diskussion, die nur scheinbar von den Problemen, welche die antike Philosophie bewegen, wegführt, bringt sowohl in ihrer 'idealistischen' (Kant, Hegel) wie in ihrer 'materialistischen' (Habermas) Variante die gleichen Ergebnisse hervor. Die Objektivität des Wissens und der Erkenntnis findet ihre Garantie in einem „substantiellen Kern"[2], der die Gewähr für die prinzipielle Kontingenz aller Naturerfahrung liefert. Wo dieser Kern als 'transzendentales Subjekt' bestimmt wird, scheinen sich zwar jene technischen Regeln, welche das Erfahrungswissen als Verfügungswissen qualifizieren, von selbst zu verbieten, die Konsequenzen sind aber dennoch die gleichen. Die Bestimmung dessen, was als *objektiv* anzusehen ist, liegt beim Subjekt, dessen Verfügen nur von der Natur Grenzen gesetzt werden, einmal, indem sie das 'transzendentale Subjekt' mit seinen Möglichkeiten auf immer gleiche Bedingungen eingrenzt, und zum anderen, weil die Materie, auf welche die materialistische Deutung des Erkenntnisprozesses letztlich rekurriert, immer schon von der Natur her vorgegeben ist. „Die Arbeit richtet sich auf eine Materie, die durch sie geformt wird. Form hat dabei zugleich einen erkenntnistheoretischen Sinn; obschon nicht als Urteilsform gedacht, bezeichnet sie, als Form des instrumentalen Handelns, eine Art und Weise der Weltauffassung."[3] Kant macht in seiner ›Kritik der Urteilskraft‹ das „Bewußtsein der Absonderung in demselben von allem Interesse" geradezu zum Kriterium für den Anspruch auf „Gültigkeit für Jedermann"[4], muß aber dennoch zugeben, daß sich in ein ästhetisches Urteil allerlei fremdartige, störende Empfindungen einmischen oder mit dem Urteil verbunden sein können.[5]

Zwar hat die antike Philosophie diese Zuordnung von Erkenntnis und erkenntnisleitendem Interesse nicht in adäquater Weise thematisieren können – nicht zuletzt, weil ihr dazu die Begriffe fehlten (etwa der Begriff des *Subjekts* im Sinne der neuzeitlichen *Autonomiethese*) –, wiewohl die Sache selbst durchaus reflektiert wird. Ja, der erste Fall, in dem die antike Philosophie ihre Glaubwürdigkeit zu verlieren schien (in der *Sophistik*), läßt sich ausschließlich aus der Konjunktion von Erkenntnis und Interesse erklären.

Gorgias geht in seiner Erkenntnislehre von dem Gedanken aus, die verschiedenen Erkenntnisorgane könnten einander weder beurteilen noch ergänzen, noch vertreten. Die Wahrnehmungen sind beim einzelnen Menschen daher weder homogen noch konstant. Mit dem Auge bemerkt der Mensch dies, mit dem Ohr jenes, und das alles auf eine durch die jeweilige Situation bedingte Weise. Zwei Menschen müßten demnach über zwei voneinander differierende Weisen der Erkenntnis verfügen. *Protagoras*, der vorwiegend von physiologischen Erfahrungen aus denkt, kommt zu ähnlichen Ergebnissen. Süß und bitter, kalt und warm und dergleichen Empfindungen variieren nicht nur von Mensch zu Mensch, sondern sogar beim einzelnen Menschen von Tag zu Tag. Diese Tatsache macht es unmöglich, zu behaupten, die eine Empfindung sei richtig und die andere sei falsch. Jede Empfindung empfängt ihre Berechtigung aus der jeweiligen Situation und aus der jeweiligen Verfaßtheit des Menschen, von dem sie ausgesagt wird. *Platon* konnte dem Protagoras den für die weitere Geschichte des Denkens bedeutsamen 'Homo-mensura-Satz'[6] zuschreiben, welcher, wenn auch auf einem deutlich abfallenden Reflexionsniveau, die Position der Sophistik hinsichtlich der Erkenntnisproblematik in eine eigentümliche Nähe zur neuzeitlichen Autonomiethese rückt. Hier wie dort ist der Mensch (das *Subjekt*) der *Einzelne*, der selbst und allein im jeweiligen Moment von sich weiß, was er wahrnimmt und was nicht, und der über keine Instanz verfügt, um die Wahrheit dieser seiner jeweiligen Wahrnehmung bestreiten zu können. Der Sokratiker *Aristipp* von Kyrene ging in der Deutung der Gedanken des Protagoras sogar so weit, daß er die extreme Behauptung aufstellte, der Mensch sei nur imstande, seine *inneren* Zustände zu fühlen. Durch welche äußeren Affektionen diese hervorgerufen werden, entzieht sich demnach der Kenntnis des Menschen. Die äußere Welt entgleitet in ihrer Vergänglichkeit; einzig gewiß ist nur noch das innere Empfinden, Lust und Schmerz.

§ 3. Die Sophistik

Die Philosophie der Sophisten hat die unterschiedlichsten Beurteilungen erfahren. Die Klassifizierungen reichen von „negativer Metaphysik" bis hin zu „defizienter Anthropologie"[7]. Im allgemeinen jedoch wird die Sophistik als eine Epoche des Rationalismus und der Zersetzung betrachtet, als eher unbedeutendes Zwischenspiel zwischen den Kosmologien der Vorsokratiker und der platonischen Philosophie. Diese Charakterisierungen sehen jedoch gerade an dem, was die sophistische Philosophie eigentlich bewegte, vorbei.

Jene, die vorsokratische Philosophie charakterisierende eleatische Bestimmung des 'Seienden', durch die das 'Seiende' in Eins und Vieles auseinander und in den Gegensatz zum Werdenden tritt, zeigte sich in den entscheidenden philosophischen Fragen ambivalent. Die Vielheit der 'Seienden' wurde je verschieden geartet gedacht, nämlich einmal als auf eine feste und möglichst geringe Anzahl beschränkt, dann aber, von der Einheit getrennt, als eine grenzenlose Vielheit. In der Bestimmung des 'Seienden' wurden, sowohl hinsichtlich seiner Anzahl wie seiner Eigenschaften, bereits alle Möglichkeiten durchlaufen. Diese Vieldeutigkeit hatte ihre letzte Ursache in der alle Seinsspekulationen bestimmenden *Kosmologie*, die als erste die Frage nach der 'Gesamtheit der Dinge' stellte. Die nachparmenideische Tradition, und hier vor allem die Sophistik, darf als konsequente Abkehr von der Kosmologie und ihren Fragestellungen gewertet werden. Der philosophische Ansatz des *Protagoras* läßt bereits ein neues „Ganzes" bzw. ein neues „Alles" erkennen.[8]

Der 'Homo-mensura-Satz' des Protagoras spricht ausdrücklich von „allen Dingen" *(pánta chrēmata)*. Meinte die Allheit der Dinge bei *Anaxagoras* noch den Inbegriff des Bestehenden, das Beständige als Bestandteil eines Erscheinenden, so ist bei Protagoras von einem Zusammen-Bestehen und einem Füreinander Erscheinen nicht mehr die Rede. Auch der ausgesprochene Gegensatz von seienden und nicht seienden Dingen bleibt ohne Vermittlung und Übergang. Die Einheit der Dinge kann nicht mehr in einer wie auch immer bestimmten Ordnung des Alls (Kosmologie) gefunden werden.

Dennoch ist zu beachten, daß Protagoras die Begriffe „Ding" und „Seiendes" nicht im gleichen Sinne verwendet. Er meint mit „Allheit der Dinge" im Grunde genommen die Gesamtheit dessen, was *wahr* ist, ähnlich dem *aristotelischen* Satz aus der Metaphysik: „Zu sagen, daß das Seiende nicht ist oder das Nicht-Seiende ist, das ist falsch; daß aber das Seiende ist und das Nicht-Seiende nicht ist, das ist wahr."[9] Mit der Frage nach dem, was *wahr* ist, gerät ein Grundproblem der Sophistik in den Blick, das sich ebenfalls am 'Homo-mensura-Satz' aufzeigen läßt, und dessen Lösung in dem Satz zusammengefaßt werden kann, daß alle Dinge Gegenstand eines *Urteils* sind. Ihre Einheit kommt ihnen nicht – wie in der Kosmologie – aus ihnen selbst zu, sondern aus dem Urteil *über* sie. Dieses Urteil fällt ausschließlich der *Mensch*. Der Mensch, der auf diese Weise erneut zum Maß der Dinge wird, ist gleichzeitig der Repräsentant der Ganzheit des Wissens als der Summe der möglichen Auffassungen über die Dinge; selbst die Geometrie kann auf keinen anderen Wahrheitsanspruch zurückgreifen als auf denjenigen von Auffassungen.[10]

Die Wahrheit selbst steht unter dieser Rücksicht ebenfalls unter einem 'Maß', das wiederum der Mensch ist, insofern er das Maß für die verschiedenen Auffassungen (Meinungen) von den Dingen ist. Im Gegensatz zum perspektivischen Charakter des Urteils, wie ihn *Parmenides* herausstellte, sind die Auffassungen nun nicht mehr ihrem Gegenstande nach auf das Erscheinende beschränkt. Damit geht aber auch das Selbstverständnis des Menschen vom Erscheinenden und seiner Prinzipien *(Vorsokratik)* über auf die Natur des Menschen und die unterschiedlichen Auffassungen bezüglich dieser, deren eigentlicher Inhalt der Mensch selber ist, insofern er über ihre Wahrheit entscheidet. „Darin liegt: der menschlichen Auffassung ist das Einschätzen von etwas gerade natürlich und nicht nur ein beiläufiger Nachtrag. Erst so zeigt sich die volle Bedeutung der Rede vom Menschen als dem Maß aller Dinge."[11]

Der Mensch als letzte Instanz in der Beurteilung divergierender Auffassungen und damit als einziges Kriterium, an dem der Anspruch dieser Auffassungen auf Wahrheit gemessen werden kann, steht damit zu den Dingen in einem Verhältnis, welches sich als das *beliebigen Verfügenkönnens* kennzeichnen läßt. Die Konjunktion von Erkenntnis und Interesse wird auf diese Weise eindeutig aufgelöst zugunsten des *Interesses*; die Objektivität (Wahrheitsfähigkeit) ist hier noch eindeutiger als in den Diskussionen der neueren Philosophie als *technische* qualifiziert, da der „substantielle Kern", der in ihr im Sinne einer invarianten Struktur vorausgesetzt wird, hier nicht vorhanden ist. Der „Mensch", in dem Protagoras das Kriterium der Wahrheit der Dinge sieht, ist ja keine immer gleichbleibend gedachte Größe, welche im Sinne einer Hypostasierung die einzelnen Individuen unter sich begreift, sondern ausschließlich der *„Einzelne"*, dessen Urteil von Tag zu Tag schwankt und selbst wiederum nur aus gewissen Situationen heraus zu begreifen ist. „Dieses neue Wissen auf dem Boden der These vom Menschen als dem Maß aller Dinge hat den Charakter eine *téchnē*. Eine solche dienliche Kenntnis war in ihrer Eigenart längst bekannt aus der Vielfalt des menschlichen Herstellens und Einrichtens. Es war natürlich auch bekannt, daß man durch geschickte Reden andere Menschen beeinflussen und überzeugen könne. Doch daß sich diese Geschicklichkeit zu einer Kunst ausbilden und als solche auch lehren lasse, das war neu. Diese Kunst der Einflußnahme auf das Urteil und zumal die Schätzungen der Menschen überzeugt wesentlich in der Weise des Umstimmens, da es sich hier nicht um Auseinandersetzung im Wissen, sondern stets um einen Streit von Auffassungen handelt. Ziel des Überzeugens ist keine verbindliche Einsicht, sondern die Überlegenheit einer bestimmten Auffassung und Schätzung über alle, die ihr widerstreiten oder auch nur von ihr abweichen."[12] Auch hier ist gerade das Interesse des Einzelnen letzte Instanz und Kriterium der Wahrheit, da die jeweilige Auffassung immer nur von dem abhängig ist, der sie vertritt. Man darf sogar noch einen Schritt weitergehen und sagen, daß die Entscheidung über eine Auffassung immer auf den sie vertretenden Einzelnen zurückfällt. In dieser *praktischen* Konsequenz des 'Homo-mensura-Satzes' deutet sich bei aller Indifferenz der Sophistik der Ethik gegenüber ein handlungsorientiertes Denken an, als dessen Axiom die Gerichtetheit des Ganzen, der Dinge und des Menschen, auf den *Zugriff des Verstandes* angesehen werden darf. „Technē im sophistischen Begriff ist weder Wissenschaft noch Philosophie noch Kunst im Sinne etwa der *artes liberales*, sondern System von Kunstgriffen des Verstandes, das vollenden, schaffen oder übertreffen will, was bisher die bewunderte Frucht eines organischen Wachstums war. Technē in diesem Sinne wird zum Wesen aller menschlichen Beziehungen."[13] War in der vorsokratischen Philosophie der Einzelne den Erscheinungen untergeordnet, so hat in der Sophistik umgekehrt der zugreifende Verstand die Fähigkeit, über die Vorstellungen, Auffassungen und Erscheinungen zu befinden und auf diese Weise die Realität des Lebens und des Staates zu gestalten, gibt es doch keine Realität außer den Vorstellungen[14], welche der *téchnē* unterworfen sind.

Mit den praktischen Konsequenzen dieser Erkenntnistheorie korrespondiert ein *Skeptizismus*, der seinen tiefsten Grund in der Ablehnung der traditionellen Glaubensvorstellungen und der bisher widerspruchslos hingenommenen, auf dem Glauben an ihren göttlichen Ursprung beruhenden Gültigkeit der Gesetze findet. Protagoras ließ zwar den traditionellen Vorstellungen über Wahrheit und Sittlichkeit einen gewissen Spielraum, indem er betonte, daß zwar keine Aussage *wahrer* als irgendeine andere, wohl aber *besser* sein könne. Folgerichtig gilt: der Mensch hat sein Leben mit allen Konsequenzen selbst in der Hand. Das Böse darf ebensowenig wie das Gute den Göttern zugeschrieben werden; beides ist ausschließlich die Folge der Fähigkeiten des Einzelnen. Auch der Hinweis auf das Schicksal „ist nur eine Ausflucht und zudem das Zeichen einer Verlegenheit – nämlich für das Fehlen eines erläuternden Namens, nachdem nicht mehr ein bestimmter Gott diese oder jene Lage herbeizuführen scheint"[15]. Der Skeptizismus der Sophisten muß die Frage, ob es absolute Werte und Normen gebe, seien sie theologisch begründet oder nicht, negativ beantworten. Recht und Unrecht, Weisheit, Gerechtigkeit, Tugend sind letzten Endes *nur Wörter*, selbst wenn es oft klüger ist, so zu tun, als wären sie mehr.

§ 4. Sokrates

Die Herauslösung der Dinge aus dem kosmologischen Rahmen des Bestehenden und Erscheinenden durch die Sophisten und ihre Unterwerfung unter das Urteil des Einzelnen, welches weithin 'willkürlich' ist, hat über den engen Kreis sophistischen Philosophierens hinaus eine neue Dimension des Denkens eröffnet. Was bei Protagoras noch ausschließlich im Sinne eines bloßen Kunstgriffes zur Selbststeigerung fungierte, wird nachfolgend nicht etwa verworfen, sondern im Gegenteil aufgegriffen und in eine neue Richtung gelenkt.

Damit steht die sokratische Philosophie ebenso wie die Sophistik in der Tradition *der frühen griechischen „Aufklärung“* im Sinne eines *schrittweisen Übergangs von der naiven Kosmologie zu einer reflektierten Anthropologie*. Beide Richtungen des Denkens gehen davon aus, daß sich der Mensch zunächst und zumeist nicht kennt. Der Mensch, der zum Maß aller Dinge geworden ist, empfängt von seiner 'Maßstäblichkeit' für die Dinge her den Auftrag, sich selber kennenzulernen, was bedeutet, *seinen Urteilen eine begründete Instanz zu verleihen*. Insofern bedeutet entgegen einer allzu harmonisierenden Sokratesinterpretation die sokratische Philosophie nicht die schlechthinnige Negation des protagoreischen 'Homo-mensura-Satzes', sondern den Versuch, diesen auf ein sicheres Fundament zu stellen. Ein erster Schritt dazu ist die Wiederaufnahme des in der vorsokratischen Philosophie grundgelegten Unterschieds zwischen dem Einen und dem Vielen, wie *Platon* ihn bei *Heraklit* sieht: „Nicht was die Vielen sagen, ist von Gewicht, sondern die Ansicht dessen, der sich auf den Unterschied des Rechten und Unrechten versteht – der Eine und die Wahrheit selbst.“[16] Dem Urteil des Einzelnen kommt also nur Bedeutung zu, sofern es die „Wahrheit selbst“ zum Inhalt nimmt. Der Schritt *vom Individuellen zum Allgemeinen*, der beim Urteil des Einzelnen einsetzt, um von dort nach dem Urteilen und Handeln der Menschen überhaupt zu fragen, ist für *Aristoteles*[17] das wesentlich Neue, das mit *Sokrates* heraufkam. Sokrates suchte nach festen Beweisen, daher kann man ihm, so Aristoteles, zwei Dinge zuschreiben: einen auf die *Induktion gegründeten Beweis und die Einführung allgemeiner Definitionen*. Allerdings ist diese *logische* Seite, welche Aristoteles an Sokrates als seine bedeutsamste herausstellt, nicht unbedingt diejenige, welche den besten Zugang zu seinem Denken eröffnet. Die eigentliche Leistung des Sokrates liegt darin, den Begriff der *téchnē* mit dem der *aretē̂* konfrontiert und durch diesen ergänzt zu haben. Auf diese Weise gelangt es ihm, das subjektive Gefüge von Auffassungen, welches die Sophistik zu einer produktiven Sachkenntnis zu entwickeln versuchte, an eine wirkliche Sachkenntnis zu binden, insofern die Kenntnis des Einzelnen sich nicht mehr nur an diesem oder jenem Einzelding, sondern am Menschen selber erweisen mußte, und zwar so, daß sie diesem zu der ihm eigenen *areté* verhelfen sollte.

Der Begriff *aretḗ* ist oft mit *Tugend* weitergegeben worden, ohne freilich auch nur annähernd das zu treffen, was mit *aretḗ* gemeint ist. Der Begriff areté hat in erster Linie diejenige *Tüchtigkeit* zum Inhalt, welche bei der Bewältigung einer bestimmten Aufgabe vonnöten ist, und der in ihrer Notwendigkeit gleichsam ein *objektiver* Charakter zukommt. Das Gelingen eines bestimmten Werkes ist nicht Auffassungssache; es erfordert Kriterien, die sich der Beliebtheit des Meinens entziehen. Die Gleichsetzung von *aretḗ* und Wissen *(epistḗmē)*, wie sie Sokrates durchführte, hatte demgemäß gegenüber der Lehre der Sophisten etwas von einer Herausforderung an sich.

Die *aretḗ*, die mit einem gewissen Berufe verbunden war, hing vorwiegend davon ab, ob derjenige, der diesen Beruf ausübte, über das entsprechende Wissen verfügte oder nicht. Dies konnte sich darin ausdrücken, daß er imstande war, Wesen und Zweck der von ihm gefertigten Gegenstände möglichst ohne Schwierigkeiten zu beschreiben. Sokrates ging zunächst vom Beispiel des einfachen Handwerkers aus, wenn er die Eigenschaften beschreiben wollte, welche zusammen die *aretḗ* des Einzelnen ausmachten. So konnte er einfach darauf aufmerksam machen, daß diese *aretḗ* von bestimmten Kenntnissen abhing und daß es äußerst wichtig war, zunächst einmal zu wissen, welches Ziel man im konkreten Falle verfolgte und was der Einzelne mit seiner Tätigkeit erreichen wollte. War man sich über dieses Ziel einig, dann konnte man sich über die Wege unterhalten, die zu diesem Ziele hinführten. Bei der Bestimmung der *aretḗ* wurde also in jedem Falle vorausgesetzt, daß man sich zuerst eine bestimmte Aufgabe stellte und genau wußte, worum es sich dabei handelte und welches Ziel man mit dieser Aufgabe verfolgte. Die Frage nach dieser dem Einzelnen zukommenden Aufgabe weitete sich dann zu der Behauptung aus, daß es ein Ziel oder auch eine Aufgabe geben musse, die alle menschlichen Wesen in gleicher Weise angehe. Die Diskussion einer alle Menschen angehenden 'Tugend' nimmt ihren Ausgangspunkt bei der Klärung der Frage nach der Aufgabe, die sich dem Einzelnen stellt. Die *aretḗ* eines Menschen zeigt sich nach Sokrates daher nicht wie bei den Sophisten in der Fähigkeit, die eigenen Auffassungen in kunstvoller Rede durchzusetzen, sondern in der Überlegenheit, mit der der Einzelne das vollbringt, was Inhalt dieser Auffassungen ist.

Auf diese Weise erfährt auch der von der Sophistik übernommene Begriff des *téchnē* eine Umgestaltung. Behält dort die einzelne Erkenntnis immer den Charakter einer Auffassung, welche stets verbesserungsfähig bleibt, also nie *reines* Wissen ist, sondern sich im Hervorbringen der Dinge immer neu bewähren muß, so wendet sich die Lehre von der *aretḗ* gegen den Anspruch der sophistisch verstandenen *téchnē*, auf dem Wege der Diskussion der verschiedenen Auffassungen die rechte *aretḗ* hervorzubringen. Die Frage, „was die *aretḗ* in Wahrheit sei, kann niemand beantworten. Die Wahrheit über die *aretê* ist nur in der Abgeschiedenheit von allen Auffassungen zu suchen – wenn überhaupt – und zuerst in der Abgeschiedenheit von den eigenen Auffassungen, insofern diese am ehesten Überzeugungskraft haben und dabei den Schein eines Wissens erwecken, das keiner weiteren Begründung, keines Ausweises bedarf."[18] Die Sophisten verstanden unter *téchnē* den Ausdruck eines *Interesses*, welches das je verfügbare Wissen im Sinne des Obsiegens der eigenen Auffassungen, über deren 'Wahrheit' damit noch nichts gesagt war, instrumentalisierte. Im Verständnis des *Sokrates* und noch mehr in seiner Weiterführung durch *Platon* wird die *téchnē* zum 'Modell des Wissens' im Sinne eines Organons, das es erlauben soll, zwischen dem möglicherweise Wahren und dem Unmöglichen zu unterscheiden, indem Überlegungen vermittelt werden, welche eine Auffassung daraufhin prüfen, ob sie in sich selbst widersprüchlich ist oder nicht. Diese Unterscheidung ist im Grunde genommen kein Werk mehr der *téchnē* des Einzelnen, einer virtuosen Steigerung fähig, sondern ein Zustand *(aretḗ)*, welcher Kennzeichen des Menschen ist, der sich selbst kennt, „und zwar hinsichtlich seiner Urteile im 'Großen', nämlich hinsichtlich der Schätzungen, die das eigene Leben im Ganzen betreffen. Nicht das Ergebnis, sondern nur die vermittelnde Aufgabe des Beweises für das Nichtwissen können das sokratische Beweisverfahren selbst noch als *téchnē* verstehen lassen."[19] Damit aber kommt die *ethische* Dimension des sokratischen Denkens in den Blick.

Auch hier ist der Ausgangspunkt die *aretḗ* des Einzelnen. Die meisten wollen nichts anderes als die ihnen obliegenden Aufgaben möglichst gut vollbringen. Ihr Erfolg oder Mißerfolg wird im hervorragendsten Maße durch den Grad ihrer Einsicht und Sachkenntnis bedingt. Nichts vermag daher in nachhaltigeres Erstaunen zu versetzen als die Wahrnehmung, daß die Menschen zwar in den untergeordneten Zweigen der Lebensführung über eine klare Einsicht in das Verhältnis von Mittel und Zweck verfügen oder diese doch wenigstens erstreben, während bei jenen Fragen, von denen Heil oder Unheil des Einzelnen abhängen, nichts Vergleichbares festzustellen ist. Der sich aus dieser Tatsache ergebende Schluß führt unmittelbar zu der die Sokratik kennzeichnenden Lehre von der *Unfreiwilligkeit der Schuld*. Wie in den handwerklichen Verrichtungen Wissen *(epistḗmē)* und Erfolg einander bedingen, so scheint in der persönlichen Lebensführung wie in den Angelegenheiten des Staates das oberste Ziel von eindeutigen, einsehbaren Verhaltensregeln abhängig zu sein. Die Lehre von der 'Unfreiwilligkeit der Schuld' beinhaltet daher zweierlei: Dort, wo der Einzelne sein oberstes Ziel verfehlt, muß in jedem Falle ein Mangel an Erkenntnis vorliegen, und weiter: da jeder ohne Ausnahme das *Gute (agathón)* will, kann nur über die Mittel, nicht aber über die Zwecke Uneinigkeit unter den Menschen bestehen. Die Menschen unterscheiden sich lediglich durch das Maß ihrer Fähigkeit, das allen vorgegebene gemeinsame Ziel zu verwirklichen, ein Unterschied, der ausschließlich in den unterschiedlichen Bildungsgraden der Menschen seinen Ursprung hat. Verfehlungen sind daher immer das Resultat eines Irrtums, niemals aber eines bösen Willens; wer das Richtige erkennt, vollbringt es auch.

Auf dem Hintergrund dieser Lehre wird einsichtig, wieso *Sokrates* dahin gelangen mußte, der genauen Klärung der Begriffe eine so entscheidende Bedeutung beizumessen und an die Stelle verschwommener Vorstellungen und Auffassungen *(dóxai)* scharf umrissene Begriffe zu setzen, so daß seine Lehre nicht von ungefähr der Vorwurf des *Intellektualismus* traf. Alles Handeln wird vom Intellekt bestimmt, der allmächtig ist. Etwas als das Richtige erkennen und dieser Erkenntnis nicht zu folgen, einer Handlungsweise für die unrichtige halten und sich ihr dennoch zu unterwerfen, ist nach Sokrates nicht etwa ein bloß bedauerlicher oder verhängnisvoller, sondern ein geradezu unmöglicher Vorgang.

Die 'Tugendlehre' des Sokrates läßt sich nicht einfach als die zu extreme Formulierung eines partiell Richtigen abtun. Das Eingehen auf das moralisch Schlechte ist oft nicht das Ergebnis von Überzeugungen und festen Gesinnungen, sondern eher deren Karikatur. Sowohl die Unklarheit des Denkens, die Begriffsverwirrung, die Unkenntnis der Gründe, so und nicht anders handeln zu müssen, wie des vollen Umfangs und des eigentlichen Inhalts des Handelns trifft hier die Verantwortung. Die Verworrenheit des Denkens ist der eigentliche Grund der gleichzeitigen Anerkennung einander widersprechender oberster Maßstäbe der Beurteilung. *Sokrates* gibt seiner Morallehre eine *eudämonistische* Begründung. Ausgangspunkt ist die Einsicht, daß jeder sein eigenes Wohl anstrebt. Wenn sein konkretes Tund diesem Zweck zuwiderläuft, ist entweder mangelndes Wissen oder mangelndes Geschick in der Anwendung dieses Wissens an dieser Widersprüchlichkeit schuld. Das gleiche gilt für den Staat *(pólis)* und die das soziale Verhalten bestimmenden Zielvorstellungen; unsoziales Handeln schädigt die Interessen des so Handelnden, bringt also keinen Nutzen.

Die *Nützlichkeit* einer Handlung ist ein entscheidendes Moment der sokratischen Morallehre, die sich auf diese Weise wiederum mit der *téchnē* zu der grundsätzlichen Anerkennung der Vorherrschaft vernünftiger Einsicht verbindet. Inhalt der *utilitaristischen* Moral sind Nützlichkeit und Zweckdienlichkeit; Vernunft steht gegen Autorität, Zweckdienlichkeit gegen Herkommen und bloße Beliebigkeit der Auffassungen. Aus dieser Rangfolge erklärt sich auch die 'Öffentlichkeitswirkung' des sokratischen Philosophierens, welches als *eudämonistisches* den Glücksanspruch des Individuums betonte, ebenso wie es als *utilitaristisches* Erfahrung und Vernunftüberlegung zu Kriterien des menschlichen Wohlergehens erhob. Beide Charakterisierungen führen zwangsläufig zur Betonung des Rechtes der *Kritik* allem Herkommen und aller Autorität gegenüber. Jede Institution, jede Vorschrift, jede Verhaltensweise wird zu einem Mittel, welches klar erkannten Zwecken zu dienen hat und vom Einzelnen – ebenso wie in der Sophistik 'Maß aller Dinge' – auf seine Tauglichkeit hin geprüft wird. Dieses Ideal einer vernunftgemäßen Erörterung der Dinge – menschliche Angelegenheiten sind nur in *rationaler* Weise zu behandeln – mußte politisch im Sinne einer Herausforderung wirken. Eine ganze Tradition wurde auf einmal radikal in Frage gestellt und der kritischen, *richtenden* Rationalität unterworfen.

Diese Haltung bestimmte auch die Einstellung zur herkömmlichen *Religion* wie zur Philosophie. Sokrates erwartete im Sinne des *Eudämonismus* von den 'Göttern' das Gute schlechthin, da diese im einzelnen viel besser *wissen*, worin dieses besteht, als die Menschen. Es erscheint daher wenig angemessen, die 'Götter' um bestimmte Dinge zu bitten. Was der Mensch ist, ist er aus sich selbst, aufgrund seines durch *Wissen* bedingten Könnens – frei von äußerlicher Beeinflussung. Die Frömmigkeit ist daher eher eine das gerechte Handeln begleitende Gesinnung als eine selbständige, besondere Pflichten mit sich bringende Tugend. Unter den gleichen Gesichtspunkten ist das *Daimonion* zu beurteilen, auf welches Sokrates sich beruft. Dieses bezeichnet weder eine einer religiösen Motivation entspringende Gabe der Prophetie, noch beinhalte es irgendwelche göttlichen Offenbarungen. Es dürfte sich vielmehr um eine unbewußte, richtige Einsicht in das handeln, was eben jetzt zu tun erforderlich ist. *Platon* führt die Entmythologisierung des Daimonion am konsequentesten durch, wenn er diese sokratische Eigentümlichkeit halb scherzhaft im Sinne der Motivierung an sich belangloser Vorgänge oder als Hilfsmittel bei der dramatischen Dialogführung figurieren läßt.

Die das gesamte sokratische Denken beherrschende *anthropologische* Betrachtungsweise legt es nahe, auch die göttliche Wirksamkeit lediglich unter den Aspekten menschlichen Nutzens zu betrachten, etwa als zweckmäßig waltende Gottheit oder Allvernunft. Die Tatsache der Identifizierung des Sokrates mit den 'ungläubigen Himmelsforschern' und den Vertretern der frühen griechischen Aufklärung weist jedenfalls in eine solche Richtung. „Der Sinnzusammenhang der Welt, der von dem religiösen Bewußtsein als Ganzes mit seinen Teilgestaltungen hingenommen wird, wird in metaphysischer Überlegung in die Form *sachlich* zusammenhängender gegenständlicher Evidenzen übergeführt; ihre Notwendigkeit soll nicht nur religiös geschaut oder gefühlt, sondern eigentlich *erkannt* werden ... Sokrates greift, wie es scheint, sofort nach dem elementaren notwendigsten Werkzeug der Wissenschaft, dem Begriff, und will mit ihm gerade die innere Natur der ethisch politischen Sphäre erschließen."[20] Hierin besteht das eigentliche Ziel der Wirksamkeit der Sokratik, der sich auch das *Religiöse* unterzuordnen hat.

Ihre eigentliche Ausprägung erfährt die philosophische Methode der Sokratik aber in den ›Dialogen‹, welche gleichzeitig das 'Wozu' dieser Methode demonstrieren. Sokrates fragt jeweils nach einem Begriff, unterzieht diesen einer logischen Prüfung und beweist sodann dem Gesprächspartner, daß seine Bestimmung des jeweiligen Begriffes viel zu eng ist. Dabei gewinnt der Begriff des *lógos*, dem bereits in der vorsokratischen Philosophie[21] eine gewichtige Stellung zukam, mehr und mehr an Bedeutung. Der sokratische *lógos* ist im wesentlichen identisch mit der philosophischen Methode, er ist gleichsam deren *objektives* Moment. Der Logos spricht aus der Gesamtheit der Wirklichkeit heraus; diese wird auf *rationale* (dem *lógos* entsprechende) Weise zum ureigenen Besitz und inneren Beweger des Menschen. Das Individuellste wird zum Beweis für die erstrebte Objektivierung des Geistes. Das *ironische* Fragen des Sokrates wendet „sich also gegen jedes bequeme Vertrauen" auf das Individuelle, „solange noch Rechenschaft und Lógos möglich ist, also gegen jedes Liebäugeln mit 'irrationaler' Subjektivität. Der Zweifel des Sokrates richtet sich daher in einer höchst bedeutsamen Steigerung der Reflexion gegen diejenige Instanz, welche im 'Homo-mensura-Satz' „als Kriterium der Wirklichkeit sich anzubieten begann, gegen die Subjektivität selbst"[22]. Die vielgerühmte Ironie des Sokrates als Ergebnis seiner logischen Methode ist nichts anderes als der jeweils durchgehaltene Zweifel an der Subjektivität, „die auch dem eigenen Ich gegenüber festgehaltene, den anderen aufgezwungene Einsicht in das Nicht-Wissen, die damit auf höchste gesteigerte Bereitschaft jeden sich bietenden, das eigene Ich erweiternden Sinn aufzunehmen“[23]. Ein interessantes Beispiel für diese *Ironie*, die zwischen wahrem und falschem *lógos* unterscheidet, ist das von *Xenophon*[24] überlieferte Gespräch zwischen Sokrates und der Hetäre Theodote.

Dieses Gespräch ist eine unübertroffene Ironie auf den Begriff der Methode, in dem vortrefflich sowohl das Utilitaristische (als *téchnē*) wie das Prinzipielle des Methodenbegriffes zur Geltung kommt. Es muß selbst eine Methode geben, wie eine Hetäre ihre Freunde, Gönner und Liebhaber gewinnt. Sokrates selbst sieht seine Aufgabe darin, im Gespräch, beim gemeinsamen Überlegen, den besten (wirksamsten) *lógos* zu finden. Die später von *Platon* entwickelte *Dialektik*, anfänglich nichts anderes als die Kunst der Gesprächsführung, ist von diesem Standpunkt nicht allzuweit entfernt. Der Satz im Dialog ›Kriton‹, welcher das Sokratesbild lange geprägt hat, verbindet ebenfalls das Methodische (Technische) mit dem Prinzipiellen; dem *lógos* gehorchen beinhaltet die Prüfung dessen, was das Richtige ist, und die Entscheidung, dieses Richtige konsequent, d.h. *methodisch* (den einmal eingeschlagenen Weg fortsetzend) durchzuführen: „Denn nicht zum ersten Mal, sondern schon immer war ich so, daß ich in allen meinen Dingen niemanden anders gehorcht habe, als dem *lógos*, der sich mir, wenn ich dem *lógos* folge, als der beste zeigt.“[25]

Neben dem *lógos* ist die Aporie ein weiteres Grundelement sokratischen Philosophierens, wenn in beiden auch oft völlig unvereinbare Gegensätze gesehen werden, etwa in dem Sinne, daß die Aporie, welche das Gespräch resigniert abbricht, nur das zerstöre, was vermittelst der logischen Methode mühsam aufgebaut worden sei. Gegenüber diesem Einwand ist festzuhalten, daß die Aporie nicht zur absoluten Skepsis zu führen braucht. Das *aporetische* Element beschreibt das negative Ergebnis der sokratischen Dialoge, welche sich nur aus dieser Aporie heraus verstehen lassen. *Platon*[26] führt uns das Selbstverständnis des Sokrates vor Augen, indem er ihn als den undurchsichtigsten aller Menschen beschreibt, der seine Zuhörer in ausweglose Situationen bringen will. Der Text läßt sich aber auch so übersetzen: „... daß ich der undurchsichtigste aller Menschen bin und daß ich sie alle in die *Aporie* bringe.“ Sokrates, der die anderen ihres Nicht-Wissens überführt,[27] weiß selbst nicht die Antwort auf die Fragen, die er stellt. Trotzdem ist er davon überzeugt, daß diese Fragen notwendig sind. Dies gilt besonders für die Fragen nach dem Wesen der Wissenschaft *(epistēmē)* und nach dem Sein. Sie lassen sich nicht abschließend und endgültig beantworten, wiewohl sie – nicht nur bei Sokrates – aus innerer Notwendigkeit heraus immer wieder neu formuliert werden. Letzten Endes führen sie in die Aporie. Die *aporetische Grundhaltung* des Sokrates stellt sich daher als Versuch dar, jene Fragen *als* Fragen wach zu halten, auf die keine Antwort möglich ist, die aber dennoch um der Sache des Menschen willen gestellt werden müssen. Hegel[28] hat diese Dimension des sokratischen Denkens so umschrieben: „Die Grenzen der Erkenntnis, den Umfang derselben einzusehen und dadurch zu erkennen, daß ich nichts weiß, das ist sehr tiefe Philosophie." Das Denken des Sokrates stellt den großangelegten Versuch dar, trotz des Nicht-Wissens des Menschen aus *humanem Interesse* daran festzuhalten, daß es ausschließlich auf das Wissen ankommt.

Die sokratische Philosophie entsprang einer neuen Selbstbestimmung des Wissens und einer neuen Sicht der Wahrheit. Nicht umsonst sehen *Platon*[29] und *Aristoteles*[30] den Anfang dieser Philosophie in der Aufforderung des Delphischen Orakels zur *Selbst*erkenntnis. Diese Aufforderung verlangt nach einem Wissen, das alle Belange des Menschen und nur diese betrifft und von der Eigenart des Menschen her seine Prägung erfährt. Die Selbsterkenntnis des Menschen als Fundament der Philosophie leitet über die vordergründige Differenzierung von Wissenden und Nichtwissenden hinaus jene im Denken ein, die wir in der Überordnung des Interesses über die Erkenntnis als Weise der Instrumentalisierung des Denkens bestimmt haben. Dies muß nicht – wie etwa in der 'Kritischen Theorie' – eine ausschließlich negative Bestimmung sein. Allerdings vermag Wissen um seiner selbst willen die fehlende Selbsterkenntnis nicht zu ersetzen. Es führt vielmehr zu Bedenkenlosigkeit der 'reinen' Theorie, welche sich nur durch die Widerstände beschränkt sieht, die ein bestimmtes Vorhaben als undurchführbar erscheinen lassen. *Platon*[31] verdeutlicht dies an der Überzeugungskraft; sie ruft entweder ein Vertrauen ohne Wissen hervor, oder aber sie offenbart die Eigenarten der reinen Theorie *(epistêmē)*. Dies gilt vor allem für die *Sophistik*; „sie bestärkt das schon bestehende Vertrauen in die Auffassungen, und dies merkwürdigerweise deshalb, weil sie den natürlichen Widerstreit der Auffassungen ausnützt; denn die Überlegenheit, die eine bestimmte Auffassung über die andere gewinnt, zieht immer wieder die Anerkennung von Auffassungen nach sich; eine solche stets nachträgliche Anerkennung läßt es gerade unmöglich erscheinen, daß es etwas geben könne, das immer schon im vorhinein anerkannt sein will"[32]. Hier wird der *negative* Aspekt des subjektiven Interesses im Sinne der Beliebigkeit und falschen Instrumentalisierung des Wissens sichtbar – im Auseinanderfließen in die Vielheit. Das sokratische *kathólou horízesthai*, der Ausgriff nach dem *Ganzen*, erstrebt eine dieser entgegengesetzte Tendenz. Es geht ihr dabei nicht nur um eine Vereinheitlichung der verschiedenen Arten des Geschätzten,[33] sondern um eine Einheit, die als Prinzip für alle Einheiten, die sich aus dieser ableiten, gelten kann. Dieser Einheitspunkt ist auf der einen Seite der *lógos*, in dem bereits die platonische Ideenlehre partiell vorweggenommen wird, und auf der anderen Seite die 'Wirklichkeit überhaupt'. Die Zweiheit der Prinzipien ist jedoch nur eine vordergründige. Der *lógos* ist nicht nur die Gesamtheit der Wirklichkeit, sondern auch jene *rationale*, d.h. Gründen und Zwecken unterworfene Weise, in der das Subjekt, der Mensch, diese Wirklichkeit sich aneignet, und gleichzeitig in '*objektiv-kritischer* Distanz' zu dieser Wirklichkeit auch der Maßstab einer solchen Aneignung. Das Wissen um diese Wirklichkeit, die vielen Auffassungen, wird auf diesem Wege dem eudämonistisch-utilitaristisch bestimmten Ziele des Menschen untergeordnet, verzwecklicht, instrumentalisiert. Lediglich die in diesem Sinne *gemeinsame Auffassung*, durch den *lógos* vermittelt, kann diese Einsicht in der Vielzahl der Auffassungen zur Geltung bringen, welche den Einzelnen veranlaßt, nicht nur überhaupt, sondern '*gut*' zu leben. Über die einzelnen Auffassungen hinaus zu dieser Einsicht und Einheit zu kommen bedeutet, „das Gemeinsame als ein nicht nur in anderem, sondern demzuvor in ihm selbst Einheitlichen zu sehen, jenes Etwas in seiner Identität zu fassen; so wird die Ebene des überzeugend Wahren und anzuerkennenden erreicht"[34]. Das Eine als Begrenzbares empfängt seine kritische Bestimmung durch das sich selbst erkennende Subjekt.

Dem Bemühen, den Begriff des Interesses in die Philosophie einzuführen, begegnet eine nicht geringe Skepsis. Die europäische Philosophie als Vernunftphilosophie, die ihr Ziel in der *theoría*, der kontemplativen, interesselosen 'Betrachtung des Seins' sah, scheint diesen Gedanken weit von sich zu weisen. Für ein unter dem Primat der Theorie stehendes Denken liegt das Reich des Geistes jenseits aller Interessen. Nicht von ungefähr kommt Hegel zu der Ansicht: „In den stillen Räumen des zu sich selbst gekommenen und nur in sich seienden Denkens schweigen die Interessen, welche das Leben der Völker und der Individuen bewegen."[35] Wo dennoch versucht wird, das Interesse als philosophische Grundkategorie zu begreifen, ist der Vorwurf des Marxismus nicht allzu fern; ein Denken, das sich dem Begriff des Interesses zuwendet, wird sich allerdings auch auf Marx berufen können: „Die Idee blamierte sich immer, soweit sie von dem Interesse unterschieden war."[36] Es gibt aber auch, wie schon erwähnt, eine andere, von der Transzendentalphilosophie herkommende Tradition, innerhalb deren das Interesse den Menschen gerade als Vernunft- und nicht als

Naturwesen kennzeichnet. „Soviel ist nur gewiß: daß es nicht darum für uns Gültigkeit hat, weil es interessiert ..., sondern daß es interessiert, weil es für uns als Menschen gilt, da es aus unserem Willen als Intelligenz, mithin aus unserem eigentlichen Selbst entsprungen ist."[37] Kierkegaard, der sich besonders intensiv mit der sokratischen Philosophie beschäftigt hat, konnte auf diesem Hintergrund den Menschen sogar als das Wesen definieren, welches ein absolutes Interesse an sich selbst hat, das sich ausdrückt in Subjektivität, Spontaneität und Entscheidung.

Diese Zielgerichtetheit des Denkens fand ihre entscheidende Ausprägung in der Bestimmung des *lógos* durch *Sokrates*, dem es bei der Frage nach dem fundamentalen Sein – Sokrates „suchte das, was ist"[38] – nicht ausschließlich um deren 'theoretischen' Begriff ging, sondern um dessen Realisierung und um ihr Subjekt bzw. die Bedingungen, unter denen sie möglich ist. Nur in dieser scheinbaren Paradoxie der Begriffsbildung (Definition) durch nach innen gewandte Selbsterkenntnis scheint eine Überwindung des Gegensatzes von Innen und Außen möglich. „Hier liegt die Bewährung der Evidenz aller Erkenntnis; nur wo sie das Zentrum des Menschen ist, an dem Handeln entspringt, angreift und zur Antwort nötigt, da ist die wahre, eigentliche Erkenntnis, sonst nur 'Meinung', Selbsttäuschung und zugleich Täuschung über das Objektive. Äußerlich läßt sich die hier umrissene Situation klar bezeichnen durch die Verschiebung des Zusatzes 'selbst' *(autós)*, von der ursprünglich ihm zukommenden subjektiven Seite auf die gegenständliche: nicht 'Ich selbst', was so nahe als Bedeutung von *autós* liegt, sondern das Tapfere, Gerechte, Schöne und *Gute selbst* usw. ist die letzte metaphysische Gegebenheit, ist Ziel und Ursprung der in 'Begriffen' erfaßten Gegenständlichkeit."[39] Ganz deutlich wird diese von der Interessenstruktur vermittelte Objektivität von Innen und Außen in der ›Apologie‹.[40] Dort versteht Sokrates seine philosophische Wirksamkeit als *Appell* an jeden Einzelnen, sich eher um sich selbst zu sorgen, als um irgend etwas, das zu ihm gehört – und das bei allen Dingen. Es geht also darum, sich um das Wesen der *eigenen* Seele[41] wie um das der *einzelnen* Wirklichkeiten zu sorgen; es geht um das Interesse an sich selbst, das recht verstanden zum *Interesse an den Dingen* wird.

§ 5. Die Anfänge der Dialektik

Die von *Platon* konzipierten sokratischen Dialoge sollten zeigen, daß jeder beliebige Mensch in jeder beliebigen Situation auf die Philosophie stoßen kann. Unter dieser Rücksicht kommt der Gesprächssituation, entwickelt an dem Sokrates eigenen Verhältnis zum *lógos*, über den antiken Hintergrund hinaus eine Bedeutung und Wirkung zu, die bis in die zeitgenössische Philosophie hinein feststellbar ist. Noch in der Kommunikationstheorie von J. Habermas ist der sokratische Dialog das leitende Modell. Habermas sieht hier das freie Gespräch gleichberechtigter Partner verwirklicht, welches in den realen historischen Situationen durch Herrschaft und äußeren Zwang verzerrt und beeinträchtigt wird. So tritt nach Habermas in Wahrheit der Regelfall ideologischer Beeinträchtigung der Kommunikation durch undiskutierte, aus dem Gespräch verdrängte, faktische Machtverhältnisse dem fiktiven, philosophischen Idealfall des gelingenden Diskurses gegenüber. Daher sei der Philosophie aufgegeben, aus den geschichtlichen Spuren des scheiternden Diskurses das Unterdrückte und ideologisch Abgedrängte zu rekonstruieren.[42] Dieser Diskurs markiert nach Habermas gleichzeitig den theoretischen Ort, welcher die 'richtigen' Interessen von den 'falschen' zu unterscheiden gestattet, und der durch die Einsicht in das, was wirklich Interesse verdient, sich von seinem Scheine in den allgegenwärtigen Interessen*meinungen* abhebt.

Die Bedeutung der sokratischen Dialoge für die Ausprägung einer philosophischen Methode wird jedoch viel unmittelbarer in der *Dialektik* als der Verschränkung von Logos, Techne und Interesse sichtbar. Das Konkrete der sokratischen Dialoge wird gleichsam auf breitere Basis gestellt und jenseits der Zusammenhänge der einzelnen Dialoge zu einer Weise der Vermittlung von Subjekt und Objekt, zur dialektischen Verschränkung von Immanenz und Transzendenz.

Sokrates fragte in den Dialogen nach dem Begriff. Die von den Gesprächspartnern vorgebrachten Definitionen, welche den an sie gestellten Ansprüchen in den wenigsten Fällen genügten, da ihre Subjektivität sie eher zur Unbrauchbarkeit verurteilte, konnten erst in der 'logischen Prüfung' – einem gleichsam *apriorischen* Moment – auf ein Fundament gestellt werden, das sie dem Allgemeinen, dem Ziel des sokratischen *kathólou horìzesthai*, zumindest annäherte. Die Dialektik umfaßt demgemäß ein *objektives*, apriorisches Moment, die Prüfung des Vorgebrachten durch den *lógos*, wobei eine gleichbleibend gültige ratio, wenn auch nicht so ausgeprägt wie in der Transzendentalphilosophie Kants, vorausgesetzt wird, und ein *subjektives* Moment, nämlich die Auffassung des jeweiligen Gesprächspartners, die auf einer subjektiven, nicht verallgemeinerungsfähigen Erfahrung beruht. Ganz in diesem Sinne wird anfänglich auch bei *Platon* die Dialektik als eine aus der Diskussion gegenteiliger Meinungen erwachsene Theorie des Wissens, die sich auf einer ersten Stufe mit der Analyse und Synthese von Begriffen befaßt,[43] um von dort zur Erkenntnis des Seienden und schließlich der *Ideen* zu gelangen,[44] vorgestellt. Bei *Aristoteles* schließlich wird die Dialektik zur Bezeichnung der Logik überhaupt. Sie wendet sich bewußt solchen Sätzen zu, die nicht von vornherein hinsichtlich ihrer Bejahung oder Verneinung deutlich sind, sondern als Fragen der Prüfung bedürfen, ob sie zu bejahen oder zu verneinen sind. Das Ergebnis dieser Prüfung muß den Widerspruch ausschließen.

Platon verläßt in der Weiterentwicklung seiner wissenschaftlichen Methode dieses auf konkreter Erfahrung beruhende subjektive Moment der Dialektik zugunsten einer Objektivität, die als eine Verstärkung der Subjektivität anmuten könnte. Die Einsicht in die Ähnlichkeiten und Unterschiede ist bedingt durch die Einsicht in die Gattungen und Arten, die ihrerseits bedingt ist durch die Fähigkeit, die Begriffe zu gliedern und die Einheit in der Vielheit zu erkennen; die Dialektik ist daher eigentlich erst das Ergebnis der vorangegangenen Anschauung der Ideen. Am ›Höhlengleichnis‹ der ›Politeia‹ wird dies deutlich: Die von der Täuschung beherrschten verschiedenen Arten der Sinneswahrnehmung sind höchstens Gegenstand von 'Mutmaßungen' oder 'Auffassungen'. Ähnliches gilt für die aus ihnen sich ableitenden *empirischen* Gesetze. An diese schließt sich der Glaube mit seinen Schlußfolgerungen an, welche zwar eine größere Sicherheit als die aus der Empirie gewonnenen beanspruchen können, ebenso wie diese aber immer noch Bestandteile der 'Werdewelt' sind. Der 'Welt des Werdens' wird diejenige des 'Seins' gegenübergestellt, deren Erkenntnis durch die 'Wissenschaft' genannte Verstandes- und Vernunfteinsicht vermittelt wird. Zu dieser führt die *Dialektik* hin, welche der sinnlichen Wahrnehmung nichts entlehnt, sondern durch ausschließlich *begriffliche Erörterung* zu ihrem Ziel gelangt. Diesen, in der *Mathematik* am deutlichsten zutage tretenden Erkenntnissen kommt der höchste Grad an *Realität* zu.

Das in der *platonischen* Dialektik – die die sokratische Betrachtungsweise hinter sich gelassen hat und von Platon in seinem Alterswerk wiederum relativiert wurde – dargestellte Wissenschaftsideal ist demjenigen der Neuzeit diametral entgegengesetzt. Alles, was in der Erfahrung gegeben ist, ist für Platon ein Erkenntnishindernis. Der Vorwurf, die platonische Ideenlehre vermöchte keine wirkliche Erkenntnis zu vermitteln, ist daher nicht einfach abzutun. Der von der Realität absehende Dialektiker bescheidet sich schließlich mit dem faktisch Gegebenen; er sieht das Ziel der Erkenntnis letztlich in der getreuen Wiedergabe *(Spiegelung)* des Faktischen und in seiner Hypostasierung.

Platon hat diesen Idealismus auf das Denken des Sokrates rückprojiziert. So erscheint Sokrates im Dialog Parmenides als Vertreter der

Ideenlehre. Schon hier wird der Vorwurf der Verdoppelung der Wirklichkeit, inzwischen Bestandteil jeder Idealismuskritik, laut. Die Verteidigung des Idealismus, welche Platon dem Sokrates in den Mund legt – in der Erörterung der Sätze über das Eine –, kann als Musterbeispiel dieser Art von Dialektik[45] gelten, weshalb sie hier angeführt wird.

Ausgangspunkt ist der Satz, daß das Eine *ist*, unbedingt und ohne irgendeine Beziehung zu einem Seienden. Aus diesem Satz folgt, daß das Eine weder Teile hat, noch ein Ganzes ist, daß es weder Anfang, Mitte und Ende kennt, noch irgendwo ist; es befindet sich weder in Bewegung noch in Ruhe, es ist weder verschieden noch einerlei, nicht ähnlich und nicht unähnlich, weder gleich noch ungleich, weder älter noch jünger, noch gleichalt, noch überhaupt in der Zeit. Es kommen ihm daher weder Sein noch Erkenntnnis zu. Im zweiten Satz wird das Eine, das *ist*, als Seiendes in Beziehung zu Seiendem gedacht. Jetzt ist es teilbar, Eines und Vieles zugleich, in allen seinen Bestimmungen denen des ersten Satzes entgegengesetzt. Etwas Ähnliches wird durch die umgekehrten Thesen dann vom Nichtsein bewiesen. Das bedeutet, daß das nichtseiende Eine auf der einen Seite über keine Prädikate, im anderen Fall über die Gesamtheit der Prädikate verfügt, als 'formlose Masse' 'unendlich zerbröckelnd' nur *scheinbar* bestimmt. Das zusammenfassende Ergebnis des Dialogs lautet demgemäß: „Mag das Eine nun sein oder nicht sein, so ist es selbst und das Andere, wie es sich zeigt, sowohl im Verhältnis zu sich selbst wie zueinander alles auf alle Weise und ist es auch wieder nicht, und erscheint als alles dies und erscheint auch wieder nicht so.“[46]

Die *dialektischen* Konsequenzen des Dialogs sind eine Art 'Ideenchaos', mit dem jede Möglichkeit echter Erkenntnis in Frage gestellt scheint. Eine Verbindung zu Kosmos, Natur und Sein ist unmöglich. Damit markiert der Dialog Parmenides eine Auflösung der traditionellen Lehre und zugleich einen Neuansatz. Während anfänglich nur die scheinbare Verläßlichkeit der bloß sinnlichen Erkenntnis kritisiert wird, scheint nun auch die Dialektik zur wirklichen Erkenntnis untauglich zu sein. Auch sie führt zu einem Durcheinander, wo alles von allem, das Sein vom Nichtsein ausgesagt werden kann.

Platon stellt der Methode dieser Dialektik diejenige der *dihaíresis* gegenüber. In ihr wird das Andere als solches zum Einen gesetzt, so daß das Nichtsein als Form des Andersseins erscheint.[47] Auf diese Weise ist für Platon die parmenideische These, „daß das Nichtsein gar kein Sein habe und infolgedessen auch gar nicht denkbar oder erkennbar sei“, aufgehoben zugunsten jener im 'Reiche der Ideen' herrschenden Ordnung, in der alles nur in der Weise des Verhältnisses zu seinem Anderen *ist*. Die

Gemeinsamkeit des platonischen und sokratischen Philosophierens ist daher nicht so sehr in der beiden gemeinsamen *dialektischen* Methode, sondern vielmehr in der dieser vorausliegenden Auffassung zu sehen, daß anders als im Denken (durch den *lógos*) kein Objekt welcher Art auch immer wissenschaftlich erfaßt werden könne. Das Problem, welches *Sokrates* durch die Setzung der Identität von Selbsterkenntnis und Erkenntnis der Dinge löste – das Problem: läßt sich das Wissen um das Allgemeine mit der Vorstellung des Einzelnen verbinden? –, stellt sich Platon in ähnlicher Weise, der jedoch erkennt, daß die dialektische Methode, die nach vorausgegangener Prüfung die 'richtige' Auffassung in einer der Sache entsprechenden Definition zum festen Wissen erhebt, nicht mehr genügt. Der Grund dieses Ungenügens ist in der *Idee* und ihrer eigentümlichen Mittelstellung zwischen Allgemeinem und Besonderem zu suchen. Die Idee ist weder allgemeiner 'Begriff' noch 'Vorstellung' des Einzelnen; sie ist vielmehr eine Art 'Repräsentation des Allgemeinen am Besonderen', also keineswegs Begriff oder Definition. Trotz der aufgewiesenen Zusammenhänge zwischen Idee und dialektischer Methode ist erstere nicht vermittelst letzterer zu erkennen, da sich die Dialektik auf Definitionen und Begriffe richtet, der Ideenerkenntnis daher nicht vorausgeht, sondern folgt. Die Idee ist ihrer Natur nach *Totalität*; das, was sie unter sich begreift, faßt sie daher nicht einfachhin als ein Allgemeineres zusammen, sondern hebt dieses auf im Unbedingten, in der Scheidung von den bedingten Voraussetzungen. Die eine Erkenntnis der Ideen ermöglichende Methode ist die Begriffsspaltung *(dihaíresis)*.[48] Dieses Verfahren erreicht sein Ziel nicht eher, als es seinen Gegenstand als *unteilbaren* umfaßt, etwa in der auf der ausschließenden Alternative beruhenden Erkenntnis dessen, was es *nicht* ist, und die den Grund angibt, es als *das* zu erkennen. Auf jeder Stufe der in dieser Weise fortschreitenden Begriffsspaltung *(dihaíresis)* wird dem entsprechenden Grade der Erkenntnis gemäß aufgezeigt, in welcher Weise ein Seiendes neben einem Nicht-(= Anders-)Seienden zu stehen kommt. Je nach dem Gesichtspunkt, unter dem die Teilung durchgeführt wird, ist etwa die 'erwerbende' Kunst das Seiende, die sie ausschließende 'hervorbringende' das 'dies' Nichtseiende, *Andere*, oder umgekehrt, diese das Seiende, jene das Nichtseiende, wenn es sich um ein Hervorbringen handelt. Diese Begriffsspaltung läßt sich so weit führen, bis ein Unteilbares *(átomon eídos)* erreicht ist, der Träger so vieler Prädikate, wie in fortschreitender Teilung zusammengeknüpft werden. Das Unteilbare ist *Eines* im Sinne des unteilbaren Ergebnisses einer Teilung, und gleichzeitig *Vieles*, dadurch daß es in seinem Oberbegriff (seinem *lógos*) alle anderen Begriffe verknüpft. Diese Verknüpfung trennt es von den

'Dingen' und verhindert eine Verwechslung mit dem bloß Ähnlichen.[49] Das Unterscheidende zwischen *Dialektik* und *Dihairesis* liegt entsprechend im methodischen Vorgehen, nicht im Ziel; dieses besteht in beiden Fällen in der Definition. Die dialektische Methode sucht das Umfassende auf dem Wege der *Verbindung* des Getrennten im Sinne eines *'Aufstiegs'*, während die Dihairesis den *Abstieg* zu einem Endergebnis bezeichnet, ein Vorgang des *Trennens*, der erst beim 'Untrennbaren' zum Stillstand kommt; je höher der Begriff ist, um so größer ist die Zahl des ihm Untergeordneten bzw. der Stufen der Teilung. Unter dieser Rücksicht kann Platon die Dihairesis die Voraussetzung aller Dialektik nennen.[50]

Der Weg von den sokratischen Dialogen, welche die Form des unmittelbaren Gesprächs methodisieren, bis hin zur Erkenntnis der Ideen in der Dihairesis gibt exakt jene Stufen wieder, welche von den Anfängen der Objektivierung der subjektiven Einsicht in das Wesen der Dinge, welche dem *lógos* untergeordnet wird *(Rationalismus)*, zur Erkenntnis dessen hinführen, was sich zur Erfahrungswirklichkeit verhält wie das Urbild zu einem Abbild[51] *(Idealismus)*.

Diese Wende, bisher dargestellt am Methodenwandel, läßt sich noch anders verdeutlichen. Die Gerechtigkeit an sich konnte für Sokrates nur deutlich werden am gerechten *Menschen*; nur der Mensch, der an der eigenen Gerechtigkeit interessiert ist, sich um diese sorgt, findet zur Gerechtigkeit überhaupt, welche immer nur als eine mit einem Subjekt verbundene erkennbar ist. Nur der Gerechte kann um das Gerechte wissen. Dies gilt sowohl unter *ontologischen* wie *erkenntnistheoretischen* Gesichtspunkten. Diese Zuordnung erfährt bei Platon ihre genaue Umkehrung. Gerecht ist der Mensch nicht, insofern er Mensch ist; wenn er ungerecht wird, bleibt er Mensch, lediglich seine Gerechtigkeit ist verschwunden. Der gerechte Mensch ist daher etwas, bei dem das Gerechte ist, und von dem es weichen kann, während das Gerechte selbst nicht von sich selbst verschwinden kann. Es ist vielmehr ganz identisch mit sich selbst, es ist immer und unvergänglich, immer seiend. Das Seiende, das, was ist, ist *idéa* oder *eídos*; es ist das, welches das Was-Sein von etwa sehen läßt, das Wesen einer Sache enthüllt, und dies unabhängig von allem empirisch Wahrnehmbaren, welches immer nur von etwas anderem her konstituiert wird. Es kann daher auch nirgendwo innerhalb der sinnlich wahrnehmbaren Welt existieren, sondern bildet eine selbständige, von den Einzeldingen getrennte Welt.[52] Damit ergibt sich ein weiteres Charakteristikum, das die Gedanken Platons von denen der Sokratik abhebt. Platon räumt nur der Philosophie die Möglichkeit ein, zur vollen Erkenntnis des Seienden zu gelangen. Die üb-

Die Dihairesis (nach Platon, Sophistes 219 A ff.):

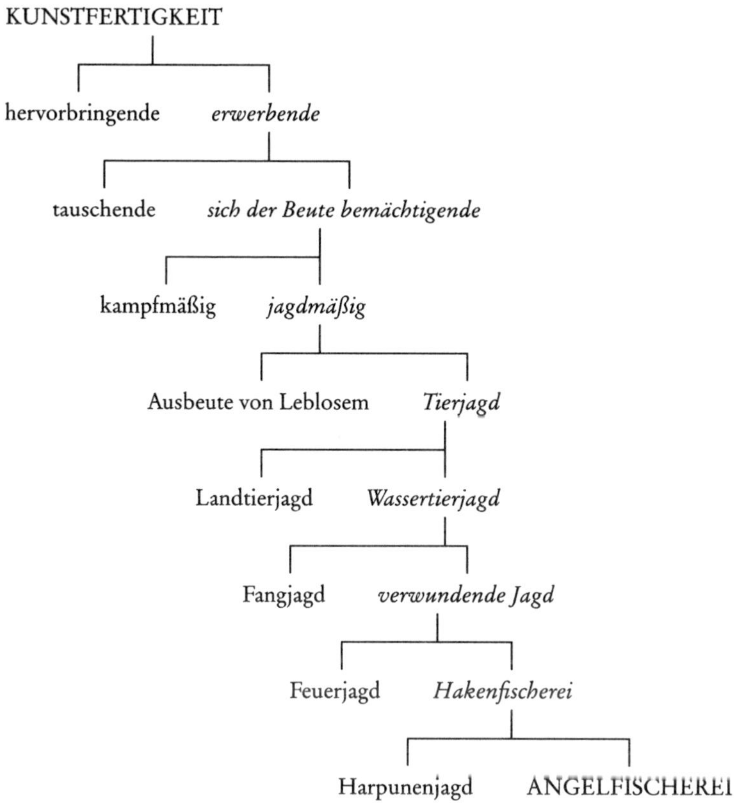

Erläuterung: Es ist nach der Definition des Angelfischers gefragt. Ausgangspunkt ist die Bestimmung seiner Tätigkeit als einer Kunstfertigkeit *(téchnē)*. Diese wird als *Hypothese* gesetzt. Jede Techne ist aber entweder hervorbringende oder erwerbende. Die Angelfischerei ist eine erwerbende Kunstfertigkeit. Als erwerbende wird sie fortschreitend geteilt (Tausch–Jagd; etc.). Dabei kommt auf der rechten Seite der gesuchte Begriff für das Sein, auf der linken der für das Nichtsein zu stehen (als Form des Andersseins). Die durchgeführte Dihairesis stellt sich dar in der geordneten Form eines *Stammbaums*, in welcher jeder Begriff *seinen* genauen Umfang und innerhalb dieses Umfangs *sein* Anderes im Sinne einer ganz bestimmten Differenz hat.

rigen Wissenschaften können zwar sehr weit vordringen, erreichen jedoch nicht das Wesen (die *Washeit*) der Dinge. Dies hat seinen Grund vor allem darin, daß das entscheidende Kriterium der Erkenntnis nicht mehr wie in der Sokratik ein *methodisches*, sondern auf der Seite der Gegenstände der Erkenntnis selbst zu suchen ist. Die Wissenschaften stellen die Frage nach dem Wesen der Dinge innerhalb eines eingeschränkten Bereichs, während die Philosophie diese Frage uneingeschränkt im Hinblick auf alles Seiende stellt, um sich so zu den Wesenheiten *(Ideen)* selbst emporzuheben. In diesem Sinne ist Philosophie *wirkliche* Einsicht, die das den Erscheinungen Zugrundeliegende wahrnimmt.[53] Aber auch diese Weise der Erkenntnis läßt dem Zweifel noch Raum. Platon selbst kann den Gedanken, daß seine eigene Lehre von den Wesenheiten vielleicht auch nur Meinung, nicht Wissen sei, nicht ganz zurückweisen.[54]

Die letzte, radikale Konsequenz der sich hier abzeichnenden Wende bedeutet, daß der Gegenstand wissenschaftlicher Erkenntnis und Kommunikation nur das Dauerhafte, mit sich selbst Identische sein kann, niemals das Wandelbare, Individuelle. Die Erfahrung sinkt zu einer vorphilosophischen Stufe des Wissens herab, die nur Tatbestände und Vorgänge registriert, ohne nach deren Ursachen zu fragen.

Drittes Kapitel

FRÜHE DEUTUNGEN DES BÖSEN

Die Entwicklung der differenzierten Modelle zur Bewältigung der Fragen, welche sich aus der Konfrontation mit den Problemen des Leidens, des Bösen und des Todes, der kontingenten Wirklichkeit des Menschen, stellen, war ebenfalls nur möglich in Auseinandersetzung mit den archaischen, dem Mythos verhafteten Deutungen der Frühzeit.[1] Mit diesen verbindet sie der gemeinsame kosmologische Hintergrund: Eine Deutung des Negativen erscheint nur sinnvoll und plausibel im Zusammenhang mit einer Kosmosordnung, durch die der Gott entlastet wird, der selbst wiederum im Sinne eines kosmosimmanenten Prinzips aufzufassen ist. Der gemeinsame Interpretationshorizont unterscheidet so auch die Modelle der griechischen Philosophie von denjenigen der jüdisch-christlichen Religion und von den auf deren Hintergrund entstandenen neuzeitlichen Lösungsversuchen. Für die auf dem Boden der jüdisch-christlichen Religion entwickelten 'alteuropäischen' Deutungsschemata war das entscheidende Problem das einer Entlastung des persönlichen, als Schöpfer gedachten Gottes, weiterentwickelt in der Neuzeit und in ihren Konstruktionen, welche dem *Subjekt* individuellen und geschichtlichen Handelns glaubwürdige Antworten auf die Frage nach dem Leiden und dem Bösen, nach Ungerechtigkeit und Tod, zu geben versuchten.

In der archaischen Welt erzählte man 'mythische' Geschichten, die Trost, Paradigmen des Handelns und darüber hinaus auch bereits kognitive Erklärungen bieten sollten. Das Medium dieser Versuche wurde dabei noch nicht in die Thematisierung der Auseinandersetzung mit dem Negativen miteinbezogen. Für die Anfänge der Philosophie gilt in gewisser Weise dasselbe. Sie schienen zwar um das Unterscheidende zwischen Mythos und Logos zu wissen, verfügten aber noch nicht über die Kriterien, diese Unterscheidung zur Sprache zu bringen und ihrerseits zum Gegenstand der Reflexion der kontingenten Wirklichkeit zu machen. Die Behauptung, die Medienfrage werde erst dort akut, wo aufgrund veränderter geistiger oder kultureller Bedingungen alte Trost- und Erklärungsschemata zur Bewältigung des real erfahrenen Leidens nicht mehr ausreichten, trifft nur bedingt zu. Dies gilt vor allem für die Phase des Übergangs von der narrativen Struktur des Mythos zu der reflexiven des Diskurses. Der Mythos, der dem Denken fraglich wird,

wird gerade nicht in einer konsequenten Lösung der Medienfrage durch rationale Erklärungen ersetzt und dadurch überwunden, sondern erhält eine neue Funktion. Hatte er bislang plausible Lösungen und Trostschemata zu liefern, so wird er jetzt zur Demonstration der Plausibilität einer Argumentation herangezogen, die nicht mehr ausschließlich theoretisch abgesichert werden kann. Der Mythos wird, bei aller Widersprüchlichkeit dieser Aussage, zum Medium der theoretischen und diskursiven Argumentation.

Wie der Mythos, so gehen auch diese Erklärungsversuche von der *Einheit* dessen aus, was ist. Sie hat nicht nur kosmische, sondern auch physische Geltung. Der Einzelne bildet mit dem Kosmos eine Einheit, die 'schöne Ordnung', deren Auseinanderbrechen, sei es durch die Eigenmächtigkeit des Menschen oder der personifizierten 'Natur', das *Übel schlechthin* darstellt; die Verletzung des *Einen*, Ursprünglichen, Qualitätslosen ist *das* Übel. Dies zeigt eine nähere Untersuchung des Spruches des *Anaximander*. Das Heraustreten aus dem *ápeiron*, dem qualitätslosen Ursprünglichen, ist ein Unrecht, für das die Dinge durch ihr Vergehen büßen müssen. Individualität als Prinzip der Entgegensetzung und Entzweiung ist *Schuld*; sie führt auch das Leiden mit sich, insofern sie Abfall aus dem schuld- und leidlosen Zustand des *ápeiron* ist. Das Übel, das auf diese Weise Eingang in die Welt findet, kann nur aufgehoben werden, wenn sich der Prozeß der Entzweiung, welcher die Einheit der Welt und die dieser zugrundeliegende Rechtsordnung verletzt hat, rückgängig machen läßt. Bereits am Beginn des Nachdenkens über Herkunft und Aufhebung des Bösen läßt sich so die Vorstellung von einer verletzten und wiederherzustellenden Rechtsordnung aufweisen, ein Gedanke, der den eines Prozesses im Sinne eines Gerichtsverfahrens um diese Ordnung assoziiert, wie er für die späteren Theodizeeversuche in der Neuzeit (so wie bei Leibniz und Kant) charakteristisch sein wird.

Bei *Parmenides* wird die Erzeugung des Gegensätzlichen explizit als die Entzweiung des Einen begriffen. Die entstehenden Gegensätze, welche dem Schema der *diákrisis* entspringen, werden in den Kategorien der archaischen Naturphilosophie ausgedrückt, variiert durch mythologische Elemente. Sie sollen das *Werden* der Welten und ihre *kósmoi* erklären, wobei ähnlich wie bei Anaximander das gedankliche Schema dieser Argumentation der Kontrast von Endlichem und Ewigem ist. „Die Endlichkeit sieht er dabei nicht im Bild des Gleichgewichts der Gegensätze, sondern unter dem Aspekt der Hybris: Übergriff des Endlichen über Endliches. Der *Anteil*, der dem Endlichen darum vom Schicksal gesetzt ist, ist seine 'Zeit'. Das Schicksal ist nicht *chrónos*, sondern *to chréōn*."[2] Allerdings ist das anaximandrische oder parmenideische Weltbild noch nicht der Entwurf einer Dualität, die erkenntnistheoretische Konsequenzen aufzuweisen hätte. Die aristotelische Vorstellung, eine einseitige unendliche Qualität vernichte durch ihre Unendlichkeit die andere,[3] läßt sich aber bereits mit den Vorstellungen Anaximanders in Verbindung bringen. *Aristoteles* selbst führt eine Begründung des *ápeiron* an, die auf Anaximander selbst zurückgehen dürfte: damit das Werden nicht aufhört.[4] Der Entwurf einer Welt des Werdens, in welcher die 'Übergriffe des Endlichen über Endliches' in ständigem Werden je neu überwunden werden müssen, erfährt in der *pythagoreischen* Lehre von einem die ganze Welt durchziehenden Grundwiderspruch von Begrenzendem und Unbegrenztem, aus denen die Weltordnung und alles, was ist, zusammengesetzt sind, eine erste moralisch-dualistische Begründung und Akzentuierung. Der neutrale Gegensatz von Begrenzendem und Unbegrenztem wird zu einem von Vollkommenem und Unvollkommenem, aufgehoben im Kosmos als einer Harmonie von Gegensätzen.[5] Dieser Gegensatz wird im einzelnen konkretisiert zu den Dualismen von Geist und Materie, Stoff und Form sowie von Gutem und Bösem, in denen sich moralische, gnoseologische und ontologische Wertungen vermischen.

Die Frage nach einer adäquaten Behandlung des Problems des Leidens sowie diejenige nach einem geeigneten Medium plausibler Erklärungsmodelle wird in konsequenter Weise vor allem von *Platon* reflektiert, so in der Dichterkritik in der Politeia.[6] Die Kritik am Mythos als ausschließlichem Modell der Weltdeutung ist scharf und eindeutig. Dennoch wird gerade an den entscheidenden Stellen der theoretischen Argumentation wieder auf den Mythos zurückgegriffen. *Platon* betont zwar, wenn er Mythen erzählt, daß auch sie keine entsprechende Darstellung oder gar Lösung der jeweiligen Probleme geben können: „daß sich dies alles nun so verhalte, dies zu glauben steht einem Vernünftigen nicht an". Gleichwohl lohnt es sich, daraufhin zu *glauben*.[7] Die Stellen im Werke Platons, welche als typisch für eine mythologisch gefärbte Argumentation angesehen werden dürfen, weisen alle eine Beziehung zu den Fragen von Leid und Tod auf. Das Verständnis dieser Stellen ist jedoch nicht einheitlich,[8] wenn auch generell gelten kann, daß sich hier Mythos und Reflexion nicht unbedingt einander ausschließen. Gerade bei der Diskussion der Frage nach dem Übel in der Welt und den daraus erwachsenden Trost- und Deutungsschemata spielt Mythologisches eine Rolle, wie es im übrigen Denken Platons als weithin überwunden angesehen werden darf, Ausdruck des Ungenügens der philosophischen Reflexion angesichts der fundamentalen Identitätskrisen des Menschen, wie sie in der Konfrontation mit der kontingenten Wirklichkeit zutage treten, und des allzu engen Verhaftetseins mit religiösen Vorstellungen der weiteren Theodizeeversuche.

Der Sokrates der platonischen Dialoge erzählt Mythen, und auch an den entscheidenden Stellen der Dialoge finden sich Mythen, von denen Platon behauptet, es handle sich um 'wahre Geschichten', denen in bezug auf die Entscheidungen des Einzelnen paradigmatischer Charakter zukomme; „die Mythen Platons kommen gleichzeitig aus einem Pathos und aus einer Sicht; sie sind die schöpferischen Ausbrüche und Ausdrücke entweder von Ergriffenheiten oder eines der Idee habhaften Schauens (beides sei geschieden nach dem jeweiligen Überwiegen). Die Schöpfungsidee im Timaios ist die mythische Gestaltung, will sagen die schöpferische Umkehr einer Sicht der Welt als eines allgemeinen Hinsollens und nach Stufen verschiedenen Hinkönnens zum Geiste. Die *Form* dieses Sollens ist das *Bild*. Insofern wäre die Weltansicht des Timaios mythisch, auch ohne den Schöpfungsmythos. Abbildhaft, das heißt mythisch."[9] Diese Formelemente muß auch eine Interpretation der platonischen Mythen, die über diese hinausgeht, berücksichtigen. Unter dieser Rücksicht sind die Mythen nicht nur die Reminiszenz einer vergangenen Zeit, sondern das bunte Material zur Illustration dessen, was den Ausführungen Platons prinzipienhaft zugrunde liegt. So teilt *Aristoteles* über dieses 'Prinzipielle' der platonischen Argumentation mit,[10] Platon habe das „eine der Prinzipien, nämlich das Eine, als das Gute, und das andere, nämlich das Große und das Kleine, als das Schlechte bestimmt. Die Alleinherrschaft des Guten, die im ›Staat‹ gelehrt zu werden scheint, ist also aufgehoben. Aber gerade jetzt wird klar, woher das eine Prinzip als das Gute bestimmt wird, nämlich aus dem Gegenteil. Es ist nämlich ohne weiteres deutlich, inwiefern das Große und Kleine das Prinzip des Schlechten ist. Das Schlechte ist das, was nicht so ist, wie es sein soll, was der durch sein Wesen gesetzten Form nicht entspricht. Nun wissen wir aus Platons Dialogen, daß das Wahrnehmbare dem reinen Wesen nie entspricht, sondern immer dahinter zurückbleibt. Das wahrnehmbare Gleiche ist nie vollkommen gleich, das wahrnehmbare Gerechte nie vollkommen gerecht, sie bleiben hinter dem Gleichen selbst und dem Gerechten selbst zurück. Das Schlechte ist das vom Guten abweichende, und solche Abweichung ist auf vielerlei Weise möglich. Das *hamartánein*, das Verfehlen des Guten, erklärt Aristoteles, ist *pollachō̧s*, es hat vielerlei Weisen, das *katorthoún*, das Rechttun dagegen ist *monachō̧s*, es hat nur eine Weise ... So gilt in der Tat, was im Bericht des *Aristoxenos* als das Ergebnis der platonischen Vorlesung über das Gute angegeben wurde: Gutes ist Eines."[11]

Aber nicht nur das Gute kann sich in der Sinnenwelt Geltung verschaffen. Wiewohl es sich in einer Welt des Werdens als das dieser Ordnung gebende Prinzip durchsetzt, widerstreitet ihm das *Nichtseiende*. So ist die körperlich-sinnliche Welt die Quelle jeder Art von Unvollkommenheit, welche verhindert, daß die Idee des Guten sich in der angezielten Weise realisieren kann. Dies läßt sich für Platon überall aufweisen, im Bereich des Logischen als die Unwahrheit, im Physischen als die Leere, im Ontologischen als die Vergänglichkeit, im Ethischen als das *Böse*, in der *paideía* als die Sophistik und in der Politik als der der Tyrannei eigene Machtmißbrauch. Der Wert des am Guten teilhabenden, beschränkten Seins und der Unwert des Mangelhaften, Nichtseienden, durchdringen einander in der endlichen Wirklichkeit, die *ist* und zugleich *nicht ist*. Sie ist nicht das Gute, sondern diesem nur ähnlich geraten.[12] Die *nómoi* betonen das Negative sogar so, daß die Annahme berechtigt erscheinen könnte, neben einer guten auch eine böse Weltseele anzunehmen.[13] Der Mythos dient also weniger dazu, das Negative in seinen vielfältigen Erscheinungsformen einsichtig zu machen – dieses scheint vielmehr evident zu sein –, als vielmehr zu dem Zweck, wenigstens 'Abbilder' des Guten zu ermöglichen, das als reines Prinzip ('das Eine') schwer zu erfahren ist. Dabei wird das Verhältnis von real erfahrener Negativität und nur im Begriff (und im Mythos lediglich veranschaulichter) aufgehobener, der unmittelbaren Erfahrung nicht zugänglicher Positivität konstitutiv für jenen Dualismus, wie er sich mit dem Denken Platons verbindet.

Solchem Dualismus muß eine Rechtfertigung des Negativen besonders angelegen sein. Aufgrund der Annahme des Guten als der letzten Ursache allen Seins – und damit ja auch des Negativen, auch wenn dieses als Nichtsein bezeichnet wird – ist eine solche Rechtfertigung nur sehr schwer einsichtig zu machen. Gerade die ungenügende Reduktion der beiden Prinzipien des *Einen* und *Vielen*, welche an den meisten Stellen des Werkes unvermittelt nebeneinander stehen, erschweren eine letzte, befriedigende Lösung, so daß der starre Dualismus Platons geradezu die Unlösbarkeit der in ihm verborgenen Probleme verrät. Das heißt aber, daß es der dialektisch-diairetischen Methode zwar gelingt, die Tatsache der Unvollkommenheit der Erscheinungswelt und die mit dieser gegebene Problemlage zu verdeutlichen, nicht aber diese Probleme auf der Ebene rationaler Argumentation einer befriedigenden Lösung zuzuführen. Hier muß erneut der Mythos als Glied in die Beweiskette eingefügt werden, sofern Platon eine Lösung des Problems des Negativen den *eikótes lógoi* (den Mythen also) vorbehält. Diese rekurrieren auf ein letztes, vorrationales Prinzip, welches in seiner regellosen Veränderlichkeit und Unfaßbarkeit das Böse nicht einmal mehr, wie noch bei *Sokrates*, als einen Irrtum begreift, sondern als eine Befleckung und Krankheit der Seele, die nicht durch Belehrung (rationale Argumentation), sondern nur durch *Strafen* geheilt werden kann.

Unter der Rücksicht einer Verlagerung des Ursprungs des Bösen in das endliche Subjekt, die mit den Mitteln des aitiologischen Mythos zu veranschaulichen versucht wird, faßt Platon im Schlußmythos der Politeia seine Argumente zum Problem der Negativität zusammen und spricht dem Mythos die Aufgabe zu, den 'Beweis' anzutreten und 'Ausblicke' auf das 'Ewige' zu gewähren. Während es bereits im Mythos des Gorgias und des Phaidon um die Frage einer Vergeltung des Guten oder Bösen ging, im Phaidros um die Möglichkeit einer Ideenschau, rückt Platon hier nun vor allem den Gedanken einer freien Entscheidung in den Vordergrund. Diese soll der Einzelne schon vor seinem Erdenleben verwirklicht haben (Gedanke der Präexistenz der Seele!), ihr soll er auch die scheinbare Notwendigkeit seines Schicksals verdanken. Der Notwendigkeit gegenüber wird so an einer Möglichkeit der sittlichen Freiheit des Einzelnen festgehalten; die Rechtfertigung der Welt, so wie sie ist, geschieht auf Kosten des wählenden und sich entscheidenden Subjekts: „Die Tugend bleibt frei; je nachdem jeder sie mehr oder weniger ehrt oder verschmäht, wird er an ihr teilhaben. Schuld trägt der Wählende. Gott ist schuldlos."[14] Allerdings findet gleichzeitig eine zweifache Einschränkung der 'Wahlfreiheit' statt. Eine erste, von der Zufälligkeit des Losens bestimmte Wahl regelt die Reihenfolge der zweiten, entscheidenden Wahl. Die in der Reihenfolge erste Seele kann auf diese Weise ihr Lebensmodell aus einer unbeschränkten Zahl von Möglichkeiten wählen, wohingegen die letzte in der Reihe nur noch eine begrenzte Anzahl von Mustern des Lebens vorfindet. Dennoch soll auch die Wahl der Letzten in der gleichen Weise frei und verantwortlich sein wie die der Ersten. Das Beispiel des Odysseus, der als letzter wählt und nach langer Suche das erwünschte Lebensparadigma des Privatiers findet, soll dieses Argument unterstreichen. Zusätzlich dazu erweisen sich auch noch das frühere Leben der Seele und ihre Erlebnisse während der tausendjährigen Wanderung im Jenseits als entscheidende Kriterien für die zu treffende Wahl: diejenigen, die durch den 'Himmel' gewandert sind, treffen ihre Entscheidungen schneller und unbesonnener als jene, die auf schlechte Erfahrungen in der 'Unterwelt' zurückblicken. Am Ende der Wanderung durch das Jenseits, kurz bevor die Seelen in ihr neues Leben auf der Erde eintreten, müssen sie aus dem Strom *Amélēs* ('Vergessen') trinken, um je nach der Menge des Getrunkenen ganz oder teilweise alles zu vergessen, was sie erlebt haben. „So entschlummern sie. Um Mitternacht aber geschah ein Donnern und Beben, und plötzlich wurde der eine hierhin, der andere dorthin ins Werden geschleudert, hinschießend wie ein Stern."[15] *'Er'*, der Pamphylier, der diese mythologische Schau der Dinge nach Platon vermittelt haben soll, durfte keine Vergessenheit trinken; er erwachte wieder im Leben, ohne zu wissen, wie er dahingekommen, damit die „Kunde bewahrt bliebe und nicht verloren gehe".

Die *mythische Aussage* zum Problem des Leidens und des Bösen lautet: die unsterbliche Seele muß sich in einer unendlichen Abfolge von Leben, Tod und Jenseitserwartung bewähren. Sie ist dem Göttlichen verwandt und vermag so zu unterscheiden zwischen dem, was gerecht, und dem, was ungerecht genannt werden muß. Außerdem wählt sie sich jeweils ihr künftiges Lebensgeschick selbst und hat daher die Möglichkeit, sich einem Leben zuzuwenden, das ein gerechtes Handeln begünstigt. Unter allen Umständen hat sie nach Gerechtigkeit zu streben, um ihr wahres Wesen, das Göttliche, immer mehr hervortreten zu lassen, wohingegen die Götter selbst über Gerechtigkeit und Ungerechtigkeit zu Gericht sitzen und nach dem Tode dem Menschen den Lohn bzw. die Strafe für sein Handeln zumessen. Die Verantwortung für sein Schicksal liegt beim Menschen selbst, der – nicht zuletzt mit Hilfe der 'Philosophie', die hier eindeutig als 'Lebenshilfe' quasireligiösen Charakters figuriert – dahin kommen soll, Einsicht in das wahre Wesen der Seele, der Götter und der Gerechtigkeit zu erlangen.

Auf Platons Antwort auf die Frage nach dem Sinn des Negativen in der Welt lohnte es sich insofern, näher und ausführlicher einzugehen, weil hier nicht nur das Gemeinsame aller antiken Theodizeeversuche bis hin zur Stoa und zum Neuplatonismus seinen Ausdruck findet, sondern auch, weil alle nachfolgenden Theodizeeversuche bis zu gegenwärtigen Argumentationsskizzen hin ohne das platonische Denkschema undenkbar scheinen.[16] Sei es, daß das Übel in der Welt in den Schöpfungszweck integriert wird (Leibniz), sei es, daß die Theodizee durch die These ergänzt wird, nicht Gott schaffe und lenke die Welt, sondern der Mensch, weshalb auch ihm das Negative an dieser anzulasten sei (Idealismus), oder sei es, daß die Hoffnung auf einen Zustand von Gerechtigkeit und Freiheit in einem 'Ja' zur Natur ohne den Menschen, zur Welt als Natur und Kosmos (Camus) gründend gedacht wird: Alle diese Varianten der im Theodizeeproblem grundgelegten Formen der Daseinsbewältigung zehren von jener quasireligiösen, dem Mythos verhafteten Argumentationsfigur, wie sie Platon vorgelegt hat.

Das platonische Denken, welches die Haltung der antiken Philosophie zu der offensichtlichen Bedrohung der Welt und des Selbst des

Menschen wie in einem Brennpunkt sammelte und reflektierte, ist nicht mehr und nicht weniger als die bewußte Entscheidung für eine Teleologie, wie sie mit der Annahme eines sinnvoll geordneten Kosmos gegeben ist. Allein eine derartige Annahme kann jene Trost- und Deutungsschemata vermitteln, welche den Einzelnen in den Stand versetzen, den elementaren Bedrohungen seiner Identität standzuhalten. Diese Trostschemata konnte bis in die Zeit der Rückbesinnung auf die Klassik (Schiller, Hölderlin, Winckelmann) Gültigkeit beanspruchen und selbst durch eine vom Christentum beeinflußte Tradition, die ihrerseits auch nicht von Platon losgelöst zu verstehen ist, nicht verdrängt werden. Eindrucksvoll kommt diese Funktion in Werken großer Kunst zum Ausdruck, so in Hölderlins ›Hyperion‹, der mit den Worten schließt:

O Seele! Seele! Schönheit der Welt! du unzerstörbare! du entzückende! mit deiner ewigen Jugend! du bist; was ist denn der Tod und alles Wehe der Menschen? – Ach! viel der leeren Worte haben die Wunderlichen gemacht. Geschehet doch alles aus Lust, und endet doch alles mit Frieden. Wie der Zwist der Liebenden, sind die Dissonanzen der Welt. Versöhnung ist mitten im Streit und alles Getrennte findet sich wieder. Es scheiden und kehren im Herzen die Adern und einiges, ewiges, glühendes Leben ist alles.

Ein derartiges Welt- und Selbstverständnis wirkt auch auf uns heute noch faszinierend, selbst wenn wir es nicht teilen können. Gerade an ihm offenbart sich die tiefe Kluft, die unser Denken von demjenigen der Antike trennt. Deren Totalitätskonzept, ohne das eine teleologische Weltauffassung schwerlich denkbar ist, basiert auf der Voraussetzung, das Ganze der Natur, in späteren Rezeptionen auch das Ganze der Geschichte, stelle ein in sich geordnetes, sinnvolles *Ganze* dar, das der Mensch weder als Einzelner noch als Gattung verantworten oder gar konstituieren könne. Wenn daher dieses in sich geordnete Ganze auch wenig Rücksicht auf den Menschen nimmt, so darf dieser sich jenem dennoch vorbehaltlos anvertrauen; in dem Maße, in dem der Einzelne für das Negative verantwortlich gemacht werden kann, in demselben Maße ist er auch fähig – durch Eingliederung in den vernünftigen Kosmoszusammenhang – dieses in die allgemeine Harmonie hinein zu überführen und so aufzuheben.

Die Faszination einer derartigen *Harmonie* kann jedoch nicht darüber hinwegtäuschen, daß das Theodizeeproblem, selbst wenn die Voraussetzungen, von denen die Antike ausging, gelten sollten, unlösbar ist. Der im Mythos angedeutete Weg, das Übel zu überwinden, gibt dem Individuum zwar in den Impulsen, zu einem ethisch verantworteten Handeln zu kommen, die Möglichkeit, im Rahmen der angedeuteten Bedingungen das Ungenügende, Endliche zu überwinden, ist aber gerade unter diesem Aspekt das reale Eingeständnis des Scheiterns des Denkens angesichts der unbegriffenen Negativität. Das Theodizeeproblem bleibt unlösbar, gerade auf dem Hintergrund des Argumentes von der „Einheit des Guten". Zu diesem Eingeständnis kommt auch Platon selbst: „Das Übel kann weder verschwinden *(apolésthai)*, weil es immer etwas dem Guten Entgegengesetztes geben muß, noch kann es bei den Göttern seinen Sitz haben, sondern mit Notwendigkeit findet es sich hier, in unserer sterblichen Natur."[17] Wenn nun aber der Gott in keiner Beziehung „ungerecht, sondern so gerecht wie nur möglich ist"[18], und auch der Mensch zumindest theoretisch imstande sein soll, das Übel zu überwinden, wenn dies praktisch auch so gut wie nie gelingt, dann bleibt ähnlich wie in den Paradigmen der christlichen Tradition nur der Rückgriff auf den Mythos von einem *Sündenfall*. So argumentiert Platon in den ›Nomoi‹[19] mit „einem Sündenstachel, infolge alter, ungesühnter Schuld, den Menschen eingesenkt, der umtreibend Frevel gebiert und den man mit allen Mitteln bekämpften muß", auch wenn keine Aussicht besteht, in diesem Kampf den Sieg davonzutragen. Auf der diskursiven Ebene entspricht diese Konstruktion der pythagoreischen Vorstellung, wonach das Schlechte der Klasse des Unbegrenzten und das Gute derjenigen des Begrenzten zuzuordnen sei, eine Vorstellung, deren Verwurzelung in einer *allgemeinen Harmoniethese* offensichtlich ist.

Ein gegenwärtiges Problembewußtsein wird von dieser These nicht mehr ohne weiteres wie selbstverständlich ausgehen können. Auf der einen Seite sind keine universal geltenden Deutungssysteme mehr auf dem Hintergrund eines pluriformen, von den verschiedensten Traditionen bestimmten Welt- und Selbstverständnisses mehr möglich, und auf der anderen Seite führt jedes Deutungssystem, das 'wissenschaftlich' erklären will, nicht zum versprochenen Ziel, da eine vorwiegend deutende Aufnahme der vorgegebenen Wirklichkeit (Natur, Geschichte, Gesellschaft) aus sich heraus noch keine universale Zielgerichtetheit (Teleologie) erahnen läßt. Das Vorgegebene ist prinzipiell sinnleer. Die Entscheidung fällt wie in der Antike trotz der veränderten Bedingungen nach wie vor zwischen Mythos (der Vorrationalität eines durch einen Glauben garantierten Totalitätskonzeptes) und nüchterner Reflexion, die freilich nur noch erklären, nicht aber mehr trösten kann: „In Anbetracht der individuellen Lebensrisiken ist freilich eine Theorie nicht einmal denkbar, die die Faktizitäten von Einsamkeit und Schuld, Krankheit und Tod hinweginterpretieren könnte; die Kontingenzen, die an der körperlichen und der moralischen Verfassung des Einzelnen unaufhebbar hängen, lassen sich nur als Kontingenz ins Bewußtsein heben: mit ihnen müssen wir, prinzipiell trostlos, leben."[20]

Viertes Kapitel

GRUNDZÜGE PHILOSOPHISCHER ARGUMENTATION
Platon – Aristoteles

Ein Blick auf die Geschichte der Philosophie vermag deutlich zu machen, daß einzelne Grundfiguren philosophischer Argumentation sich nicht in ihrer einmaligen Durchführung erschöpfen, sondern über die Rezeptionsgeschichte hinaus in je verschiedener Akzentuierung das Denken bleibend bestimmen. Dieser Vorgang erschöpft sich keineswegs darin, daß gewisse formale Kriterien zu festen Bestandteilen der verschiedenartigsten philosophischen Systeme würden, etwa im Sinne logischer Grundregeln, ohne die eine stringente Argumentation undenkbar wäre, sondern in *Grundentscheidungen*, die nicht nur nicht mehr vermittelst eines ausschließlich logischen Instrumentariums erfaßt werden können, die vielmehr umgekehrt dieses in seiner Anwendung bestimmen.

§ 6. Die Grundzüge der platonischen Philosophie

Die verschiedenen Weisen, ein philosophisches Problem zu diskutieren, bestimmen sich zu einem bedeutenden Teil von ihrer Relation zur empirischen (vorfindlichen) Wirklichkeit her. Nach Platon ist absolute Gewißheit und damit Wahrheit nicht auf dem Wege der Erforschung der empirischen Wirklichkeit zu erreichen, sondern kann nur in den Grundlagen der Geometrie gefunden werden. Deren Ursprung wiederum findet sich immer schon in der durch die Maieutik erweckten Seele, die infolge des Verweisens auf diesen Ursprung nicht ausschließlich der realen Welt angehören kann, sondern Glied einer jenseitigen, transempirischen Welt ist, der *Welt der Ideen*. Das bedeutet für die Erkenntnis der mathematischen Grundbegriffe, daß diese nichts anderes als eine Wiedererinnerung *(anámnēsis)* an die der Welt der Ideen geschauten Wesenheiten sein kann. Diese im eigentlichen Sinne mythische Aussage Platons wirkte zu den verschiedensten Zeiten faszinierend auf denjenigen, der sich dem platonischen Denken zuwandte und hat in der Lehre Kants vom synthetischen Apriori unter Abstreifung alles Mythischen ihre vollendete Ausprägung erhalten. Allerdings ist der platonische Mythos von der Anamnesis nur der Anfang eines Systems, welches von den geometrischen Urteilen für alles empirisch Seiende ausgehend überhaupt Urbilder (Ideen) konstruiert, deren *logisches* Abbild die Allgemeinbegriffe sind. Die Abwandlungen und Konkretionen des platonischen Mythos haben einen entscheidenden Anteil an der Entfaltung des Denkens seit der Antike. Nicht von ungefähr konnte A. N. Whitehead behaupten, die gesamte abendländische Philosophie bestünde aus nichts anderem als aus Fußnoten zu Platon, eine Aussage, welche in einer *idealistisch geprägten Ontologie* die eigentliche denkerische Leistung der abendländischen Tradition erblickt.

Charakteristisch für eine derartige Ontologie ist die vollständige Transzendenz der Ideen gegenüber allem in der Realität Gegebenen. Die platonische Lehre von der Seele kann dies verdeutlichen. Wenn die Idee im Hinblick auf das Sinnfällige transzendent ist, widerspricht es ihrem Wesen, die Seele irgendeines Körpers zu sein.[1] Die Seele selbst ist auf der einen Seite das, was der Idee am meisten ähnlich sieht, sie ist aber selbst nicht Idee und steht dem Körper gegenüber, welcher seinerseits dem der Idee Entgegengesetzten ähnlich ist. Andererseits darf der Körper nicht selbst als Prinzip der Körperlichkeit angesehen werden, er ist diesem vielmehr nur ähnlicher als der Idee: er selbst partizipiert ja bereits an der Idee, da er anders völlig gestaltlos, eigentlich nichtseiend wäre. Der Begriff des Entgegengesetzten ist daher ebenso konstitutiv für die Lehre Platons wie derjenige der Idee. Zwischen beiden besteht eine radikale Trennung, welche nicht nur das der Idee Entgegengesetzte selbst, sondern darüber hinaus in gleichem Maße alle Dinge betrifft, denen dieses beigemischt ist. Da in ihnen dieses *Andere*, mit sich selbst in keiner Weise identisch, als „Grund aller Unordnung"[2] enthalten ist, sind sie selbst welthaft, sinnlich, vergänglich und nicht identisch[3], eher nichtseiend als seiend. Dies gilt, obwohl die Dinge an der Idee partizipieren und dadurch das sind, was sie sind.

Die Seele ist so zwar das der Idee Ähnlichste[4], partizipiert aber in gleicher Weise an dem der Idee Entgegengesetzten *(tháteron)*, welches das dem Körper Ähnlichste ist[5]. Nur dank dieser Ähnlichkeit ist sie Lebens- und Bewegungsprinzip des Körpers, *Seele.*[6] Die Idee selbst kann sich nicht nach Art der Seele mit einem Körper verbinden. Von der Idee des Guten her kommen allen anderen Ideen Sein, Erkennbarkeit und Erkennen zu.[7] Das bedeutet, daß die Transzendenz der Idee dem Körperlichen gegenüber der Idee des Guten in ganz besonderer (eminenter) Weise zukommt. Sie wird zum Beispiel im ›Höhlengleichnis‹ unter dem Bild einer Abstufung von Erkenntnis und Erkenntnisgegenständen dargestellt; der letzte Grund für das Sein und für die Erkennbarkeit überhaupt kann kein immanentes Prinzip, es muß vielmehr reine, absolut einfache Selbstidentität sein. Dies kann am Bild der Sonne deutlich werden. Die Sonne ist nicht die den Dingen innewohnende Sichtbarkeit noch ihr Werden, wiewohl sie es ihnen verleiht. Ebenso ist die Idee des Guten nicht als solche das Sein bzw. die Erkennbarkeit der Dinge, wiewohl diese von ihr her kommen. Dadurch, daß sie deren Ursache ist, ist sie selber in unüberbietbarer Weise Ausdruck dieser Vollkommenheit und gleichzeitig real verschieden von den Dingen und den diesen innewohnenden Vollkommenheiten. Ebenso wie das 'Eine' des *Parmenides* weder eines noch seiend ist nach der Weise der Dinge, ist die Idee des Guten nicht seiend im Sinne der durch sie seienden Dinge. Sie ist all dies, aber auf transzendente Weise.[8] Das Gleiche läßt sich nachweisen für alle ausgezeichneten Ideen, z. B. für die Idee des Schönen. Obwohl es schlechthin transzendent ist, partizipieren alle schönen Körper und alles endliche Seiende überhaupt an ihm.[9] Die ausgezeichneten Ideen *(perfectiones purae)* sind zwar nichtkonkrete, in die Einheit der Dinge hineinkonkretisierte, wohl aber auf *eminente* Weise seiende Gründe von allem, da sonst zum Beispiel das 'Eine' zugleich und unter derselben Rücksicht auch Vieles wäre,[10] das Gute Schlechtes und das Schöne Häßliches.

Die Ideen sind das Ziel, auf das die *epistēmē*, das gesamte wissenschaftliche Denken, gerichtet ist. Darüber hinaus sind sie aber auch das Ziel alles endlichen Geschehens und Seienden, die infolge ihrer Endlichkeit hinter den Ideen zurückbleiben, ihnen aber dennoch ähnlich werden wollen. Von den Ideen her wird daher alle *intentionale* Tätigkeit bestimmt. In der gleichen Weise, in der die Idee das Ziel der Erkenntnis ist, ist sie Ziel des Liebessehnens[11] und der Liebe zweier Menschen zueinander. Im Grunde genommen sind die Ideen das Ziel jeglichen menschlichen Strebens nach einem Objekt, wiewohl nur das geistige Bewußtsein des Menschen die Idee als sein eigenes Ziel und dasjenige alles endlichen Seienden erfaßt. Die endlichen Seienden werden von der Idee her erfaßt und auf diese bezogen. In allem erstrebt die Seele bewußt die Idee, die *selber* Ziel der Erkenntnis und des Strebens, also *selber Objekt* der bewußten Erkenntnis ist. Unter dieser Rücksicht konstruierte die platonische Ideenlehre eine *Finalität*, welche als metaphysische Grundannahme alle Bereiche des Seienden qualifiziert, indem sie es ermöglicht, zwischen wahrem und falschem Wissen, Eros, wahrer oder falscher Tugend zu unterscheiden. Damit ist gleichzeitig mit jeder Stufe des Aufstiegs zum Reich der Ideen die Gefahr des Verfehlens dieses Zieles mitgegeben. Da das endliche Seiende infolge seiner Teilhabe am Reich der Ideen zu diesen in ein Verhältnis der Ähnlichkeit treten kann, ja diese mit der wesenhaften Endlichkeit der Dinge zu versöhnen scheint, ist es imstande, auf eine Weise auf die Seele einzuwirken, die es dieser schwermacht, sich über das Endliche zu erheben.[12] Die Seele vergißt dann die Idee und vermag sich nur sehr mühsam wieder ihrer zu erinnern. Die Zuordnung von Vergessen und Wiedererinnern ist für Platon sogar ein Charakteristikum der Seele, das sich in diesem Leben nie ganz überwinden läßt. Diese Tatsache verleiht allem *Endlichen* eine eigene Ambivalenz. Es kann zur Idee hinführen, weil es wirklich an ihr Teil hat und ihr ähnlich ist. Gleichzeitig aber muß es die Seele überwinden, wenn sie zu der Idee aufsteigen will. Das Streben nach dem Reich der Ideen bedeutet immer auch eine Ablösung vom Irdischen, Körperlichen und Endlichen, dessen Relativität und Kontingenz erkannt und überstiegen werden muß. Damit ist die Ideenlehre nicht nur ontologisches und gnoseologisches Prinzip, sondern auch *ethische Norm*.

Auch dies kann im Verhältnis von Idee und Seele sichtbar werden. Allein die Seele kann aus sich heraus zur Idee gelangen, ebenso wie sie die Idee aus sich heraus verfehlen kann. Das körperliche Seiende dagegen kann nur durch die Seele, die sich *frei* für das Reich der Ideen entscheidet, auf diese hingeordnet werden. Der mundus sensibilis ist zwar auch final auf die Ideen ausgerichtet, aber auf eine grundsätzlich unbewußte, mittelbare, nicht ethische, weil *notwendige* Weise. Diese Weise des Gerichtetseins auf die Idee enthält keine Vollkommenheit, da die Sinnendinge die Ideen nicht aus sich heraus anzustreben vermögen. Die Möglichkeit der Seele, die Idee zu verfehlen, findet gerade darin ihren Grund, daß sie sich an diese blinde, ideenwidrige Notwendigkeit, welche den Sinnendingen anhaftet, verlieren kann und ihre eigene Bestimmung vergißt.[13]

Der *finalen* Bestimmung der Ideen entspricht eine *konstitutive*: die Seele strebt nicht nur mit allen endlichen Dingen auf die Idee hin, sie kommt auch von der Idee; alles endliche Sein und Geschehen ist nur von der Idee her möglich. Die je verschiedene Vollkommenheit, die den aus den Ideen hervorgegangenen endlichen Dingen eignet, bestimmt sich nach dem Maße der Erinnerung an diesen Ursprung *(anámnēsis)*.

Die Tatsache, daß Sein und Wesen den Dingen von den Ideen her zukommen, die Dinge also durch Teilhabe *(méthexis)* an den Ideen das sind, was sie sind, stellt sich gleichzeitig in einen Strom des Werdens. Sie sind das, was sie sind, aber doch auf uneigene Weise. Sie *werden* immer wieder *anders*. Weil sie veränderlich sind, werden und vergehen, sind sie nie völlig mit sich selbst identisch. Auf der einen Seite sind sie das, was sie sind, aber sie sind es gleichzeitig doch auch wieder nicht. Die Endlichkeit der Dinge ist der Grund ihrer Veränderung; ihre Teilhabe an der

Idee ist daher immer nur eine abgeschwächte. Trotz aller Ähnlichkeit sind sie den Ideen doch eher immer unähnlich, so daß sich Ähnlichkeit und Unähnlichkeit nie streng voneinander lösen lassen. Dem Ineinander von Ähnlichkeit und Unähnlichkeit auf seiten der endlichen Dinge entsprich das Ineinander von Transzendenz und Immanenz auf Seiten der Idee. Bereits *in* den Dingen der Welt[14] findet sich etwas, daß zwar nicht die Idee selber ist, aber eine Teilhabe an den Ideen ermöglicht. Während die Idee den endlichen Dingen gegenüber transzendent bleibt, findet sich ihr *Abbild in* den endlichen Dingen, so daß diese vermittelst dieser Abbildstruktur an den Ideen partizipieren. Diese Partizipation ist als *reale Teilhabe* zu verstehen, welche den endlichen Dingen Individualität verleiht und sie vor einer unterschiedslosen Einerleiheit bewahrt. Das Abbild verleiht dem endlichen Ding eine gewisse *Selbstidentität*, die ihm jedoch, auch wenn man von dem tatsächlich sich ereignenden Werden und Vergehen einmal absehen würde, nicht in der gleichen Weise zukommen kann wie der Idee.

Mit dieser relativen Selbstidentität verbunden ist eine rationale Strukturierung der endlichen Dinge. Alles Seiende ist mit der Seele verwandt und dieser nicht gänzlich fremd. Die Herkunft der Dinge von der Idee und ihr Streben zu dieser hin konstituiert zusammen mit ihrer Verwandtschaft mit der Seele dank ihrer rationalen Strukturiertheit den *kósmos*; dieser erstreckt sich von der Idee über die Seele bis hin zu den vergänglichen Einzeldingen als *analoge* Einheit.

Das endliche Geschehen ist Werden und Vergehen. Dieses selbst ist nur verständlich als Streben nach der Idee.[15] Andererseits *wird* und *vergeht* das endliche Seiende, weil es endlich ist. Dennoch nimmt es an der Unveränderlichkeit und Selbstidentität der Idee teil. Der dauernde Wechsel der endlichen Dinge im Werden und Vergehen bewegt sich auf sein Gegenteil im Sinne eines Nachahmens der Selbstidentität der Idee zu.[16] Das Ergebnis ist ein Sich-halten trotz des Vergehens, ein 'Sich-Fortzeugen'[17] vermittelst des vermittelnden Prinzips der Seele, verstanden als Brücke zwischen körperlichem Sein und Idee. Diese ordnet die Dinge in die Kreisbewegung des Kosmos ein, der von der Idee her konstituiert wird und zu dieser als zu ihrem Ursprung zurückstrebt. Das bedeutet, daß die Finalität der endlichen Dinge sich nur über die Funktion der Seele verwirklichen läßt. Auch die 'Vollkommenheit' eines endlichen Dings richtet sich nach seinem Hingeordnetsein auf die Idee. Einer der wesentlichen Gedanken der platonischen Spätphilosophie ist ja die Annahme, die Seele sei *ontologisch* früher als das Endliche, welches sie auf die Ideen hinordnet, so daß die Seele gleichsam als das Ordnungsprinzip des Kosmos angesehen werden darf. Sie wird zu jenem Ort, an dem das Endliche, das von den Ideen herkommt, sich dieser Herkunft 'bewußt' wird und mit Hilfe des Strebens der Seele zu den Ideen zurückkehrt. Dieser Weg bleibt infolge der Endlichkeit, welche den Dingen immer anhaften wird, ein asymptotischer Prozeß.

Eine weitere Komplizierung erfährt die Lehre von der Herkunft der Dinge aus dem Reich der Ideen und ihrer Rückkehr in dieses durch die Annahme einer *Vielheit von Ideen.* Im Gefolge dieser Vielheit finden sich bestimmte Regeln über die Vereinbarkeit der verschiedenen Ideen untereinander, denen Regeln bezüglich der Vereinbarkeit der an diesen Ideen teilhabenden endlichen Vollkommenheiten in der immanenten Wirklichkeit entsprechen.[18] In Konsequenz zu dieser Verschiedenheit vermag die Seele die endlichen Dinge entsprechend dem Maße ihrer Teilhabe an den Ideen auf je verschiedene Ideen zurückzubeziehen, und zwar im Rahmen einer vorgegebenen, objektiven Ordnung, der die Ordnung, in der sich das Denken vollzieht *(Logik)*, entsprechen muß. Es geht z. B. nicht an, einen real gegebenen Baum auf die Idee einer Blume zurückzuführen, da er sich nicht von dieser herleitet. Vordergründig scheint diese Vielheit der Ideen eine Vielheit von letzten (ersten) Prinzipien zu implizieren und gerade so die Ordnungsfunktion der Idee (im Sinne eines letzten Einheitspunktes) für das endliche Sein zu gefährden.

Das Ursprungsverhältnis zwischen Idee und endlichem Seiendem wird von Platon mit den Grundkategorien der Teilhabe *(méthexis)*, der Ähnlichkeit in der Unähnlichkeit, der Verwandtschaft (als Modifikation der Kategorie der Teilhabe) und der Kategorie des Urbild-Abbild-Verhältnisses (als Modifikation der Kategorie der Ähnlichkeit trotz aller Unähnlichkeit) umschrieben. Die Gesamtheit dieser Kategorien bezeichnet einen *Exemplarismus*, welcher auf der einen Seite an der Idee als an der transzendenten Formalursache der endlichen Dinge festhält, und auf der anderen Seite als Partizipationsursache den endlichen Dingen auf eine bestimmte Weise Sein zuspricht. Die damit verbundene Ordnungsstruktur ist, sofern es sich um ein von der Kategorie der Partizipation bestimmtes Verhältnis zwischen Idee und endlichem Ding handelt, eine *immanente* Gegebenheit am endlichen Seienden, insofern aber dieses Verhältnis von der *Transzendenten* Formalursache bestimmt wird, eine Norm, die in der Idee ihren Ursprung hat, und der gleich dieser die Transzendenz gegenüber allem Endlichen zugesprochen wird. Dieses in zweifacher Weise bestimmte Verhältnis zwischen Idee und endlichem Seienden gibt nicht nur Auskunft über das Verhältnis von Transzendenz und Immanenz innerhalb der Idee, sondern gibt auch den Ort an, welchen nach Platon eine Metaphysik, welche die endlichen Dinge in ihrem Wesen erkennen will, einnehmen muß; sie beschreibt die durch die Partizipation an der Idee vermittelte immanente Vollkommenheit als das innere Wesen und das Ordnungsprinzip des Endlichen, welche nicht von der transzendenten Idee getrennt werden dürfen, gerade wegen ihrer Verschiedenheit von dieser. Das Wesen des endlichen Seienden läßt sich nur verstehen von seinem jeder Endlichkeit enthobenen Prinzip und Ursprung her. Die Metaphysik der endlichen Dinge ist aber losgelöst von der platonischen Lehre von der *Seele* nicht denkbar, wiewohl gerade diese in der Forschung am meisten umstritten ist. Beide zusammen bilden die Grundlage der Ideenlehre, von der aus für Platon eine Erkenntnis der Bestimmungen des Individuums, der Gesellschaft und der Geschichte gewonnen werden kann.

Platons Ausführungen über die Seele divergieren, je nach dem Aufbau und der Tendenz der Dialoge, in denen sie jeweils entwickelt werden. Als Grundlage der teilweise widersprüchlichen Ausführungen Platons kann jedoch die Lehre von der *Einheitlichkeit der Seele* angesehen werden, insofern sie (die Seele) unvergänglich ist; allerdings hat sie, „insofern sie *thymós* und *epithymía* nicht durch Vernunft beherrscht bzw. *beherrscht hat*, in diesen, sowohl in dem jeweiligen Leben als nach demselben, ein *thnētón*, ein Prinzip der Vergänglichkeit (des Sterbens und Wiedererstehens in sich), in der philosophischen Seele aber bilden diese sozusagen emotionalen Elemente der Seele gar nichts mehr für sich Bestehendes, sondern sind ganz und gar durchtränkt von der Vernunft, so daß diese Seele in der Tat einheitlich und in sich ewig gleich bleibend ist. So würde sich die unzusammengesetzte Seele des Phaidon, die 'meisterhaft zusammengesetzte' der Politeia, die Abstufung der präexistenten Seelen im Phaidros und die Unterscheidung eines sterblichen und unsterblichen Seelenteils im Timaios ohne eigentlichen Widerspruch zusammenreimen lassen.“[19]

Ähnlich den endlichen Dingen erfährt die Seele ihre wesentliche Bestimmung aus dem Verhältnis von Immanenz und Transzendenz der Idee. Die Aussagen Platons über die Seele sind immer auch Aussagen über die Idee, die gleichsam als das Apriori der menschlichen Seele erscheint. Diese Gedanken werden vor allem in den ›*Nómoi*‹ entwickelt. Auf den ersten Blick scheint hier die subsistierende Seele (Weltseele oder Weltvernunft) die Stelle einzunehmen, die im Rahmen des Systems Platons der Idee zukommt, identisch mit dem Prinzip des Logischen. Der Seele kommt auch wirklich Priorität zu, aber nur innerhalb des *Gewordenen*. Sie ist „das Älteste (d.i. Ursprünglichste, Primärste) und Göttlichste von allem, ‚wovon *Veränderung*, das *Werden* hinzunehmend, ein *immer fließendes Sein* zuwege gebracht hat“, oder (nach 967D) das

Ursprünglichste von allem, was der Entstehung *(gonê)* teilhaft geworden ist, oder (nach 896 A) die Seele ist das Erste, nämlich ‚die erste Entstehung oder Veränderung'. Die Seele kann danach gar nicht mit solchen Prinzipien in einen Wettstreit eintreten, die allem Werden, aller Veränderung vorausliegen und sie überhaupt erst ermöglichen, mit der Bestimmung und Unbestimmtheit, dem Einen und Vielen, Selbigen und Verschiedenen, dem Urbild, dem Raume und so fort; sondern die Frage betrifft allein die Priorität des Gebietes des Werdens oder, wie es im Philebus heißt, des ‚entstandenen Seins'."[20] Das bedeutet, daß die Seele sich in einer Endlichkeit bewegt, die unaufhebbar ist. Dennoch ist diese Endlichkeit eine andere als diejenige der Dinge. Das hat zur Folge, daß die Ideenerkenntnis der Seele keine unmittelbare sein kann. Sie wird vielmehr vermittelt durch die Erkenntnis der Dinge der Welt, innerhalb deren sie deswegen 'miterkannt' wird, weil die Idee auch den endlichen (sinnlichen) Dingen Sein und Erkennbarkeit verleiht. Auch der Erinnerungsgehalt der Anamnesis als das Apriori aller Erkenntnis darf daher nicht mit der Idee identifiziert werden, wenn sie auch diese, nach Maßgabe der Fähigkeiten der Seele, ermöglicht. Diese Möglichkeit wird Wirklichkeit in der Aktualisierung des Ursprungsverhältnisses zwischen Idee und Seele, selbst wiederum die Bedingung der Möglichkeit der von der Kategorie der Ähnlichkeit in der je größeren Unähnlichkeit abgeleiteten Ideenerkenntnis. Vermöge dieser Bestimmungen ist die Seele der 'Ort der Ideen',[21] von dem her sich die von der Anamnesis ermöglichte Erkenntnis als *transzendentales* Geschehen beschreiben läßt, wenn auch nicht im Sinne Kants, da in der Idee das An-sich-Seiende, das Ding an sich, zumindest virtuell gegeben ist (vgl. das Zueinander von Transzendenz und Immanenz in der Idee). Die Seele als Ursprung aller Bewegung innerhalb des Endlichen ist gerade auch darum der Idee ähnlich, daß sie sich selbst bewegt, während alles andere seine Bewegung von außen empfängt. Dasjenige aber, das den Ursprung seiner Bewegung in sich selbst hat, kann nach Platon nicht vergehen; damit kommt der Seele neben der Bestimmung als Erkenntnisprinzip auch diejenige als *Lebensprinzip* zu. Sie ist *unsterblich*, und darin am meisten der Idee ähnlich.

Die Seele als das Erste, 'vor allen Körpern Gewordene'[22], muß notwendig *gut* sein, 'vernünftig und voll der Tugend'[23]. Dies gilt in eminenter Weise für die alles leitende Seele, das Göttliche, dessen Tätigkeit damit umschrieben wird, daß sie in bevorzugter Weise die der Seele allgemein innewohnende Ordnungsfunktion einnimmt und die Welt gemäß dem eigenen Gutsein ordnet. Hier stoßen wir allerdings auf eine Zweideutigkeit im Denken Platons, die sich nicht restlos auflösen läßt. Wiewohl Platon nirgendwo das Göttliche mit der Idee des Guten identifiziert, es als Seele sogar dem Reich der Ideen eindeutig unterordnet, nennt er es andererseits ausdrücklich 'ewig'[24] und 'immerseiend'[25], Bestimmungen, die eigentlich nur der Idee zukommen[26].

Platons Gedanken über das *agathón*, die Idee des Guten, dürfen als die zentrale Aussage der Ideenlehre angesehen werden. Die Idee des Guten ist die Ursache für alle Erkenntnis und Wahrheit. Sie ist das, was den Gegenständen der Erkenntnis Wahrheit und dem Subjekt der Erkenntnis die Fähigkeit verleiht, überhaupt etwas zu erkennen. Dabei muß sie sowohl von der Wahrheit wie von der Erkenntnis unterschieden werden, da sie diese in jeder Beziehung überragt. Ein Vergleich mit der Sonne kann dies wieder veranschaulichen. Ebenso wie das Licht zwar sonnenartig, nicht aber die Sonne selbst ist, sind Wahrheit und Erkenntnis zwar *agathoeidḗ*, nicht aber das *agathón* selbst. Die Sonne gibt zwar den sichtbaren Gegenständen nicht nur die Fähigkeit, gesehen zu werden, sondern, obwohl sie selbst kein Werden kennt, auch Werden, Wachstum und Nahrung. In gleicher Weise kommt den Gegenständen der Erkenntnis von der Idee des Guten her nicht nur das Erkanntwerden zu, sondern darüber hinaus auch ihr Sein und Wesen *(ousía)* überhaupt, obwohl das *agathón* selbst keine *ousía* besitzt, sondern auch diese auf unendliche Weise überragt. So wie die Ideen sich gegenüber der endlichen Wirklichkeit durch eine unaufhebbare Transzendenz auszeichnen, ist die Idee des Guten ihrerseits wiederum gegenüber dem gesamten Ideenkosmos transzendent. In ihr ist der Grund *aller* Wirklichkeit zu sehen, die infolgedessen ihrerseits final auf das Gute ausgerichtet ist als auf das letztbegründete Prinzip sowohl des Seins wie des Erkennens. „So wie das Schöne im Gastmahl nicht ein wissenschaftlicher Satz, nicht *eine* Wissenschaft, und doch das höchste Wissensobjekt war –, als welches es doch auch hier schon zu Anfang (Politeia 505 A) eingeführt wurde –, nämlich indem es das letzte Gesetz und damit die letzte *Begründung* aller wissenschaftlichen Setzung und alles wissenschaftlichen Zusammenhangs vertrat, so ist dasselbe, da ja in den Satzungen der Wissenschaft allein ein Sein begründet wird, eben damit auch das letztbegründete Prinzip alles Seins, nämlich alles besonderen Seins, also über alles besondere Sein hinaus. Es vertritt nicht *eine* (besondere) Setzung des Denkens, mithin nicht *ein* (besonderes) Sein noch *eine* (besondere) Erkenntnis alles besonderen Seins, aller besonderen Erkenntnis. Es ist das Gesetz des reinen ..., 'voraussetzungsfreien' und so alle Voraussetzung der Wissenschaft begründenden Denkens; welches somit alle besondere *Erkenntnis* und alle besondere *Gegenständlichkeit der Erkenntnis*, um Kants Ausdruck zu gebrauchen, ‚allererst möglich macht'."[27] Die Idee des Guten ist die reine Setzung des Denkens, die Idee *als* Idee und als das Gesetz, von dem her jedes Gesetz sich ableitet. Sie verbindet Subjekt und Objekt der Erkenntnis zum gemeinsamen Vollzug der Wahrheit und des Wissens und transzendiert sie gleichzeitig. Das hat für eine *gnoseologische* Betrachtung zur Folge, daß das Urbild-Abbild-Verhältnis zwischen Idee und endlichem Sein sich auf einer höheren Stufe wiederholt; *ontologisch* bedeutet es, daß das *agathón* als Urbild die Ideen konstituiert und in ihrem Sein begründet. Es handelt sich dabei, und man kann die *ethische* Dimension des *agathón* – allein der, welcher auf das Gute schaut, handelt besonnen[28] – miteinbeziehen, um *ein* Geschehen, dessen Setzung oder Gründung lediglich verschieden beschrieben wird, und das als die Grundlegung von allem, was überhaupt ist, angesehen werden muß. „Das Gute besagt den 'Bestand'. Selbst der Geltungswert der Wahrheit und der Erkenntnis, der seinerseits das Sein bedingt, gründet sich in dieser letzten Forderung des Bestandes ... So besagt das Gute in sittlicher Bedeutung den Bestand des einzelnen Gewollten in der Zweckeinheit, jener Einheit des 'Ziels', die gerade in diesem Zusammenhang von Platon eindringlich betont wird (519C). Durch diesen Sinn des Guten wird aber auch die Brücke geschlagen zu der Bedeutung des kosmischen Gesetzes: der Erhaltung des Grundbestandes des Seins in der Veränderung,"[29] sowie zu der modifizierten, abstrakten und endgültig vom Mythos abgerückten esoterischen Lehre des späten Platon.

Diese Altersphilosophie, die vorwiegend aus den Briefen Platons und aus Vorlesungsfragmenten erarbeitet werden mußte und das Platonbild des klassizistischen Humanismus erheblich in Frage stellte, ist in der Forschung nicht unumstritten. H.-G. Gadamer[30] hat diese Lehre, die von der in den Dialogen aufgeführten nicht nur durch ihr Abstraktionsniveau abweicht, in einem Rekonstruktionsversuch so beschrieben: „Es scheint wie ein dürrer Schematismus, in den Erzeugungsprinzipien der Zahlen, der Eins und der Zwei, die Erzeugungsprinzipien aller Einsicht und das Aufbaugesetz aller sacherschließenden Rede zu erblicken, und es dürfte dieser Schein gewesen sein, der Plato die schriftliche Fixierung dieser Lehre unratsam erscheinen ließ."

Eine Differenzierung zwischen mündlicher und schriftlicher Lehre impliziert die Unterscheidung von einer esoterischen und einer exoterischen Lehre und einer verschiedenen Anwendung der beiden zugrunde liegenden dialektischen Methode. Die esoterische Lehre ist nur mündlich, im dialektischen Prozeß der Aneignung möglich, der „durch die Schulung des dialektisch-diskursiven, dianoetischen Nachdenkens die schließliche Einsicht, die Wesenserkenntnis, das noetische Denken vorbereitet“[31], welches sich dem eigentlichen Gegenstand dieser Philosophie, der Lehre von der Idee des Guten als dem Prinzip, von dem alles einzelne in seiner Vereinzelung abhängt, „das Absolute, das als solches nicht positiv bestimmbar, sondern von dem Vereinzelten nur negativ abgrenzbar ist“[32], zuwendet. Diejenigen Reflexionen über das Gute *(perí tagathoú)*, welche die esoterische Lehre Platons charakterisieren, tendieren auf erste, einheitsstiftende Prinzipien, welche sowohl *ontologisch* wie *logisch* als letztbegründend zu denken sind. Der dualistische Idealismus der Dialoge wurde hier zu einem *Prinzipiendualismus* (Zweiprinzipienlehre) weiterentwickelt, in dem sich die Eins *(hen)* und die unbestimmte Zweiheit *(ahóristos dyás)* unvermittelt gegenüberstehen. Während alle Zahlen unter die Eins fallen und vermittelst der Teilhabe an dieser die Einheit einer Vielheit bilden, welcher die Zweiheit entgegengesetzt ist, stellt die Zweiheit als Prinzip für das Viele und Wenige (indem sie dieses umfaßt) ein zweites, letztbegründetes Prinzip dar. Es handelt sich also um universale, *metaphysisch* begründete Strukturen, welche als Prinzipien der Zahl zugleich die Prinzipien alles Seienden bilden. Platon hat hier die quasi-mythologische Argumentation (z.B. die aus dem Mythos abgeleiteten Qualitäten der Seele) der in den Dialogen greifbaren Ideenlehre endgültig abgestreift zugunsten einer logischen Begründung der *synthetischen Einheiten* (des Mannigfaltigen, Endlichen, Zusammengesetzten).

Die Klarheit, die von diesem Gedanken her auf die in den platonischen Dialogen schriftlich fixierte Ideenlehre fällt, verleiht einer Darstellung des platonischen Systems eigene Akzente. Sie bilden gleichsam den Leitfaden, der es ermöglicht, die Dialoge richtig zu lesen. Versteht man sie als Folie, von der sich die Dialoge konkretisierend abheben, dann erscheint die Ideenlehre nicht mehr als ein vom Mythos geprägter Dualismus, bestimmt von der Entgegensetzung von ewigem Urbild und vergänglichem Sinnending. Die Ideenlehre präsentiert sich vielmehr als *dualistisches Ableitungssystem*, welches alles auf zwei gegensätzliche Urprinzipien zurückführen will. Auch dort, wo diese Prinzipien ethisch ausgelegt werden (etwa im Sinne eines konstitutiven Gegensatzes zwischen Gutem und Bösem), bleibt die *logische* Bestimmung doch die entscheidende; für Platon bedeutet „das Böse ‚Unbeständigkeit, Formlosigkeit und Grenzenlosigkeit‘, das Gute ‚Ordnung, Bestimmtheit, Symmetrie und Proportion‘“[33].

Die Rezeptionsgeschichte des Platonismus ist weithin geprägt durch eine einseitige Übernahme der vom Mythos bestimmten Argumentation, deren harmonisierender ‘Idealismus’ jene ‘Trostschemata’ hervorbrachte, welche in der Betonung der ‘wahren Welt’ den veränderlichen

Sinnendingen, dem, was in der Erfahrung ausschließliche Geltung beanspruchen kann, keine Bedeutung zukommen ließen. Die damit verbundene Abwertung des 'endlichen' Subjekts, das sich im platonischen Denken sehr wohl thematisiert findet – das nach Erkenntnis strebende Subjekt verfügt über ein Organ, das jenseits der Empirie liegende Absolute zu erkennen, wenn auch nur nach Maßgabe seiner Möglichkeiten –, steht den Implikationen des platonischen Idealismus so sehr entgegen, daß man in der Behauptung nicht fehlgeht, die eigentliche Aufnahme der Anliegen der Lehre Platons finde sich gerade dort, wo eine idealistische Philosophie anzutreffen ist, deren Ziel und Ausgangspunkt das Subjekt ist, wobei dessen Bestimmungen im einzelnen mit denen, die Platon dem Subjekt beilegt, identisch sein müssen. P. Natorp hat diese Bedeutung der platonischen Ideenlehre für jeden Idealismus überzeugend nachgewiesen. Das erkennende Subjekt im Sinne von Kants 'transzendentalem Subjekt' bildet im platonischen Denken jenen Punkt, um den sich gleichsam alles andere mit innerer Notwendigkeit gruppiert. Das Anliegen der platonischen Ideenlehre ist demnach nichts anderes als das Bemühen, „sowohl den Zusammenhang als den Unterschied der Begriffe des *Seins* und des *Sollens* zu entdecken als Zusammenhang und Unterschied fundamentaler *Methoden der Erkenntnis*, fundamentaler *Arten*, den *Gegenstand zu setzen*" ... darin besteht „das Grundprinzip der Ideenlehre, welches das *Prinzip des Idealismus überhaupt ist*"[34].

§ 7. Metaphysik und Empirie

Die platonische Lehre von den Ideen als obersten Erkenntnisprinzipien, welche das erkennende Subjekt instand setzen sollen, jenseits aller Empirie das Absolute zu erkennen und ein Wissen über etwas zu erlangen, das sich naturgemäß jeder Nachprüfung am unmittelbar Gegebenen entziehen muß, einmal erkannt aber die Deutung der gesamten, also auch empirisch erfaßbaren Realität ermöglichen soll, ist exemplarisch für die jede idealistische Philosophie charakterisierende *Aporie*. Je mehr die Ideenwelt zur *idealen* Welt, zum vollkommenen Sein und zum 'Reich der Werte' wird, um so weniger kann sie als Ursache der Unvollkommenheiten der Sinnenwelt angesehen werden, deren Ursprünge im 'Nichtseienden'[35] gesucht werden müssen, welches Platon im Anschluß an die Eleaten als 'leeren Raum' bezeichnet. Auf diese Weise muß sich der von einem einheitlichen Prinzip her (der Idee des *Einen* und *Guten*) konzipierte Idealismus in einem *Dualismus* auflösen. In der platonischen Philosophie wird dies besonders sichtbar an der Verbindung der teleologischen Metaphysik der Ideenlehre mit dem pythagoreischen Grundgegensatz, welcher das *ápeiron*, den unendlichen und gestaltlosen Raum, mit dem Prinzip der Grenze *(péras)* konfrontiert und in der Vermittlung beider Gegensätze den Ursprung der sinnlichen Welt zu sehen glaubt. Dieser, dem Idealismus inhärente Dualismus ist im weitesten Sinne das Produkt des spekulativen Desinteresses am unmittelbar Gegebenen, empirischen, welches, auf den für das System des Idealismus konstitutiven Prinzipien ausgeklammert, sich immer wieder zu Wort meldet. Eine Idealismuskritik, die seit Platon mit dem Argument des Dualismus umgeht, wird immer als Anwalt der Empirie auftreten, ohne dabei den Willen zu begrifflicher, Allgemeingültigkeit beanspruchender Erkenntnis aufzugeben, wie ja die Ideenlehre nicht allein die erkenntnistheoretische Einsicht für sich beanspruchen kann, daß Wissenschaft nur vom Dauernden, Allgemeinen und mit sich selbst Identischen möglich sei, wenn dieses auch jeweils verschieden bestimmt werden kann. Der Unterschied zwischen einer idealistischen und einer realistischen Reflexion dieses Grundsatzes, wie er im Verhältnis von *Platon* und *Aristoteles* sichtbar wird, besteht darin, daß das Allgemeine nicht mehr in einer für sich bestehenden 'Über-Welt', sondern im Bereich der Sinnendinge, der Erfahrung selbst, gesucht wird. Die jenseitige Idee verwandelt sich zur 'wahren Natur' (Wesen – *ousía*) des einzelnen Individuums. Der Gegensatz von fluktuierender, weltloser Sinneswahrnehmung und Seinserkenntnis wird damit hinfällig. Unter dieser Rücksicht ist in der aristotelischen Metaphysik der großangelegte Versuch zu sehen, zwischen der Ideenlehre einerseits und der empirischen Weltauffassung andererseits zu vermitteln. Die Ergebnisse dieses Vermittlungsversuches werden vorgelegt in der Lehre vom Seienden. „Die Überzeugung, daß nur das begrifflich Allgemeine Gegenstand der wahren Erkenntnis, d.h. absolute Wirklichkeit sein kann, verbietet es, den Inhalt der jeweiligen einzelnen Wahrnehmung als *ousía* zu denken, andererseits: die Überzeugung, daß dem Allgemeinen keine von den Sinnendingen getrennte höhere Wirklichkeit zuzuschreiben sei, verbietet es, die Gattungsbegriffe in der platonischen Weise zu hypostasieren. Das wahrhaft Wirkliche ist *das Einzelwesen, welches seinen wechselnden Zuständen und Bezeichnungen gegenüber begrifflich gedacht wird*, und zwar so, daß in ihm, und nur in ihm, die generelle Bestimmung *(eídos)* verwirklicht ist."[36] Während Platon nur den Allgemeinbegriffen (Ideen) im eigentlichen Sinne Sein zusprechen konnte, von welchen die Sinnendinge in qualitativer Abstufung ihr 'Sein' herleiten, lautet der Grundsatz, auf den das ontologische Denken des *Aristoteles* sich beruft, daß das Sein in vielfacher Weise ausgesagt wird.[37]

Diese, die parmenideische Seinslehre endgültig überwindende Position findet sich bereits in der Kategorienschrift unausgesprochen enthalten, insofern hier über die sprachlichen Erscheinungsformen des Seienden nachgedacht wird, über die verschiedenen, den verschiedenen Seinsweisen entsprechenden Aussageweisen, welche das Seiende zum Gegenstand haben, und die mit der Kategorie der Substanz den Schlüsselbegriff der aristotelischen Metaphysik liefert, insofern die Vielfalt der Weisen des Seienden immer nur in bezug auf eine einzige Wesenheit, die *Substanz*, ausgesagt wird.[38]

§ 8. Die aristotelische Metaphysik

Die aristotelische Metaphysik im engeren Sinne meint die in der gleichnamigen Schrift des Aristoteles enthaltene 'Erste Philosophie', der es um eine bestimmte Form der Wissenschaft zu tun ist, deren Aufgabe nicht a priori festliegt und die infolgedessen nicht einfach aus der Überlieferung übernommen werden kann.[39] Die Frage nach der Bestimmung dieser Wissenschaft läßt sich am ehesten beantworten durch einen Vergleich mit den anderen Wissenschaften, die sich je nach ihrer Zielsetzung einem Teil dessen zuwenden, was die von Aristoteles konzipierte 'Wissenschaft' als Ganzes angehen möchte. Aristoteles stellt jene 'erste' (Grund-)Wissenschaft den anderen Wissenschaften gegenüber und nennt sie *Philosophie*; ihre Bestimmungen liegen allen anderen Wissenschaften voraus, so daß sie wegen der Erhabenheit ihres Gegenstandes gelegentlich auch *Theologie* genannt wird.[40]

Die Bestimmung der Form dieser Wissenschaft entspricht derjenigen ihres Gegenstandes, über den Aristoteles selbst verschiedenartige Angaben macht. Man kann daher von verschiedenen Definitionen der Metaphysik bei Aristoteles sprechen. Nach Metaphysik 982a2–10b wendet sich die 'Erste Philosophie' den Anfängen *(archaí)* und den Ursachen zu – in einer eindeutigen Parallele zur ionischen Naturphilosophie –, die mithin die Gegenstände der Metaphysik bilden. Aristoteles bleibt jedoch bei dieser Bestimmung nicht stehen; beide werden – sowohl die Metaphysik wie ihr Gegenstand – auf eine breitere Basis gestellt, wenn es zu Beginn des vierten Buches der Metaphysik heißt, es gäbe eine Wissenschaft, welche das Seiende als Seiendes betrachtet, ebenso wie sie sich dem zuwendet, was dem Seienden als solchen zukommt. Wurde in der ersten Definition das Seiende unter dem Aspekt seiner Herkunft betrachtet, wo wird jetzt das auf sich selbst bezogene Seiende Gegenstand der Metaphysik. Wird das Seiende in Beziehung zu seinem Ursprung gedacht, so läßt sich die analoge Bewegung des Denkens in diesem Falle etwa als rückwärtsschreitendes Hinausgehen über den Gegenstand beschreiben, während eine Betrachtung des Seienden als solchen unmittelbar und ohne jeden anderen Bezug auf das Seiende selbst hinlenkt. Während sich daher die erste Betrachtungsweise den Gegenständen (etwa den Ursachen) zuwendet, zum Beispiel im Zusammenhang mit der Naturerkenntnis, handelt es sich bei der Betrachtung des Seienden als solchem gleichsam nur um etwas, was sich in der Blickrichtung ('Perspektive') des Betrachters ereignet und den Gegenstand selbst unberührt läßt.

Ein weiterer Versuch des Aristoteles, die beiden skizzierten Auffassungen von der 'Ersten Philosophie' und ihrem Gegenstand zu vermitteln, führt zu einer dritten Definition, welche das *Seiende an sich* gemäß den *Kategorien* als den Weisen, auf die hin das Sein sich aussagen läßt, einteilt und die Unterscheidung von wirklichem und möglichem Sein thematisiert.[41] Unterschieden die vorangegangenen Definitionen die Wissenschaften nach der Behandlung des entsprechenden Gegenstandes überhaupt oder als eines Teiles, so bildet hier das Kriterium, nach dem die Wissenschaften beurteilt werden, die *Rangordnung der Gegenstände*, das Verhältnis der einzelnen Gegenstände zur Erkenntnis, ob die Gegenstände nur *angenommen* oder auch *bewiesen* werden können.[42] Hinzu kommt ein weiterer Gesichtspunkt. Aristoteles geht davon aus, daß ein Gegenstand um so eher bewiesen werden kann, je mehr er von 'gedanklicher Art' ist. Ist der betreffende Gegenstand dagegen nur in der Wahrnehmung gegeben, kann nur von einer 'Annahme' die Rede sein. Führt man diese Unterscheidungen weiter, kommt man zu einem System der Wissenschaften, welches von den *theoretischen*, die die Erkenntnis um ihrer selbst willen anstreben, angeführt wird, gefolgt von den praktischen und poietischen Wissenschaften, die von geringerem Wert sind, da ihre Erkenntnis jeweils einen bestimmten Zweck verfolgt.

Die Bestimmung der 'Ersten Philosophie' liegt demnach nicht mehr ausschließlich darin begründet, daß sie sich dem Seienden als Ganzem zuwendet, sondern darin, daß sie in einer bestimmten Gattung des Seienden, im „Unbewegten und Abgetrennten"[43] ihren Gegenstand findet. Die Unterscheidung zwischen wahrem und akzidentellem Sein wird schließlich dahingehend konkretisiert, daß der *ousía* (Wesen/Substanz), die für sich selbst stehen kann, das Seiende nach der Weise der übrigen Kategorien akzidentell gegenübergestellt wird, so daß Seiendes im eigentlichen und ausschließlichen Sinne nur die *ousía* selber ist. Danach könnte es der Wissenschaft der 'Ersten Philosophie' – nach Ausscheiden aller akzidentellen Arten des Seienden – nur um die *ousía* selbst zu tun sein. Ein System dieser Wissenschaft wäre demgemäß nach den Arten der Substanzen *(ousíai)* zu gliedern, wobei der 'Ersten Philosophie' selbst die höchste Art derselben zukäme. Die einzelnen Substanzen werden nach Gattungen und Arten unterschieden, wobei auch hier eine durchgängige Beziehung zur ersten Substanz gegeben sein müßte, welche als erstes Seiendes und damit als Seiendes schlechthin aufzufassen wäre, sowohl dem Begriff wie der Erkenntnis als auch der Entstehung nach, da sie allein ohne jede weitere kategoriale Bestimmung bestehen könnte, diese aber in keiner Weise ohne sie Bestand hätte.

Die *Substanz* ist nach Aristoteles ein *Erstes*, sowohl wenn man das 'All' als Ganzes wie wenn man es in einer gewissen Reihenfolge betrachtet. Das eine stellt sich als das bestimmte Einzelne dar, das sich als Ganzes präsentiert, das andere als das von Anfang an zu verstehende Allgemeine, aus dem die weiteren Bestimmungen sich ergeben, ebenso wie in der Anschauung das Ganze zunächst als Einzelnes gegeben ist, von dem aus das Denken zum Allgemeinen hin fortschreitet und dieses als den Anfang einer Reihe bzw. Serie erkennt, in der das Einzelne nacheinander entsteht. Wird die Substanz *(ousía)* als Erstes verstanden, muß sie als die allgemeine Wesensbestimmung unterschiedener Seinsstufen angesehen werden. Aristoteles unterscheidet in diesem Sinne drei Wesenheiten, welche die verschiedenen Stufen bezeichnen, auf denen das Seiende sich darstellt.[44] Er kommt zu diesen Wesenheiten durch eine zweifache Teilung in die sinnlich wahrnehmbare und bewegliche und in die unbewegliche Wesenheit, welche wiederum unterteilt wird in eine ewige und in eine vergängliche. Das Allgemeine wird auf diese Weise auf seiner höchsten Stufe wiederum zum Einzelnen, ebenso wie „das Netz der allgemeinen Begriffe, an dessen Fäden sich das Nachdenken hinbewegt, zwischen den niedersten Einzelnen, den bestimmten Dingen und den höchsten, den allumfassendsten Einheiten der Welt und Gottes, gespannt ist."[45].

Das Objekt der 'Ersten Philosophie', der *Metaphysik*, ist nach dem bisher Gesagten das *begrifflich bestimmte Einzelding*, wobei genau unterschieden wird zwischen den der jeweiligen Wahrnehmung erscheinenden Dingen und den begrifflich zu erkennenden Substanzen, welche als das im Verhältnis zu den Erscheinungen *Bleibende* durch das *eídos* bestimmt werden; sie allein bezeichnen das wahre Wesen der Dinge, das durch allgemeine und bleibende Eigenschaften bestimmt und erkannt werden kann, das allen Erscheinungen zugrunde liegt, weshalb *ousía* einmal *Wesen*, dann wieder *Gattung* oder *Form* oder auch *Stoff* genannt wird.[46] Schon hier können wir erkennen, daß das Verhältnis von Allgemeinem und Besonderem – das Wesen der Dinge wird ja durch den Gattungsbegriff erkannt – ein Grundproblem der aristotelischen Philosophie markiert, das in der Wissenschaft der 'Ersten Philosophie' einer Lösung nähergebracht werden soll.

Das Einzelne darf als das bevorzugte Objekt des aristotelischen Denkens angesehen werden, obgleich im Verlaufe der Erörterung seiner Seins- und Erkenntnisbedingungen doch das Allgemeine immer stärker in den Vordergrund tritt. – Das Einzelne *ist* als solches, weil jedes seiner Elemente gleichsam von einem 'Maß', einer 'Norm' abhängt, nach deren Maßgabe des Einzelnen *dieses* Einzelne ist. Diese Norm ist jedem Einzelnen inhärent, so daß ihre Loslösung von dem betreffenden Einzelnen dieses selbst negieren würde. Die Differenz zwischen Platon und Aristoteles kann hier besonders deutlich werden. War im Platonismus die Existenz des Einzeldings nur verständlich von seiner Teilhabe am Allgemeinen *(Idee)* her, so ist die aristotelische 'Idee' *im* Sein, sie ist das *eigentliche Sein* des Einzeldinges, „sachlich von ihm nicht trennbar, aber doch das Unvergängliche an ihm, das, worin sich ein Bestimmungs- und Formloses eben zum Einzelding, d.h. zur Bestimmung gestaltet; also das, was das Einzelding in seiner Bestimmtheit erhält: seine Substanz und Form. In sie fügt es sich ein, um zu 'sein', um in sich selbst bestimmt und in der Erkenntnis bestimmbar zu sein. So ist es *in* ihr und *durch* sie ... Das Einzelding erkennen, heißt es in eben dieser seiner Struktur begreifen."[47] Das so bestimmte Sein ist immer auch Unterschiedensein von anderen Einzeldingen. Dieses Unterschiedensein leitet gleichzeitig über zur Bestimmung des Allgemeinen. Die 'Idee' ist nicht nur in *einem* Einzelnen, das von den anderen real unterschieden ist, gegenwärtig, sondern in *vielen* Einzelnen. Sie konstituiert jene Vielheit, in der das 'Viele' zu einer Einheit zusammengefaßt wird.

Da eine adäquate Erkenntnis des Einzelnen nur durch das Allgemeine möglich ist – im Erkenntnisprozeß wird das Einzelding gleichsam von allem Zufälligen, Akzidentellen, befreit –, ergibt sich aus dem Verhältnis von Allgemeinem und Besonderem notwendig die *abstraktive* Methode, welche im Erkennen ein Verknüpfen von vermittelst der Abstraktion gewonnenen Momenten gemäß jener *Gesetzmäßigkeit* sieht, welche diejenigen der Einzeldinge selbst ist, zu der die 'Normen', die die Einzeldinge das sein lassen, was sie sind, in einer durchgängigen Beziehung stehen, durch die das Allgemeine nicht wie in der platonischen Philosophie dem Besonderen isoliert gegenübersteht, sondern sich aus den Einzeldingen heraus erst verwirklichen muß, um auf dem umgekehrten Wege deren Erkenntnis zu ermöglichen. Die Bedeutung des Allgemeinen bleibt daher trotz aller Bemühungen um das Besondere vorherrschend; dies gilt nicht nur für die gnoseologische, sondern fast in gleichem Maße für die ontologische Ebene, da das besondere 'Sein' des Einzeldinges nur vermöge seiner klassenmäßigen 'Normen' *ist*. Hier wird die gnoseologische Fragestellung eindeutig mit der ontologischen verbunden; das Unvergängliche am Einzelding, seine *Substanz*, also seine *ontologische* Bestimmung, bildet als Norm gleichzeitig die Grundlage für jede mögliche Erkenntnis des Einzeldinges. „Die Logik als Organon der Erkenntnis wiederholt also im Fortschritt der Gedanken, was das Sein des Einzeldinges ausmacht –; also auch sein Unterschiedensein von anderen. Darum ist die aristotelische Logik Logik der Klassifikation und zugleich Wissenschaft vom Sein, Kanon des Schließens und zugleich an die Sprache anknüpfende Aufzählung der Seinsformen *(Kategorien)*. Die ursprüngliche Identität logischer und ontologischer Gesichtspunkte macht jedes Fragen nach den Gründen ihrer Wechselbezogenheit von vornherein gegenstandslos. Denken und Sein können sich nicht verfehlen."[48] Aristoteles folgt so der Bestimmung Platons, daß Wissen und Erkenntnis eigentlich nur vom Immerseienden, Allgemeinen möglich sind. Das sekundäre, akzidentelle Seiende – nach Aristoteles Gegenstand der 'Wissenschaft' – erhält seine eigentliche Bedeutung durch das primär (substantial) Seiende, da dieses über die Eigenschaft verfügt, Definitionen *alles Seienden* zu ermöglichen, da es die Wissenschaft auf das sekundäre Seiende hinlenkt, insofern es der eigentliche Grund dafür ist, daß irgendein Begriff seiner Bestimmung nach dieses sein *reales* Sein faktisch trifft und alle anderen etwa noch von ihm zu entdeckenden Bestimmungen als 'unwesentlich' oder 'zufällig' von sich weist. Das primär Seiende *(óntōs on)*, von dem nur der 'Sinn des Seins' abgeleitet werden kann, ermöglicht erst das Wissen darum, daß einem Einzelding, welchem die Wissenschaft sich zuwenden will, ein 'Wesen' zukommt, das in einer einheitlichen Definition ausgesagt werden kann, daß dieses Wesen also auf das 'Seiende selbst' des betreffenden Einzeldings abzielt und es auch erreicht. Auch dies kann ein Vergleich mit Platon verdeutlichen. Dadurch, daß das primär Seiende *(óntos on)* die Erkenntnis ermöglicht, daß jedem Einzelding ein ihm eigenes 'Wesen' zukommt, wird der Begriff des eigentlich Seienden auf das selbständige Einzelding des Seienden überhaupt übertragen. Aristoteles kommt auf diese Weise zu einer 'Ontologie der Begriffe', die einerseits Wissenschaft vom Seienden schlechthin *(ousía)* ist, andererseits aber auch das auf dieses bezogene akzidentelle Sein in die Reflexion miteinbezieht im Sinne einer Vermittlung von 'idealistischer' und empirisch orientierter Philosophie. Da es aber Aristoteles nur um die Begriffe als einzig möglichen Erkenntnisgegenständen zu tun ist, ist die Nähe zu einem Begriffsrealismus offensichtlich. Dies wird nirgendwo deutlicher als in der Bestimmung des *tóde ti* (Dieses), des eigentlich Seienden, welches ähnlich der platonischen Idee der unerkennbare und absolute Beziehungspunkt aller Begriffe bleibt. Als prinzipiell Unerreichbares markiert es den Endpunkt jeder sachlichen Erörterung des Seins, dessen 'Wesen' das ursprüngliche Sein bezeichnen würde, wie es sich im Wechsel des Geschehens erhält.

Erkenntnis als das Erfassen eines Dinges bedeutet daher, zusammenfassend gesagt, für Aristoteles diejenigen charakteristischen Eigenschaften an dem betreffenden Einzelding herauszuheben, durch die es sich von anderen unterscheidet. Die Frage nach der Möglichkeit von Erkenntnis ist daher diejenige nach der bestimmten *Form* des betreffenden Einzeldings, durch die es sich von den anderen unterscheidet und so zu seinem *Wesen* findet, das es in einer Definition zu bestimmen gilt. Dieses, in der Definition herauszuarbeitende Grundverhältnis von *Stoff* und *Form*, auf das alle Überlegungen bezüglich der Erkenntnis hinzielen, wird von Aristoteles einerseits auf die Einzeldinge, andererseits auf deren Beziehungen untereinander angewandt, so daß sich daraus eine Einsicht in das 'Wesen der Dinge überhaupt' ergeben soll.

Das Verhältnis von Einzeldingen und Allgemeinem, wie es sich in der aristotelischen Metaphysik darstellt, scheint es nahezulegen, die sich in den Einzeldingen präsentierende Welt sei in ständiger Bewegung begriffen, weshalb es so gut wie unmöglich sei, vermittelst der Wissenschaft zu einer endgültigen Bestimmung der Welt zu gelangen, welche imstande wäre zu erklären, wieso sich alles in einem fortwährenden Flusse befinde, und gleichzeitig festzustellen, daß dieser ständigen Veränderung bestimmte fundamentale Prinzipien oder unveränderliche Elemente zugrunde lägen, eine Forderung des zeitgemäßen Wissenschaftsverständnisses, welches als 'Grundannahme' zwar auf argumentativem Wege vorgebracht, nicht aber empirisch erhärtet werden kann. Der antike Wissenschaftsbegriff lebt geradezu – auch bei Aristoteles – von der Annahme einer außerhalb der sinnlich wahrnehmbaren Welt existierenden Reihe von 'Substanzen', welche für sich allein gedacht werden können und den eigentlichen Gegenstand der Philosophie darstellen, die als 'Erste' bei Aristoteles in eminenter Weise Wissenschaft ist.

Die Frage nach diesen immerwährenden und unveränderlichen Prinzipien knüpft an das in einer Definition herauszuarbeitende Grundverhältnis von *Stoff* und *Form* an, welches auch dasjenige von Einzelding und Allgemeinem bestimmt. Allgemein läßt sich zu diesem Grundverhältnis sagen, daß in jedem Einzelding Stoff *und* Form in einer derartigen Korrelation verbunden sind, daß kein ungeformter Stoff und keine stofflose Form nebeneinander existieren können. Eben deshalb sind sie auch nicht als gesonderte Potenzen zu betrachten, die vorher für sich bestehend, sich erst zum Einzelding verbänden: sondern dasselbe einheitliche Wesen der letzteren ist, insofern es noch als Anlage besteht und nur als ein Mögliches betrachtet wird, der Stoff und, sofern es eine fertige Wirklichkeit darstellt, die Form. Es bestehen daher weder bloße Anlagen noch völlig verwirklichte Formen. Für die *ousía* bedeutet dies, daß sie als eine in steter Verwirklichung begriffene Anlage aufzufassen ist, deren zeitliche Veränderung und deren daraus resultierende Zustände sich von dem wechselnden Maß dieser Verwirklichung her bestimmen. „Ganz anders dagegen gestaltet sich dasselbe Verhältnis, sobald es zwischen verschiedenen Einzeldingen obwaltet. In diesem Falle, wo das eine die empfangene Materie, das andere die gestaltende Form bildet, stehen zwar beide auch in einer Beziehung notwendiger Wechselwirkung; aber sie bestehen auch unabhängig voneinander und erzeugen erst in ihrer Verbindung das Neue, indem nun das eine der Stoff und das andere die Form ist.“[49] Dieses Verhältnis von Stoff und Form bleibt aber insofern *relativ*, als es einmal als Form und das andere Mal als Stoff für eine höhere Form anzusehen ist, und auf diese Weise eine Stufung der Einzeldinge bewirkt, in der jedes Einzelding auf das nächsttiefere bezogen *Form* und auf das nächsthöhere bezogen *Stoff* ist. Diese Relationskette wird nach unten hin begrenzt von der reinen Materie *(prǭtē hýle)*, nach oben hin aber von der reinen Form *(to ti ēn eínai to prǭton – actus purus)*, der *Gottheit*. Die reine Materie wiederum ist, obgleich selbst ohne jede Form, die Grundlage jedweder Realisation aller möglichen Formen, während die reine Form als absolute Realisation alles Stoffliche, also alles Realisierbare, ausschließt im Sinne des vollkommenen Seins.

Diese verschiedenen Abstufungen in der Wirklichkeit lassen jedes in der Welt vorhandene Einzelding als eine ‘Mischung’ erscheinen, insofern für jedes Einzelding ein Substrat angenommen werden muß, das zwar niemals allein für sich existiert, dennoch aber ohne jede Eigenschaft ist, und mit Hilfe dessen sich jeder Wechsel und alle Veränderung erklären lassen als Änderung innerhalb eines attribuierten Mischungsverhältnisses, welche die Substanz des jeweiligen Einzeldinges unberührt läßt. Während jedoch Platon die unabhängige Existenz dieses Substrates behaupten mußte, geht Aristoteles davon aus, daß dieses sich *in* dem jeweiligen Einzelding vorfindet und seine Existenz der je bestimmten *ousía* oder *Form* verdankt.

In der Differenzierung von Stoff und Form im Sinne *möglichen* und *wirklichen* Seins sieht Aristoteles den tiefsten Grund der stufenweisen Reihung aller Dinge; diese Differenzierung selbst findet ihren Grund in der *Bewegung*, ohne die überhaupt nichts wäre und nichts erkannt werden könnte: „Das Sein aber als Einheit und als *Un*bewegtes aufzufassen, heißt gar nicht erst die Natur auffassen.“[50] Insofern ist die Bewegung „die Gegenwart des Möglichen, sofern es ein solches ist“[51]. Aristoteles will mit dieser Definition die Bewegung als Bewegtsein aller Dinge aufweisen, da jedes Ding sich nur dem Übergang von der Möglichkeit zur Wirklichkeit verdankt, der sich fortsetzt im Aufstieg von den niederen zu den höheren Dingen, wobei die Bewegung selbst „die noch unvollendete Wirklichkeit des Bewegten meint“[52]. Gemäß der weiten Bedeutung des aristotelischen Begriffes der Bewegung sind auch Wahrnehmung und Wissen letztlich Bewegung, da gerade in ihnen die Vollendung des Möglichen im Wirklichen erreicht wird; der Übergang von der bloßen Möglichkeit zur Vollendung in der Wirklichkeit im Sinne einer *Bewegung* bestimmt diese in doppelter Weise, einmal als die Vollendung des Möglichen, andererseits aber auch als die während dieser Vollendung sich vollziehende Tätigkeit des Bewegten. Der derartig gefaßte Begriff der Bewegung ermöglicht in seiner Bedeutung für das Seiende nicht nur eine genaue Bestimmung des Zweckes, der mit dem je gegebenen Ding verfolgt wird, sondern darüber hinaus eine Betrachtung der Gesamtheit der Dinge unter teleologischem Gesichtspunkt.

Die einzelnen Momente dieser Bewegung können deutlich werden bei einer Beschreibung des Entstehens der *ousía* eines Einzeldinges. Dieses vollzieht sich dergestalt, daß ein Beharrendes (Substrat) in Bewegung gerät, wobei die eine *Form* das Andere, ihr Entgegengesetzte, als ‘Nicht-diese-Form’ ausweist, so daß hier die Bewegung im Sinne eines Prozesses gegenseitigen Sich-Ausschließens, der Privation (Beraubung) zu verstehen ist; „immer aber bestimmt sich im Werden auch das Wohin als Gestalt und das Woher als Hinwegnahme“[53]. Wohin und Woher der Bewegung bestimmen daher das Sein des durch die Bewegung Gewordenen. Wo aber die Bewegung in dieser Weise thematisiert wird, stellt sich in gleicher Weise die Frage nach dem ‘Grund’ *(archḗ)* der Bewegung, welcher nicht im vordergründigen ‘Woher’ der jeweiligen Bewegung zu sehen ist, da es für das Gewordene zufällig bleibt, woher es werdend kommt, gleichsam in der Bedeutung eines inneren Grundes. Der eigentliche Grund der Bewegung muß jenseits dieses Grundes liegen, „und zwar bei etwas, das, trotzdem es außerhalb dieser Bewegung ist, über sie Macht hat, das in ihr ins Sein Kommende ins Sein zu bringen. Das ist aber das, was das Bewegte in Bewegung setzt. Bewegung ist immer nur in einem Zusammenhang von Bewegendem und Bewegten. Und die Bewegung ist immer im Bewegten."[54] Daher muß der Grund der Bewegung auch gleichzeitig der Grund des Seins sein, da vermittelst der Bewegung durch das Bewegende das Bewegte zum Sein kommt, insofern durch die Bewegung das im Werden Beharrende, das *Substrat*, *formiert* wird. Die Bewegung ist das Sein des Bewegten, verursacht durch ein Bewegendes, welches seine *ousía* selbst nicht mehr von einer Bewegung herleitet, aber gleichwohl *reine Bewegung* ist, da es alles Beharrende, der Bewegung sich Widersetzende, *Materielle*, ausschließt.

Das Bewegende ist sowohl der über den Anfang verfügende Grund *(archḗ)* wie der das Ende der Bewegung *(télos)* festsetzende Grund. Diese *(äußeren)* Gründe sind entscheidend für die Bestimmung des Bewegenden aus der Tatsache der Bewegung heraus, wohingegen die inneren Gründe (Beweglichkeit des Bewegten und Wohin des Bewegtseins in der Bewegung) nur über das Sein des Bewegten, nicht aber über das Sein des Bewegenden Aufschluß geben.

Neben die beiden Prinzipien von Stoff und Form stellt Aristoteles das Bewegende als weiteres Prinzip, unter dessen Einwirkung *(hypò tinós)* sich die aus dem Zueinander von Stoff und Form erwachsene Bestimmung des Einzeldinges vollziehen kann, und bezeichnet es als das *„erste Bewegende"*[55]. Seine Notwendigkeit geht hervor aus der dargelegten Unterscheidung von Stoff und Form, welche ein Sein erforderlich macht, das sich jenseits dieser Gegenüberstellung befindet, denn wenn es zum Wesen des nach Möglichkeit Seienden auch gehören müßte, dies einmal nicht sein zu können, dann muß es ebenfalls möglich sein, daß alles der Möglichkeit nach Seiende diese seine Möglichkeit einmal nicht realisiert, es sei denn, irgendeine Instanz würde diese 'Nicht-Realisation' verhindern. Ein derart beschaffenes Prinzip müßte daher von seiner *ousía* her *wirklich* sein und alle Potentialität ausschließen, es müßte der Differenzieung in Stoff und Form derart enthoben sein, daß es nur als ewig wirkende Form bestimmt werden könnte, denn „das Mögliche *ist* immer noch *nicht*", was einem ewigwährenden Jetzt-Seienden[56] widersprechen müßte, da ein unendliches 'Vorher' vor aller Zeit im Sinne reiner Potentialität einen Selbstwiderspruch bedeutete. Positiv bedeutet dies, daß alles Bewegte als *in Bewegung Seiendes* (sofern es sich bewegt und sofern es der Bewegung sein Sein letztlich verdankt) Bewegung im Sinne eines in Bewegung gesetzt und gehaltenen Werdens von etwas ist, das nur aufgrund dessen bewegt, weil es selbst Bewegung ist, ohne jedoch selbst bewegt zu werden.[57] Eine erste Einsicht in ein derart unbewegt Bewegendes kann nach Aristoteles die alltägliche Erfahrung vermitteln. Alles Erstrebte bewegt den Willen zu

Handlungen, ohne daß es sich selbst dazu bewegen lassen müßte.[58] Was aber unseren Willen bewegt, muß einen Anreiz auf uns ausüben, indem es als auf irgendeine Weise erstrebenswert erscheint. Diese Merkmale müssen sich auf ein Höchsterstrebbares *(prọ̄ton horektón)*, übertragen lassen, welches, soll es den Willen wirklich bewegen, auch vernehmbar (einsehbar) sein muß. Es muß also im weitesten Sinne ein Höchstwahrnehmbares *(prọ̄ton noētón)* sein. *Vernehmen* aber ist „Erfassen des Seienden als Seienden.[59] Das erste Vernehmbare gehört also zu dem Bereich des Seienden, das im Gegensatz steht zum Nichtigen (Privativen, Vergänglichen, Wandelbaren). 'Vernehmbar ist die eine Reihe an sich'[60]. Das Positive ist von ihm selbst her vernehmbar, das Negative und Privative nur von dem her, dessen Negation es ist. Nur vom Sehen her läßt sich verstehen, was blind ist. Unter den positiven Seienden aber ist das erste das Wesen und hinter den Wesen das einfache und wirkliche. Das erste Vernehmbare ist also das ganz unnichtige Seiende, das reine Wirklichkeit ist."[61] Die Vorstellung eines Erstrebenswerten, das in jeder Bewegung angezielt wird, leitet sich von der zielgerichteten menschlichen Willensbewegung her, welche Aristoteles mit der Denkbewegung *(nóēsis)* identifiziert. Das Erstrebte und vermittelst der *nóēsis* Gedachte ist nämlich „bewegt, selber aber unbewegt"; die *nóēsis* ist also die *archḗ*. Sowohl die sichtbaren Dinge wie der gesamte Kosmos sind von einem derartigen Prinzip – einem ersten, höchsten Gegenstand des Strebens – abhängig; die *nóēsis* und dieses Höchsterstrebenswerte sind daher eng miteinander verbunden, wenn es heißt: „das Denken an sich aber geht auf das an sich Beste, und das an sich Beste auf das am meisten Beste"[62]. Das Denken selbst denkt sich im *strebenden Erfassen* des Denkbaren *(noētón)*. Dieses 'sich selbst denken' ist aber zugleich Denken des Besten und fungiert gleichsam als Bindeglied zwischen Denken und Erstrebenswertem. Auf dieser Verbindung „beruht sichtlich die innere Beziehung von *nous* und erstem Beweger, von Geist-Lehre und physikalisch-astronomischer Bewegungslehre. Der Zusammenhang beruht erstens auf der einfachen, als selbstverständlich geforderten Beziehung von Gut und Streben, Bewegung; doch damit ist erst der Schauplatz der Bewegung bezeichnet, aber noch nicht die im Begriffe des *nous* geforderte Unbewegtheit... Es muß (daher) ein würdigstes Objekt der *nóēsis* geben, bei dem auch die in ihr angelegte Bewegung wie jede andere ihr *télos* findet."[63] Der *nous* muß bei sich selbst bleiben und sich selbst denken, und zwar *im Erfassen des Denkbaren.*

Der *nous* als vollkommenste *ousía* ist der einzig mögliche Gegenstand eines eigenen, den Bedingungen von Raum und Zeit enthobenen Denkens. Insofern er der erste, unbewegte Beweger ist, bedingt er zwar alles in seiner Bewegung, kann aber die unter den Bedingungen von Raum und Zeit existierenden Einzeldinge nicht in sein Denken hineinnehmen, da gerade dann die Voraussetzungen entfielen, welche mit seiner *ousía* gegeben sind. Würde er sein Denken dem Bewegen zuwenden, könnte er sich selbst nicht unabhängig von jeder Bewegung denken. Das bedeutet aber in letzter Konsequenz, daß die Gottheit, welche mit dem *nous* als unbewegtem Beweger identifiziert wird, zwar um ihre *eigene* Existenz weiß, nicht aber um diejenige der Dinge, die ihr ihre Bewegung und damit ihr Sein verdanken. Infolgedessen kann sich der Gott des Aristoteles auch nicht um die Welt kümmern. Die Vernünftigkeit des vollkommensten Seins, das *Vernehmen*, ist ein reines 'Sich-selbst-Vernehmen'; das göttliche Vernehmen „vernimmt sich selbst, wenn anders es das Mächtigste ist und das Vernehmen ist Vernehmen des Vernehmens" *(nóēsis noēseōs)*[64]. Diese Bestimmung des Gottes entspricht jener Grundkonzeption der aristotelischen Metaphysik, wonach das 'Schauen', die *theōría*, das Vollkommenste ist; die Tätigkeit des Vollkommensten, der Gottheit, muß daher ebenfalls eine *theoretische* sein.[65]

§ 9. Die aristotelische Konzeption praktischer Philosophie

Der Betonung der *theōría* als des Vollkommensten und Erstrebenswertesten korrespondiert bei Aristoteles die Konzeption einer *praktischen Philosophie*, wie sie vor allem in den Entwürfen zur Ethik überliefert ist. Das Höchsterstrebenswerte *(prōton horektón)* ist für Aristoteles, dies kann als die Summe seiner Ausführungen zur Ethik angesehen werden, zugleich ein – nach Maßgabe der Möglichkeiten des Menschen – durch die *eigene Tätigkeit* herbeizuführendes Gut *(praktòn agathón)* als Ziel der Vernunfttätigkeit des Menschen, deren Beschaffenheit *(héxis)*[66] im Sinne einer Fähigkeit, dieses Ziel zu erreichen, in der *Tugend* gründen muß, die Aristoteles „nicht als einzelnen Zustand, sondern als dauernde Beschaffenheit aufgefaßt haben will", wobei er gleichzeitig bestrebt ist, „auch die natürlichen Grundlagen des sittlichen Handelns"[67] zu berücksichtigen. Wo der Einzelne diese Beschaffenheit konsequent realisiert, stellt sich als notwendige Folge dieses Strebens die *Lust*[68] ein. Das Streben nach Lust als Ziel des sittlichen Handelns läßt nicht nur die Qualifizierung der aristotelischen Ethik als einer auf den Menschen bezogenen, *humanen*, zu, sondern bestimmt darüber hinaus auch das Gute ausschließlich als Objekt menschlicher Tätigkeit,[69] freilich einer von der *Vernunft* geleiteten Tätigkeit, welcher die Unterscheidung von *ethischen* und *dianoetischen* Tugenden entspricht; die dianoetischen, höheren Tugenden stehen im Dienst der Entfaltung des formgebenden Prinzips des *nous*, weshalb der Mensch vermittelst ihrer den ihm möglichen Anteil an der Seligkeit der Gottheit erlangen kann;[70] dieser Anteil ist das Ergebnis eines der *theōría* verpflichteten Lebens *(bíos theōrētikós)*.

Die praktische Philosophie als die Wissenschaft der 'menschlichen Dinge' erstreckt sich nach Aristoteles auf die Gebiete der Ethik, Ökonomik und Politik. Es kann ihr daher nicht in erster Linie um 'Wissen' gehen, ihr Gegenstand ist vielmehr die 'rechte Praxis', die zwar ein Wissen – im Sinne sittlicher Einsicht *(phrónēsis)* – enthält, die aber weder mit diesem noch mit einem wie auch immer verstandenen Prinzipienwissen identisch sein kann; die praktische Philosophie unterliegt damit einer doppelten Einschränkung: sie kann weder im Sinne der *theōría* strenge Wissenschaft sein, noch kann sie rechtes Handeln im Sinne technisch-praktischen Könnens hervorbringen. Ihre eigentliche Aufgabe liegt in der Erörterung der Ziele, Mittel und Bedingungen rechten Handelns, welche selbst die in der Praxis und in der praktischen Erfahrung grundgelegte 'sittlich-praktische Einsicht' als das rationale Element richtigen 'Wählens' *(prohaíresis)* klären und auf diese Weise indirekte Orientierungspunkte für das Handeln vermitteln sollen.

Da die Praxis selbst eine unauflösbare Verflechtung von Allgemeinem und Besonderem darstellt, muß eine praktische Philosophie ihre allgemeinen Erörterungen auf eine möglichst breite empirische Basis stellen, welche vor allem durch den thematischen Zusammenhang von *Ethik* und *Politik* umrissen wird, wobei Politik als der umfassendere Begriff die der ethischen Fragestellung zugeordneten Problemfelder immer mitmeint; das Ganze bezeichnet so auch das Teilgebiet, ebenso wie dieses in Einzelanalysen das Ganze erschließen hilft. Im Zusammenhang von Ethik und Politik bedeutet dies, daß das Wohl des Einzelnen in demjenigen des Staates beschlossen liegt, insofern das Individuum im Horizont der Gesellschaft und die Gesellschaft in staatlich verfaßter Form allein Existenz hat.

In der griechischen Philosophie bis hin zu Aristoteles waren Metaphysik und Ethik Teilgebiete derselben Wissenschaft; dies zeigt sich besonders in der platonischen Ideenlehre, in der die Idee des Guten in gleicher Weise als ontologisches, gnoseologisches und ethisches Prinzip fungierte. Dadurch, daß Aristoteles die Existenz der Idee leugnete, wurde es notwendig, die Methoden der Ethik von denen der 'wissenschaftlichen Philosophie' zu unterscheiden; gleichzeitig damit kam die Gefahr auf, sich nun einerseits ausschließlich den Fragen des praktischen Verhaltens zuzuwenden, oder aber sich andererseits nur mit den 'metaphysischen' Fragestellungen zu beschäftigen und sich gänzlich von den Problemen einer praktischen Philosophie zurückzuziehen und sich in betrachtendem (theoretischem) Erkennen oder zweckfreiem Erforschen der Natur zu verlieren. Daß die verhängnisvollen Folgen eines derartigen Dualismus der Disziplinen abgewandt werden konnten, hat seine Ursache vor allem darin, daß im Denken des Aristoteles sowohl die Metaphysik wie die Ethik auf einen gemeinsamen Grund zurückgreifen, welcher als die alle Erkenntnis leitende Frage nach den 'Möglichkeiten des Menschen' bezeichnet werden darf. Während es der Erkenntnistheorie darum zu tun war, was das Erfassen eines Dinges bedeutet, und wie dies auf dem Hintergrund der metaphysischen Verfaßtheit alles Seienden zu verstehen ist, versucht Aristoteles in der ›Nikomachischen Ethik‹ einen *ontologischen* Entwurf des Menschseins überhaupt im Horizont des in Physik und Metaphysik entworfenen und erarbeiteten Seinsbegriffs zu geben. Gerade deswegen ist auch bei der zentralen Frage nach dem 'menschlichen Gut' *(anthrǭpinon agathón)*[71] – dem Mittelpunkt der Nikomachischen Ethik – die *ontologische* Grundbedeutung des *agathón* immer mitzuberücksichtigen. „Als *agathón* wird solches angesprochen, willkommen geheißen und erstrebt, was kraft seiner eigenen Gegenwart auf mannigfache Weise dazu vermögend ist, anderes zu einem so oder so gearteten Seienden zu verfassen, das heißt, es als Seiendes in Verweilen hervorzubringen und im Verweilen zu halten. Ein *agathón*, ein 'Gutes', und dies gilt auch für das 'höchste Gut', steht stets in diesem Grundcharakter des Worumwillen und ist von daher gesehen wesenhaft zweideutig: als 'höchstes' ist es gleichwohl, *ontologisch* verstanden, umwillen von … Erst von diesem ontologischen Grundmoment des *agathón* her, daß es als Worumwillen Seiendem dessen gediegenes Verweilen verstattet, kann es dann auch als eine 'ethische' Grundkategorie im engeren Sinne verwandt werden; nicht aber dürfen wir den ontologischen Sinn des *agathón* von vorneherein und maßgebend nur 'ethisch' verstehen oder mißverstehen, denn dadurch verbauen wir uns gerade die Möglichkeit, die Ethik in ihrem Grundansatz beim *anthrǭpinon agathón* recht zu fassen."[72] Das bedeutet, daß bei der Frage nach der menschlichen Tugend ebenso nach dem *Sein* gefragt wird wie in der aristotelischen Metaphysik; ging es der Metaphysik um das *Was* des Seins schlechthin, so geht es der Ethik um das *Wie* des Seins, insofern der Mensch an diesem Sein teilhat und selbst *ist*.

Mit dem Bestreben, die eigene *ousía* zu verwirklichen, korrespondiert nach Aristoteles das Streben des Menschen nach Glück *(eudai-*

monía) als dem eigentlichen Grund, aus dem heraus der Mensch erst dieses bestimmte Seiende zu sein vermag. Auch hier gilt die Unterscheidung von Form und Tätigkeit; ein Einzelding, in diesem Falle der Mensch, der seine Form erreicht hat, übt auch die ihm gemäße Tätigkeit aus. Das Glück als reine Tätigkeit ist die *enérgeia* des Menschen. Eine genauere Bestimmung der *eudaimonía* ordnet diese zunächst dem Menschen als die diesem eigentümliche Leistung zu, die sodann mit der *vernunftmäßigen* Tätigkeit der Seele identifiziert wird. Sie ist also eine der Tugend gemäße Tätigkeit, nicht die Tugend selbst. Das Bemühen des Aristoteles, die *eudaimonía* von äußeren Umständen möglichst unabhängig zu erweisen, führt in der Nikomachischen Ethik schließlich zu der Erörterung der Frage, ob die *eudaimonía* durch Erfahrung, Belehrung oder Übung erworben werden könne, welcher die Begriffsbestimmung der Tugend als einer *Willens*beschaffenheit folgt, die in einem relativen, auf den Einzelnen bezogenen 'Mittleren' *(mesótēs)* besteht, das sich nach den jeweils verschiedenen Verhältnissen des handelnden Subjekts richtet *(mesótēs pròs hēmãs)*. Die *mesótēs* wird 'ermittelt' durch die *prohaíresis*, welche eine von einem vernunftbegabten Wesen getroffene Entscheidung bezeichnet, die immer die Mitte zwischen zwei Extremen trifft. Mit der Bestimmung der Tugend als einer dem Willen des Menschen entspringenden Tätigkeit, die die Selbstverwirklichung des Menschen herbeiführen soll, indem sie das dieser Förderliche aus dem Vorgegebenen auswählt und so die in der *mesótēs* gründende *eudaimonía* ermöglicht, ist die Entscheidung über das, was als Handlungsnorm anzusehen ist, prinzipiell der entscheidenden (kritischen) Vernunft des Subjekts überantwortet, dessen Bedeutung durch die umstrittene Hervorhebung des Willensmomentes durch Aristoteles noch verstärkt wird.

Die Tugend als *Zustand* im Sinne einer auf Entscheidung hingeordneten Haltung wird nach Aristoteles durch *Gewohnheit (ex éthous perigínetai)*[73] erworben; das 'Rechte', in dem „Handeln 'ethisch' bestimmt wird, ist daher, ohne auf den Rückgriff auf an sich seiende Normen und Werte verwiesen zu sein, konkret durch die 'gewohnte' institutionelle Lebenswelt und in den mit ihr gesetzten herkömmlichen Formen des Redens und des Handelns vermittelt“[74]. Die Tatsache, daß bei der Betonung der Tugend, welche der Einzelne in der Realisation der *mesótēs* erreicht, nicht auf vorgegebene, immer gültige Prinzipien des Sittlichen zurückgegriffen wird, verleiht dem Ideal der *mesotēs* jenen individuellen Charakter, der es unmöglich macht, das im Einzelfall bestimmte sittliche Ideal verallgemeinernd auf alle Situationen und Individuen zu übertragen. Eine Handlung, welche bei dem einen beispielsweise als 'tollkühn' auszulegen wäre, kann bei einem anderen durchaus als in den Grenzen des ihm Selbstverständlichen sich bewegend angesehen werden. Da es keine generelle Regel gibt, das Ideal der *mesótēs* über seine formalen Bestimmungen hinaus ein für allemal festzulegen, lernt der Einzelne *seine mesótēs* ausschließlich in den *Erfahrungen*, die er im Umgang mit sich und dem Gemeinwesen, in dem er steht, macht, kennen, um sie *in Übung und Gewöhnung für sich* festzuhalten, insofern er sie *vorsätzlich* zum Maßstab aller weiteren Handlungen erklärt. Dementsprechend ist der Vorsatz, sich das als das eigene Maß Erkannte in Übung und Gewöhnung zu assimilieren, das Allgemeine und Substantielle der ethischen Tugend, welche Aristoteles als ein „vorsätzliches Verhalten" definiert, „das eine dem je einzelnen angemessene Mitte anstrebt, wie sie durch die Vernunft bestimmt ist und wie sie der Einsichtige dementsprechend bestimmen würde"[75].

Diese Grundsätze sittlichen Verhaltens werden in der 'Politik' auf die Gemeinschaft als ganze übertragen. Dem Grundsatz des *mesótēs* kommt daher hier die gleiche Bedeutung zu wie im Verhalten des Einzelnen; es kommt darauf an, bei einer möglichst großen Zahl verschiedener Individuen eine Haltung hervorzurufen, die das Interesse am Wohl der Allgemeinheit derart mit den berechtigten Forderungen der Einzelnen verbindet, daß dieses Interesse weder zu schwach wird noch seine Energie ausschließlich aus den Privatangelegenheiten der Einzelnen bezieht. Die ethische Bestimmung individuellen Handelns in Sitte, Brauch und Gewohnheit – ein Gesetz hat nach Aristoteles keine Macht, Gehorsam zu wirken ohne 'Gewohnheit' – steht „schon dadurch in Beziehung zur politischen und rechtlichen Ordnung, zu Politie und Gesetzessatzung, daß diese die ethischen Lebensordnungen des politischen Gemeinwesens voraussetzen und auf sie gegründet sind. So wie das individuelle Handeln bestimmende Rechte dem Gemeinwesen angehört, haben auch politische Führung und Satzung ihrerseits das Ethische zum Inhalt, in welchem dem Menschen 'vorgezeichnet, ausgesprochen und bekannt' ist, was er zu tun hat."[76]

Der Zusammenhang von 'Ethik' und 'Politik', nach dem das dem Menschen als handelndem Wesen zukommende Eigentümliche seine Verwirklichung eher im Leben des Gemeinwesens als in dem des Einzelnen erwarten darf, läßt noch einmal nach dem fragen, was es heißt, daß 'Ethik' und 'Politik' in *einer* Philosophie der Praxis begründet werden, und was 'praktische Philosophie' zuletzt für Aristoteles bedeutet. Bereits in den theoretischen Ausführungen der ›Metaphysik‹ kommt der Praxis eine erhebliche Bedeutung zu, insofern die 'Bewegung' als Konstitutivum alles Seienden als eine *Tätigkeit* verstanden wird, der das durch diese Tätigkeit hervorgerufene Seiende im *Vernehmen* und *Erstreben* seinerseits *handelnd* antwortet, eine Vorstellung, die selbst auf das erste Prinzip alles Seienden übertragen wird, da dieses im 'strebenden Erfassen seiner selbst' *(noētón) ist* und alles nur der Möglichkeit nach Seiende wirklich ins Sein ruft. Die *Praxis*, wie sie die praktische Philosophie des Aristoteles thematisiert, ist in der gleichen Weise ausgerichtet auf die *Bewegung*, da Handeln hier als jene *Bewegung* ausgelegt wird, welche dem jeweiligen Lebewesen eigentümlich und so gerade nicht 'Herstellen und Machen' ist,[77] sondern „alle Formen tätigen Lebensvollzuges umgreift und so der einem Lebewesen eigentümlichen Lebensweise: 'Bios' zugeordnet ist und synonym mit 'Bios' gebraucht werden kann"[78]. Vermittelst des Begriffes der Praxis wird es möglich, sowohl die Gesetzgebung, d.h. die ethische Dimension des Gemeinwesens, wie die Handlungsnorm, welche der Einzelne sich *vorsätzlich* als Maßstab für seine Entscheidungen vorlegt, sowohl auf das *Leben* des Einzelnen wie auf dasjenige des Gemeinwesens zu beziehen, so daß auf beiden Ebenen, der ethischen wie der politischen, das Leben und die Freiheit und Wirklichkeit dieses Lebens zum Ausgangs- und Zielpunkt des Denkens werden, das als in diesem Sinne 'handlungsorientiertes' Denken *praktische Philosophie* ist. Das Denken, das sich dem Handeln unter dieser Rücksicht zuwendet, fragt dann weiter nach der *Legitimation* dieses Handelns, es unternimmt es „zu bestimmen, wodurch und aus welchen Gründen es legitim ist, für Politie und Gesetzessatzung das mit ihnen gegebene 'Rechte' zum Richtmaß zu nehmen"[79], ebenso wie es auf der Ebene des Handelns des Einzelnen seine Aufgabe darin sieht, zu bestimmen, warum es legitim ist zu behaupten, nur dort könne von Sittlichkeit im weitesten Sinne die Rede sein, wo die Sinnlichkeit nicht mehr der Vernunft widerstrebe, sondern sich in deren Bahnen bewege, und wieso die Vernunft in ihrem Streben nach dem *agathón* von sich aus nicht in die Irre zu gehen vermag.

Die Frage nach der Legitimation vorgegebener Normen und Institutionen, wie sie Aristoteles in der praktischen Philosophie stellte, führte zwangsläufig zu Auseinandersetzungen mit den vorhandenen, als Prinzipien der *Legitimität* ethischer Institutionen angesehenen *Traditionen*. Die Primitivität und das barbarische Wesen der meisten überlieferten Sitten und Gebräuche scheint den Gedanken, „es sei sinnlos, bei dem zu bleiben, was die Väter meinten"[80], nahezulegen; es ist daher selbstverständlich, daß zwar alle das Gute, nicht aber das von den Vätern Überlieferte suchen.[81] Das Zurückweisen unausgewiesener Traditionen hat seinen tieferen Grund in der aristotelischen Lehre von der Bewegung, welche in der Beschreibung des zurückgelegten Weges von den Anfängen bis hin zur gegenwärtigen Polis nicht erneut und wiederholt die Anfänge thematisieren will, sondern Überlieferung als Weitergabe des aus den Anfängen sich Entwickelten begreift. Das kann nicht bedeuten, daß die gegenwärtige Norm oder die jetzt vorgefundene Institution schon als solche Allgemeingültigkeit beanspruchen könnten; „was zunächst als bloße Orientierung an den gegebenen Verhältnissen der Polis, als ein gleichsam historisches, der Philosophie äußerliches Moment erscheinen könnte, ist Theorie der Institution im Anspruch, zur Bestimmung zu bringen, was das ‘Rechte’ in seinem Wesen und Grunde ist. Damit macht Aristoteles zum Gegenstand, was die ‘Früheren’ nicht herausgefunden haben. Die Legitimitätskrise der Institutionen ... wird von Aristoteles positiv und in ihrer Notwendigkeit daraus begriffen, daß da, wo die Polis am Ende ihrer Entwicklung steht, ihre Institutionen erst in ihr volles Wesen gekommen sind und so nicht mehr aus dem, ‘was die Väter meinen’ begründet werden können.“[82] Die praktische Philosophie begreift Praxis als das auf das Leben des Einzelnen wie des Ganzen bezogene Handeln, welches diese aus dem bestehenden Ethos hervorbringt, um so die Legitimität des Rechten zu begründen, das in den ethischen Institutionen sowohl für das individuelle Handeln wie für das Politische zur bestimmenden Norm geworden ist.

§ 10. Die Nikomachische Ethik

Während die Werke des Aristoteles zur Natur- und Kulturgeschichte vorwiegend für den Historiker interessant sind und die *prima philosophia* ihrerseits über einen dogmatisch gewendeten Philosophiebegriff zur philosophia perennis systematisiert werden konnte, sind es vor allem die Schriften zur Ethik, denen das Gegenwartsinteresse an Aristoteles gilt. Unter seinen philosophischen Werken finden sich drei Schriften zur Ethik: Die ›*Eudemische Ethik*‹, die ›*Nikomachische Ethik*‹ und die ›*Große Ethik*‹. Von diesen drei Schriften scheint aber nur die ›Nikomachische Ethik‹ von Aristoteles selbst verfaßt worden zu sein. Vermutlich leitet sich ihr Name von ihrem Herausgeber, *Nikomachos*, her. Der Text fragt nach dem höchsten menschlichen Gut, der Glückseligkeit, die als begründendes Prinzip und letztes Ziel aller sittlichen Handlungen den Menschen zu seiner vollkommenen Verwirklichung führt und in diesem Sein dann auch verweilen läßt.[83]

Aristoteles beschreitet den folgenden Argumentationsweg: Alle menschlichen Handlungen werden um eines bestimmten Zweckes willen vollzogen, und auch dieser Zweck kann selbst wiederum um eines anderes Gutes willen erstrebt werden. Das Ziel aller sittlichen Handlungen ist immer ein Gut; jedes einzelne Gut hat im höchsten menschlichen Gut sein Endziel, das als in sich vollkommenes keinen anderen Zweck mehr außer sich selbst hat. Sich selbst genügend ist es sein eigener Zweck. Nicht durch eine bestimmte Tätigkeit gelangt der Mensch zu diesem höchsten Ziel, sondern im Vollzug der Tätigkeit selbst, jener Tätigkeit, die ihn als spezifisch menschliche in seinem Menschsein überhaupt bestimmt.[84] Diese Tätigkeit ist zugleich ein Akt der Vernunft. Entsprechend ist die Bedingung zur Erreichung der Glückseligkeit eine vernunftgeleitete Tätigkeit, die auch *Tugend* oder *Tüchtigkeit* heißt. Da sie zugleich eine Tätigkeit der Seele ist, liegt die Glückseligkeit weder in äußeren noch in körperlichen Gütern wie Ruhm oder Gesundheit, die sich dem Zufall verdanken, sondern sie ist die „der Tugend gemäße Tätigkeit der Seele, und, wenn es mehrere Tugenden gibt, die der besten und vollkommensten Tugend gemäße Tätigkeit"[85]. Da der Vernunft der Wille korrespondiert, unterteilt Aristoteles die Tugenden in die *dianoetischen* bzw. vom Verstande geleiteten und in die *ethischen* bzw. *sittlichen* Tugenden, die vom Willen regiert werden, allerdings so, daß auch hier die Vernunft als Maßstab erhalten bleibt, wie die Hinordnung des sittlich-praktischen Willens auf die jeweils richtige Mitte (vgl. die Erörterungen über die *mesótēs* im vorangegangenen Paragraphen) zeigt. Die sittliche Tugend überhaupt erscheint bei Aristoteles daher als ein „Habitus des Wählens, der die nach uns bemessene Mitte hält und durch die Vernunft bestimmt wird, und zwar so, wie ein kluger Mann sie zu bestimmen pflegt"[86].

Im dritten, vierten und fünften Buch der ›Nikomachischen Ethik‹ untersucht Aristoteles die einzelnen sittlichen Tugenden, um ihr wahres Wesen herauszuarbeiten. Dabei geht er von ihrem vollendeten Zustand aus, wie er sich beim vollkommenen Menschen findet. Zunächst behandelt er die Tugenden des Mutes und der Mäßigkeit, die sich auf das Leben selbst beziehen, sodann die Tugenden der Freigiebigkeit und Hochherzigkeit, die sich auf den äußeren Besitz und das Ansehen des Menschen erstrecken. Diese individuellen, auf das eigene Handeln des Menschen bezogenen Tugenden unterscheiden sich von den sozialen wie Ehrlichkeit und Gerechtigkeit, die den Umgang der Menschen miteinander bestimmen. Die Bestimmung der sittlichen Tugend als eines durch die vernunftgemäße praktische Einsicht vermittelten Habitus leitet im sechsten Buch dann zu der Betrachtung des Wesens dieser Einsicht über. Dabei treten die *dianoetischen Tugenden*, die Tugenden des Vernunftvermögens, an die Stelle der bloßen Habitualisierung.

Weil sowohl die ethische als auch die dianoetische Tugend Beschaffenheiten des rationalen Seelenteils sind, und weil darüber hinaus die ethische Tugend als Beschaffenheit des Willens definiert worden ist, muß die *dianoetische Tugend* eine Beschaffenheit des an sich vernünftigen Seelenteils sein. Er hängt von beiden Aspekten des Seins, dem veränderlichen und dem unveränderlichen ab, die ihrerseits als Objekte der menschlichen Erkenntnis die ihnen entsprechenden verschiedenen Arten des Erkennens bedingen. Die höchste Erkenntnis, zu der die beiden Vernunftvermögen hinführen können, ist die Erkenntnis der Wahrheit. Aus dieser Erkenntnis erschließt sich die genuine Leistung der dianoetischen Tugenden. Da jedes Vermögen die ihm entsprechende Tugend erfordert, besteht folglich die Tätigkeit der dianoetischen Tugenden im Erfassen der im jeweiligen Erkenntnisbereich der Vermögen liegenden Wahrheit.

Zunächst unterscheidet Aristoteles im einzelnen fünf die Wahrheit erkennende Vermögen der Seele: Kunst, Wissenschaft, Klugheit, Weisheit und Verstand. Da die zur Glückseligkeit führende Tätigkeit nur die beste und vollkommenste sein kann, ist die eigentlich bewegende Frage die, welches dieser Vermögen mit der besten und vollkommensten Tugend identisch ist. Wissenschaft, Verstand und Weisheit gehören dem epistemonischen [auf bestimmte Wissensformen bezogenen] Seelenteil an, da ihre Erkenntnisse auf *theoretische Wahrheiten* zielen. Die Wissenschaft gewinnt ihre Erkenntnis des Allgemeinen und Notwendigen auf dem Wege der Induktion und setzt ihre Prinzipien als bereits erschlossene voraus. Ihre Wahrheitserkenntnis richtet sich also nicht auf die Prinzipien selbst, sondern setzt sie immer schon als wahr voraus. Sie kann, da von einem anderen abhängig, nicht selber die höchste Tugend sein. Sie verfügt ja nicht einmal über ihre eigenen Prinzipien. Diese zu erfassen kommt zwar dem Verstande zu. Als das die Prinzipien selbst erfassende Vermögen ist aber auch er nicht die höchste Tugend, da über ihn hinausgreifend nunmehr die Weisheit als das Vermögen eingeführt wird, das sowohl die Wahrheit der Prinzipien als auch die Folgerungen, die sich aus ihnen ergeben, erkennt, also Verstand und Wissenschaft in sich vereint. Die *Weisheit* ist also „eine Wissenschaft, die, gleichsam als Haupt über die anderen gestellt, die allerwürdigsten Objekte umfaßt"[87]. So ist sie die vollkommenste Tugend, denn der Verstand erkennt zwar die Prinzipien, erhält seine eigentliche Bedeutung aber erst als Teil der Vernunft. Außerdem gehören zu der Weisheitserkenntnis Objekte, die gemeinhin *göttlich* heißen. Letztlich erstreckt sich die Weisheit also auf die Erkenntnis Gottes als des ersten und alles andere begründenden Prinzips.

Wissenschaft, Verstand und Weisheit sind rein theoretische, vernunftgemäße Tätigkeiten; ihr Einfluß auf das praktische Leben kann daher höchstens als *indirekt* bezeichnet werden. Diesen gleichsam 'abstrakten' Tätigkeiten stellt Aristoteles die Vermögen des Hervorbringens und Handelns gegenüber und sagt von der *Kunst*, sie sei ein „mit wahrer Vernunft verbundener Habitus des Hervorbringens“[88]. Die Werke der Kunst haben nun aber ihr Prinzip nicht in sich selbst, wie etwa die Hervorbringungen der Natur, sondern in dem, der sie hervorgebracht hat. Der Vernunft im Akt des Hervorbringens ist also immer auch der Zufall beigemischt. Das Gelingen des Kunstwerks liegt nicht ausschließlich in der Macht des Künstlers. Daher kann auch die Kunst nicht die beste Tätigkeit der praktischen Vernunft sein. Es bleibt also nur die *Klugheit*, der diese Auszeichnung zuzugestehen ist. Sie wird als ein „untrüglicher Habitus vernünftigen Handelns“ definiert, und zwar „in den Dingen, die für den Menschen Güter und Übel sind“[89]. Als klug wird derjenige bezeichnet, der durch rechtes Überlegen das für ihn Gute und Nützliche findet, das sich nicht nur auf ein bestimmtes Gut, wie etwa die Gesundheit bezieht, sondern auf das gute und glückliche Leben schlechthin. Das Ziel der Klugheit ist nicht ein Werk, das durch ein Handeln hervorgebracht wird, sondern das richtige Handeln selbst. Anders als die Kunst, der die Tugend von außen zukommt, ist die Klugheit in sich tugendhaft. Ihre Erkenntnis richtet sich sowohl auf das Allgemeine wie auf das Einzelne und Konkrete, so daß sich mit ihr die auf das Einzelne bezogenen Tugenden der Wohlberatenheit, Verständigkeit und der Diskretion verbinden. Die Wohlberatenheit sucht sowohl für das Leben schlechthin wie für die einzelnen Situationen nach den rechten Mitteln, durch die der Mensch das Gute als das Ziel aller sittlichen Handlungen erreichen kann. Die Verständigkeit ist dagegen ein beurteilendes Vermögen, weil sie ihr eigenes Urteil auf die Überlegungen, die ein anderer äußert, anwendet.[90] Während die Wohlberatenheit überlegt und rät, und die Verständigkeit über das Überlegte urteilt, ist die Klugheit schließlich gebietend, indem sie die praktische Anweisung gibt, wie die Handlung, dem rechten Urteil der Verständigkeit gemäß, auszuführen ist. Das dritte Vermögen, die Diskretion, ist die richtige Beurteilung des Billigen. Sie urteilt darüber, in welchem Falle sie als Korrektur des allgemeinen Gesetzes angewandt werden kann, wobei sie nicht auf das eigene Gut, sondern auf das eines anderen gerichtet ist.[91] Weisheit und Klugheit wären selbst dann die besten Tugenden und unbedingt erstrebenswert, wenn sie nichts hervorbrächten, da sie jeweils die Vollkommenheit eines vernünftigen Seelenteils repräsentieren. Nun kennen aber auch die Weisheit und Klugheit 'Hervorbringungen'. Die Weisheit scheint zwar auf den ersten Blick keine Beziehung zur Glückseligkeit zu haben, da sich ihre Erkenntnis nur auf das Theoretische und nicht auf das Werden richtet. Aber gerade aufgrund ihres Erkenntnisobjekts, der höchsten und ewigen Wahrheiten, bringt sie die Glückseligkeit selbst hervor. Da sie rein theoretisch ist, erwirbt mit ihr der Mensch nur das reine Denken und Betrachten. Sie wird also nicht als Mittel erstrebt, sondern rein um ihrer selbst willen. Die Betrachtung ist außerdem selbstgenügsam, denn sie ist nicht von äußeren Umständen abhängig und wird auch nicht durch einen ständigen Wechsel beeinflußt, so daß sie in Ruhe verweilen kann. Die Glückseligkeit gewährt die höchste Lust; gerade darin begegnet sie der Weisheit, denn allein schon die Suche nach dieser ist mit hohen Genüssen verbunden.[92]

Schließlich erlangt der Mensch, wenn er die Weisheit und mit ihr die Glückseligkeit als sein höchstes Ziel erreicht, die *Muße*, die nach Aristoteles zugleich auch die Bedingung des Philosophierens ist. In der Muße erfährt der Einzelne die wahre Freiheit von aller praktischen Tätigkeit, aber auch von allem Leiden: Damit „wäre dies die vollendete Glückseligkeit des Menschen, vor allem wenn sie auch noch die volle Länge des Lebens andauert, da ja nichts, was zur Glückseligkeit gehört, unvollkommen sein darf“[93]. Rein menschlich ist der Einzelne nicht imstande, dieses Ziel aus eigener Kraft zu erreichen; Bedingung ist immer die Präsenz des Göttlichen im Menschen.[94] Als bloße Menschen bestehen wir aus Leib und Seele und leben gemäß ihren Empfindungen und Tätigkeiten. Der Mensch dagegen, der sich von der Vernunft leiten läßt, lebt als ein Gott ähnliches Wesen; die Vernunft ist das Göttliche im Menschen, sein wahres Selbst.[95] Das Streben nach Weisheit ist die Grundbewegung im Menschen, sein eigentliches Sein zu verwirklichen. Anders verhält es sich im praktischen Leben. Hier erreicht der Mensch die Glückseligkeit im sittlichen Handeln, in der Ausübung der ethischen Tugend sowie der Klugheit, denn die sittliche Handlung beruht auf der rechten Beschaffenheit des Willens und der Klugheit. Während der vernunftgeleitete Wille die sittliche Handlung zum Ziele des menschlichen Handelns wählt, findet die Klugheit die rechten Mittel, um dieses Ziel zu erreichen. „Die rechte Vernunft ist die der Klugheit gemäße“[96], so daß der Mensch durch die ethische Tugend klug und durch die Klugheit tugendhaft wird.

Fünftes Kapitel

EPIKUR

Epikur wurde im Jahre 341 v. Chr. auf der Insel Samos geboren. Er studierte zunächst bei dem Platoniker Pamphilos und in der demokritischen Schule des Nausiphanes. Im Alter von achtzehn Jahren kam er nach Athen und gründete im Jahre 310 dort eine eigene Schule, die vor allem durch das gemeinsame Leben (den „Garten Epikurs"), das an ihr herrschte, bekannt wurde. Epikur starb im Jahre 270 v. Chr. Von seinen Werken werden vier Schriften, darunter drei Briefe an seine Schüler, überliefert. Obwohl die Schriften Epikurs neben ethischen auch naturwissenschaftliche und erkenntnistheoretische Probleme behandeln, beziehen sie sich vor allem auf eine bestimmte Weise der Lebenskunst und ein wie auch immer geartetes Erkenntnisstreben, ja erkenntnistheoretische und physikalische Gesichtspunkte interessieren überhaupt nur insofern, als sie zu einem glücklichem Leben beitragen können.

Zu den historisch am ehesten zugänglichen Quellen des Epikureismus dürfte die Theorie des *Protagoras* von der Wahrnehung zählen, nach der die sinnliche Wahrnehmung nur über unsere eigenen Zustände und Gefühle Aufschluß zu geben vermag, nicht aber über deren Ursachen, die sich der menschlichen Erkenntnis prinzipiell entziehen. Das Wahrheitskriterium ist daher immer nur an die eigenen, subjektiven Empfindungen anzulegen. Diese Theorie, welche die Aufmerksamkeit des 'erkennenden' Subjekts von den prinzipiell unerkennbaren Dingen der Sinnenwelt weg auf die eigenen Stimmungen, Empfindungen und Verhaltensweisen lenkt, darf als der eigentliche Anstoß zu jener *hedonistischen* Ethik gewertet werden, wie sie von den Kyrenaikern und Kynikern formuliert worden ist. Da die menschliche Erkenntnis auf die eigenen, subjektiven Empfindungen beschränkt ist, und diese lediglich nach dem Kriterium der Lust oder der Unlust beurteilt werden können, ist die Glückseligkeit des Menschen im Sinne eines Freiseins von jedem Gefühl der Unlust einzig legitimes und einzig mögliches Ziel der Philosophie. Ähnlich wie Protagoras in seiner Theorie der Wahrnehmung von den 'verschiedenen Bewegungen' der Dinge ausging, versuchten die Kyrenaiker die Gefühle der Lust bzw. Unlust auf die verschiedenen Bewegungen der Seele des empfindenden Subjekts zu reduzieren. Gemäß der Dreizahl dieser Bewegung nahmen sie drei Seelenzustände an, einen angenehmen *(hēdéa)*, einen unangenehmen *(algeiná)* sowie einen indifferenten Zwischenzustand *(tá metaxý)*, von denen allein der erstere als erstrebenswert anzusehen sei. Die Lust *(hēdonḗ)* ist dementsprechend das einzig Erstrebenswerte *(télos)*. Alles, was Lust verschafft, ist gut, und alles, was mit Unlust verbunden ist, ist schlecht. *Tugend* ist aus diesem Grunde nichts anderes „als Genußfähigkeit, und der Wert der Wissenschaft besteht darin, den Menschen zum rechten Genuß zu erziehen, welcher freilich nur möglich ist durch *phrónēsis*, durch die Klugheit, die den Menschen von Vorurteilen und selbstquälerischen Leidenschaften befreit und ihn lehrt, die Güter des Lebens in der verständigsten Weise auszunützen. Sie gibt vor allem dem Weisen jene Sicherheit in sich selbst, durch welche er davor bewahrt bleibt, dem Getriebe der Außenwelt haltlos anheimzufallen; sie befähigt ihn, seine Umgebung und die Verhältnisse zu beherrschen und seinen Wünschen dienstbar zu machen und auch im Genuß seiner selbst Meister zu bleiben. Auch der Hedoniker sucht, wie der Kyniker, die souveräne Freiheit des Individuums gegenüber der Welt und dem Weltlauf an sich zu verwirklichen, aber nicht durch Entsagung, sondern durch vernünftiges Auskosten der Lust des Lebens."[1] Der Begriff der Tugend grenzt sich hier nicht mehr wie noch bei Aristoteles und der vorangehenden sokratischen Tradition von einer, wie verfeinert auch immer vorgestellten Lust ab.

Ähnlich wie der *frühe* Hedonismus nur als die extreme Konsequenz einer entsprechenden sensualistischen Erkenntnistheorie denkbar ist, als Prinzip der Unabhängigkeit der sittlichen Entscheidung von der Gesetzmäßigkeit der Natur, wonach das ‘Ich’ nur *ist*, sofern es *besitzt* und sich über sich selbst als über einen Teil der Sinnenwelt erhebt, insofern das Verhalten des Subjekts „nicht sowohl naturgesetzlich erfaßt als vielmehr sittlich gerechtfertigt“ ist, da „‘ich’ ‘mich’ von jenem passiv bestimmten ‘Ich’ als von einem Teil der Natur nach Grundsätzen urteilend unterscheide; und zwar … auch dann, wenn das Resultat dieses Urteilens mit der passiven Bestimmtheit des ‘Ich’ inhaltlich übereinstimmen sollte“[2], so ist der Hedonismus *Epikurs* nur verständlich auf dem Hintergrund einer Erkenntnistheorie, welche Wissen und Erkenntnis auf der einen und praktische Lebensführung auf der anderen Seite in dieser Weise aufeinander bezieht.

Epikurs Wissenschaftsbegriff ist ganz auf das die einzelnen Ergebnisse der Wissenschaft beurteilende Subjekt ausgerichtet; er will mit seiner Erkenntnistheorie zu nichts anderem als zu einer Ansicht von der Natur gelangen, welche notwendig dahin führt, alle störenden Vorstellungen vom Leben der Menschen fernzuhalten. Als oberster Grundsatz dieser *Naturlehre* gilt, das All bestehe aus *Körpern* und der diese umgebenden *Leere*, wobei die Existenz ersterer aus der Wahrnehmung und die der Leere aus der Tatsache der Bewegung der Körper erklärt wird.[3] Da alles, was wirklich existiert, entweder nur durch die sinnliche Wahrnehmung nachgewiesen oder aber an dieser gemessen werden muß, ist die Annahme einer wie auch immer gearteten unkörperlichen, geistigen Substanz zu verwerfen; vielmehr ist der Körper einzige leidende und tätige Substanz, welcher der leere Raum, die unkörperliche Natur gegenübersteht als das Medium, das die Bewegung der Körper und damit Tun und Leiden ermöglicht. Beide, die Körper und der leere Raum, kennen weder einen Ursprung noch ein Ende, denn „aus nichts entsteht nichts“[4], und „in nichts vergeht nichts“[5]. Die Körper selbst bestehen aus Atomen, den Urbestandteilen der Dinge, die gleichzeitig die Endpunkte einer möglichen Teilung der einzelnen Körper markieren, da eine unendliche Teilung für Epikur nicht denkbar ist; eine solche würde die Körper so sehr schwächen, daß diese schließlich in nichts zerfallen müßten. Hörte die Teilung der Körper nicht bei bestimmten, unteilbaren Elementen von einer gewissen Größe auf, dann bestünde ja jede begrenzte Größe aus unendlich vielen Teilen, müßte also der Ausdehnung nach zugleich endlich und unendlich sein.[6] Das gilt aber nicht nur für die verschiedenen Körper, sondern auch für die Zeit.

Auch die Veränderungen, denen die Dinge unterliegen, werden den Atomen zugeschrieben, da Epikur Werden und Vergehen als Mischung *(sýnkrisis)* bzw. Entmischung *(diákrisis)* versteht. Allem Werden und Vergehen müssen absolut unwandelbare, nicht mehr weiter zerlegbare, wegen ihrer geringen Größe unsichtbare Teilchen zugrunde liegen, deren Gestaltungsunterschiede und deren wechselnde Verbindungen die Verschiedenartigkeit und den Wechsel der in der Wahrnehmung gegebenen Körper bedingen. Den Atomen als dem schlechthin Unwandelbaren sind daher jene Bestimmungen zuzuordnen, die bei allen Veränderungen, denen die wahrnehmbaren Körper unterliegen, unverändert bleiben.[7] Während Demokrit den sinnlichen Qualitäten eine objektive Wirklichkeit absprach und in ihnen bloße Affektionen der Sinne sah, unterschied Epikur zwischen dem, was den unveränderlichen Atomen, und dem, was den aus den Atomen zusammengesetzten Körpern wirklich zukommt; daher ist auch den Eigenschaften der Körper objektive Wirklichkeit zuzusprechen.[8] Die Tatsache der Bewegung der Atome, deren Spontaneität die menschliche *Willensfreiheit* erst ermöglicht – daß die Menschen keinem blinden Fatum unterworfen sind, erhellt für Epikur daraus, daß der Mensch sich nach Belieben bewegen kann, was wiederum voraussetzt, daß, da nichts aus dem Nichts entsteht, eine partielle Bewegungsfreiheit in den Atomen anzusetzen ist[9] –, läßt die Welt in einem fortwährenden Flusse begriffen sein, welcher einmal im unaufhörlichen Wandel der Einzeldinge innerhalb der Welt deutlich wird, dann aber auch in der unterschiedslosen materiellen Verfaßtheit der Welt, die alles Seiende in den unaufhörlichen Fluß der Materie hineinzieht.[10] Im Grunde genommen ist das All nichts anderes als ein fortreißender Strom von Stoff und Bewegung, der erst dann zum Stillstand kommt, wenn die in stetem Fluß begriffene Menge der Atome sich auflöst, dies aber nur, um sich von neuem zu verbinden zu einem erneuten Strom des Werdens und Vergehens.

Diese mechanistische Weltansicht Epikurs bedarf keiner Götter, da sowohl die Natur wie der Mensch sich aus eigenen Kräften entwickeln. Wenn aber die Natur im Sinne eines ewigen Werdens und alles Vorgegebene prinzipiell sinnleer sind, ist ausschließlich der Mensch für den Sinn, welchen er seinem Dasein gibt, verantwortlich. *Sinn* als Deutung der eigenen Situation und als Anleitung zum 'rechten', d.h. dem Menschen in dieser bestimmten Verfaßtheit angemessenen Handeln ist immer nur Sache des einzelnen Menschen, das der Natur als etwas Fremdem, nicht mehr befragbarem gegenüberstehenden Subjekts, dessen eigenmächtiges Vorbringen bestimmter Deutungsschemata auf das Desinteresse der Natur dem Menschen gegenüber antwortet. Das Bild vom Desinteresse am Menschen gilt in besonderer Weise von den Göttern, welche Epikur, hierin dem Denken seiner Zeit verhaftet, zwar nicht leugnen wollte und konnte, betonte er doch ausdrücklich: „die Götter sind“[11], die er aber dennoch so an den Rand der Wirklichkeit drängte, daß die Frage nach ihrer Existenz als belanglos erscheinen mußte. Die Götter führen gleichsam an einem Ort zwischen den Welten ein Dasein ohne jedes Interesse an weltlichen oder gar menschlichen Dingen.[12] Andererseits kann aber selbst noch die 'Entmachtung' der Götter deutlich machen, „daß die philosophisch-theologische Problematik auch bei den Epikureern in einer gleichsam negativen Weise, als verborgener Impuls, wirksam ist. Es geht ihnen in ihrem Philosophieren entscheidend um den Seelenfrieden, die *ataraxía*. Diese aber sehen sie durch übermenschliche Eingriffe bedroht; ‚denn wer sollte einen nicht fürchten, der alles vorhersieht, bedenkt und bemerkt, und der meint, alles gehe ihn an?'[13] Gerade aus dieser Angst, in der die Epikureer den Ursprung der Religion erblicken, ‚die das Haupt aus den Regionen des Himmels sehen ließ und die Sterblichen von oben herab mit entsetzlichem Anblick bedrängte'[14], erwächst ihr Interesse daran, die göttlichen Mächte aus dem Dasein zu verbannen.“[15] Dem epikureischen Materialismus entspricht somit ein *praktischer* Atheismus, der die Unwirksamkeit der Götter konstatiert und von da zum Nächstliegenden, dem Menschen, übergeht.

Die Möglichkeiten und Grenzen dieser 'subjektzentrierten' materialistischen Deutung der Welt demonstriert Epikurs 'Theodizeeversuch' besonders eindringlich. Der Kosmos als zufälliges Produkt von Atomverbindungen führt nicht etwa dazu, den Menschen zum Ausgangspunkt der Frage nach dem Leiden, dem Übel und dem Bösen zu machen. Trotz aller 'Subjektzentriertheit' bleibt die Natur die Argumentationsbasis aller epikureischen Deutungsversuche des Negativen, gibt es doch gerade wegen der 'Machtstellung' des Einzelnen und der Betonung des individuellen Moments der Lust bzw. Unlust nicht mehr die Polis als praktische oder politische Ordnungsmöglichkeit, ebenso wie es keine von metaphysischen, vernünftigen oder guten Mächten erzeugte und garantierte Ordnungsmöglichkeit mehr gibt. Auch die Götter kommen, „so groß sind ihre Mängel[16], für einen Theodizeeversuch nicht mehr in Frage. Sie sind, ähnlich wie in der platonischen Theodizee, „schuldlos"[17], aber nicht, weil sie gut, sondern weil sie 'von Natur aus' unfähig sind, für irgend etwas die Verantwortung zu übernehmen. Darüber hinaus käme die Behauptung, die Götter seien in irgendeiner Weise für das Schicksal der Welt verantwortlich, zu einer dem Begriff Gottes widersprechenden Bestimmung. Trotzdem gibt es einen, wenn auch *negativen* Zusammenhang zwischen den Göttern und einer möglichen Theodizee. Wenn die Götter weder einen Einfluß auf das irdische Geschehen auszuüben imstande sind, noch, wie die Mythen lehren, von den Menschen beeinflußt werden können, ist nach Epikur eine der wesentlichsten Ursachen für das Negative in der Welt, die Furcht vor den Göttern, als unbegründet zurückgewiesen und gegenstandslos geworden.

Eine zweite Lösung bietet sich von der materialistischen Grundkonzeption der epikureischen Lehre her an; wenn die Körper als zufällige Verbindungen von Atomen ebenso vergehen, wie sie entstehen, ist die Todesfurcht, eine weitere Ursache des Leidens, völlig unbegründet. In seinem Brief an *Menoikeus* legt Epikur dar, daß der Tod als Nichts, als absolutes Ende, keine Leiden hervorzurufen braucht, da der Tod im allgemeinen wegen der im Jenseits zu erwartenden Sanktionen gefürchtet wird. Ist der Tod aber das absolute Nichts, dann gibt es keinen Grund, ihn zu fürchten. Das Ziel des Lebens besteht darin, in einem auf die *Lust* und auf die *ataraxía* – welche bei Epikur nicht wie in der Stoa Gegensätze zu sein brauchen – gegründeten Leben ohne Krankheit, Schmerz, Angst dem Tode entgegenzugehen. Stellen sich die Übel dennoch ein, so sind sie in der *ataraxía* der Seele zu überwinden.

Wenn die epikureischen Erklärungsversuche des Negativen auch im

Gegensatz etwa zu den Interpretationsmodellen der archaischen Mythen oder auch der platonischen Philosophie nicht mehr an einer außerweltlich bzw. metaphysisch begründeten Sinnhaftigkeit des Kosmos, für die Erklärung und Trost unmittelbar aufeinander bezogen waren, insofern jede Deutung des Bösen einer Harmonisierung der Widersprüche der Welt gleichkam, festhalten, so ist das Zueinander von Trost und Erklärungsfunktion dennoch in einer Weise überwunden. Der Verzicht auf eine metaphysische Begründung des Weltganzen hält immer noch an einer, wenn auch nicht mehr in jeder Hinsicht vollkommenen Ordnung der Natur fest, welche Göttern und Menschen ihre Stelle im Ganzen zuweist. Die offensichtlichen Widersprüche dieser Ordnung, Leiden, Tod, die *Unlust* (das Dysfunktionale überhaupt) können im Grunde genommen nicht erklärt werden; *sie werden eher verharmlost.* Da das Leiden letztlich in der *ataraxía* zu überwinden ist und der Tod doch nur ein 'Nichts' darstellt, sind beide nicht ernst zu nehmen. Das heißt aber auch, daß entgegen der ursprünglichen Absicht der epikureischen Lehre, welche das Subjekt in seine ursprünglichen Rechte gegenüber der prinzipiell sinnleeren Natur einzusetzen vorgab, auch dieses, das ja leidet und endlich sterben muß, nicht in der geforderten Weise wahrgenommen wird. Die zentrale Frage an den Epikureismus wie an jeden Materialismus lautet daher: wie steht es um den Menschen, seine Selbstkonstitution, seine personale Identität und die damit verbundenen 'kontrafaktischen Unterstellungen' (etwa im Sinne von Kants 'Postulaten der praktischen Vernunft' oder der die Empirie übersteigenden, für die Identitätsfindung des Subjekts unumgänglichen *Optionen*), wenn der Mensch einerseits aufgrund der vorgegebenen Deutungsschemata sich ausschließlich als Teil der Materie zu begreifen hat, andererseits aber in seinen Erwartungen, Hoffnungen, Leiden und Sehnsüchten sich als mehr als nur ein Ensemble materielle Funktionen und Relationen erfährt?, und weiter: Ist der Materialismus von sich aus nicht unfähig, diesen 'berechtigten Erwartungen' Rechnung zu tragen, so daß von ihm nicht mehr als eine Verharmlosung fundamentaler Probleme menschlichen Selbst- unnd Weltverständnisses zu erwarten wäre? Freilich gilt ebenso, daß ein metaphysischer Dualismus, gegen den Epikur ankämpfte, das Theodizeeproblem und die daraus resultierenden Identitätskrisen des Menschen zwar auf der Ebene der Theorie einer Lösung näherzubringen scheint, insofern hier der 'Schuldige' gefunden wird, auf der Ebene des konkreten Handelns und bei der Entwicklung von Strategien zur Minderung des Leidens und des Bösen in der Welt aber nicht mehr leistet als jener Materialismus, der keine vollkommene Ordnung im Sinne eines sakrosankten Naturbegriffs anerkennt und gerade deswegen auch nicht gegen jene Bedenken anzukämpfen hat, welche sich einer dualistischen Weltansicht häufig dort entgegenstellen, wo es gilt, vorgegebene Traditionen und Interpretationen in Frage zu stellen. Als bestes Beispiel dazu dient die ambivalente Haltung Platons gegenüber der Frage nach der Wahrheit des Mythos. Ein idealistischer Dualismus, „nach welchem die Welt schon in Ordnung sein soll, wenn nur im Geiste alles in Ordnung sei, dieser Mangel an Unterscheidung zwischen Phantasie und Wirklichkeit, durch den die idealistische Philosophie sich als verkleinerte Form des primitiven Glaubens an die Allmacht der Gedanken, das heißt die Zauberei, erweist“[18], leistet bei der Bewältigung fundamentaler Identitätskrisen ebensowenig wie ein Materialismus, der ständig auf die unmittelbare Evidenz rekurriert. Allerdings hat die „materialistische Ansicht nicht bloß die negative Bedeutung, eine metaphysisch zu begründende Moral abzulehnen, sondern (sie) ist von den Materialisten stets so verstanden worden, daß das Streben der Menschen nach ihrem Glück als eine natürliche, keiner Rechtfertigung bedürfende Tatsache anzuerkennen sei ... Der Materialismus lehnt es jedoch ab, deswegen einen Unterschied zwischen Glück und Lust zu machen, weil die Befriedigung der Lust, im Gegensatz zu ‘höheren’ Motiven, der Begründung, Entschuldigung oder Rechtfertigung bedürfe. Letztere kann in einer bestimmten Gesellschaft für bestimmte Handlungen durchaus zweckmäßig sein, aber dann nur im Hinblick auf eine selbst gesetzte oder sonst vorhandene Autorität, nicht aufgrund einer unbedingten Ordnung.“[19]

Sechstes Kapitel

DIFFERENZIERUNGEN

§ 11. Subjektivismus – Individualismus – Skepsis

Der traditionellen Philosophiegeschichtsschreibung galten jene Theorieansätze, die auf die klassischen Systeme eines Platon und Aristoteles folgten, als Illustration dessen, was *Platon* ablehnte, als er all jene, welche „alles vom Himmel und aus dem Unsichtbaren auf die Erde ziehen“ und „behaupten, daß allein sei, woran man sich stoßen und was man betasten könne“[1], wirklicher Erkenntnis unfähig erachtete. Mit Platon teilt jene Wertung die Angst vor dem *Subjektiven*, die als Moment des Denkens „bei Platon teils nicht beachtet, teils sogar absichtlich verletzt“[2] ist und in der Subjektivität jenes Prinzip am Werke sieht, welches „das Verderben Griechenlands ausgemacht hat. Griechenland beruhte auf der substantiellen sittlichen Freiheit; das Erblühen der subjektiven Freiheit hat es nicht auszuhalten vermocht.“[3]

Abgesehen von der Hegel eigenen Wertung der Subjektivität, die zu diskutieren unseren Rahmen sprengen würde, läßt sich der Bruch, der zwischen der klassischen griechischen Philosophie und dem durch eine neue geschichtliche Situation bedingten Denken (des *Hellenismus*[4]) annähernd mit der Kategorie der *Subjektivität* charakterisieren. Dieser Bruch, der sich in den Termini ‘Empirismus’, ‘Skeptizismus’ oder auch ‘Synkretismus’ bereits andeutet, ist dazu paradigmatisch für den neuzeitlichen Traditionsbruch, wie er das gegenwärtige Denken bestimmt. Gleich diesem thematisiert er Grundwidersprüche, wie den zwischen einer postulierten allgemeinen Harmonie *(Theonomie)* und einem vom Subjekt selbstverantworteten Handeln *(Autonomie)*, oder wie den zwischen Anspruch und Wirklichkeit der Konzepte praktischer Philosophie. Die in der Spätphase des antiken Denkens feststellbare Relativierung des Interesses an politischen Ordnungszusammenhängen im weitesten Sinne, welche den Rückzug des Individuums auf sich selbst nur begünstigte, kann ebenfalls als die Folge einer politischen Umgestaltung interpretiert werden, die das aufkommende Bewußtsein von der Individualität beeinflußte, ein Bewußtsein, das der vorangegangenen Periode der griechischen Philosophie gänzlich zu fehlen schien, das sich aber gerade in der neu einsetzenden Diskussion des Unsterblichkeitsproblems andeutet.

Der Zerfall der antiken *pólis* und das Aufkommen des Bewußtseins individueller Endlichkeit stehen in einem inneren Zusammenhang.[5] Für dieses wird 'vernünftiges' Sich-Verhalten zu 'individuellem', 'subjektivem', das sich gerade unter ihm widrigen Bedingungen bewährt. Das Subjekt, die individuelle Person, wird nicht bloß Gegenstand der Philosophie, sondern Prinzip, *archḗ*. Sie tritt damit auch als Gegenstand, nunmehr als Gegenstand philosophischer 'Selbsterkenntnis', in ein neues Licht.[6] Die Verschärfung des 'subjektiven Icherlebens' (Stenzel) wird zum Medium des Denkens. In der philosophischen *Skepsis* findet es seinen erkenntnistheoretischen Ausdruck.

Die (akademische) Skepsis, vor allem um die Verbindung der verschiedenen Einzelwissenschaften bemüht, verließ mit der Bestreitung einer ontologischen Kontinuität, welche sich von den Ideen bis zu den Sinnendingen hin erstrecken sollte, die (metaphysische) Annahme eines in einem vorgegebenen Prinzip, den Ideen, fundierten Wissens und die damit verbundene Voraussetzung einer das Denken generell bestimmenden Logik. Jede Erfahrung kann in Zweifel gezogen werden, jeder Schluß des Denkens läßt sich prinzipiell anzweifeln. So bedeutet auch die Tatsache, daß der Einzelne gewissen Vorstellungen zustimmen muß, will er überhaupt zum Handeln kommen, noch keineswegs, das in diesen Vorstellungen Enthaltene sei wahr im Sinne vorbehaltloser Objektivität. Nach *Diogenes Laertius*[7] kann es zwar nicht darum gehen, die vorgegebenen Phänomene anzuzweifeln, wohl aber die Erkenntnis eines 'wahrhaft Seienden', das sich im Sinne eines Konstitutivums der Außenwelt denken ließe. Die Polemik der akademischen Skepsis wendet sich daher vornehmlich gegen jede vorbehaltlose Zustimmung zu begrifflich gefaßten Vorstellungen. Ihr Problem ist das eines sicheren Grundes aller Erkenntnis, der seinerseits weder begründet noch widerlegt werden kann. Allerdings ist ihre Antwort negativ. Die radikale Form der Skepsis dagegen, wie sie *Pyrrhon* vertrat, ist nicht mehr nur ausschließlich erkenntnistheoretisch motiviert. In der Weise, in der sie sich gegen alles Theoretische überhaupt wendet, verschiebt sie den Akzent von erkenntnistheoretischen auf ethisch-praktische Probleme. Wenn die Frage nach den Möglichkeiten des Subjekts, nach dem Ich, das nichts als objektiv gegeben anerkennen kann, sich theoretisch nicht eindeutig beantworten läßt, ist auch das 'gute Leben'[8] das Ergebnis von Entscheidungen und Wertungen, die sich in der theoretischen Argumentation allein nicht mehr rechtfertigen lassen.

Der zentrale Begriff, auf dem die kritisch-relativierende Grundhaltung der pyrrhonischen Skepsis aufbaut, ist der Begriff der *epochḗ*, die 'Zurückstellung jeglichen Beifalls'. Der Ablehnung jeder Zustimmung zu einer vorgefaßten Lehrmeinung,[9] wie sie auf der Ebene wissenschaftlicher Argumentation bestimmend sein soll, entspricht auf der Ebene ethisch-praktischer Fragestellungen die Haltung der *ataraxía*, der Selbstbehauptung gegenüber allen dogmatischen Ansprüchen.[10] Die *ataraxía* ist die *eudaimoniía* des Skeptikers, der ausschließlich in der Destruktion aller möglichen Überzeugungen jenen Punkt zu erreichen glaubt, den kein Zweifel mehr berühren kann. Dieser Punkt ist das *Subjekt* selbst; es trägt den 'Sinn' seines Lebens in sich selbst. War das Wahrheitskriterium des platonischen Idealismus wie auch der aristotelischen 'Ersten Philosophie' die Evidenz des Objektiven, sei es in der unmittelbaren Schau der Ideen, sei es in der substantiellen Wirklichkeit, welche den Dingen in abgestufter Weise zukommt, so kann das Wahrheitskriterium sich für den Skeptiker nur in der Unmittelbarkeit des Selbst finden, und zwar nur in relationaler, nicht in kausaler Beziehung. Nach *Sextus Empiricus*[11] gibt der Begriff einer Ursache nichts Reales wieder, sondern ist lediglich der Ausdruck einer Beziehung, etwas zur Wirklichkeit Hinzugedachtes, nicht jedoch eine Aussage über diese selbst. Die mit derartigen Argumenten vorgetragenen Angriffe der Skeptiker galten vor allem den *teleologischen* Konstruktionen, wie sie paradigmatisch in der harmonisierenden Weltbetrachtung des Platonismus vor uns treten. Jenen Konstruktionen begegnete die Skepsis mit dem Hinweis auf die prinzipielle Differenz von Wahrheit und allgemeiner Gültigkeit; das 'Intersubjektive' ist noch nicht das 'Objektive', auch wenn es eine quasi-objektive Gültigkeit beansprucht, ebenso wie nicht jedem Begriff ein ebensolches Sein entspricht.

Die Skepsis als die erkenntnistheoretische Variante des Individualismus (mit Konsequenzen für eine *praktische* Philosophie), wie sie zur Zeit des Hellenismus sich entwickelte, ist die Reaktion auf jene übergreifenden 'metaphysischen' Systeme, die versuchten, einen Zusammenhang zwischen dem erkennenden Subjekt und der vorgegebenen 'objektiven' Wirklichkeit zu konstruieren, und die erst aus einer übergreifenden Ordnung heraus alle Erfahrungen, Urteile und Handlungen begründen und sinnvoll erscheinen lassen. Auch hier ist die Reflexion in ihrer Gestalt von derjenigen der realen Verhältnisse nicht zu trennen. Diese sind ihrerseits Reaktionen auf den Untergang der Polisgemeinschaft und ihrer Strukturen, wie sie Platon und Aristoteles in ihren Entwürfen einer praktischen Philosophie noch systematisierten. Wie diese auch den Staat (die *pólis*) nur als ein Objektives sehen konnten, von dem Subjektivität und Individualität sich allererst herleiten (das Objektive ist das 'Substantielle'), so sind es im Gegensatz dazu im Denken des Hellenismus nicht nur die 'großen Subjekte'[12], sondern die *Subjekti-*

vität überhaupt, von denen her das in der Argumentation Vorgebrachte sich legitimieren läßt.

Auf der anderen Seite aber sind die 'weltgeschichtlichen Individuen' nicht der genuine Ausdruck jenes Begriffes von Individualität, wie er das Denken des Hellenismus prägte. Er ist eher 'provinzieller Natur', gleichwie das 'gute Leben', welches dem einzelnen Subjekt vorschwebte, das 'private' war, welches als *endliches* auch Glück nur als endliches zu realisieren imstande war. Dies mag mit ein Grund für seine nur eingeschränkte historische Bedeutsamkeit sein. Hegel[13] hat diesen Zusammenhang in der Einleitung zu seiner Geschichtsphilosophie entsprechend hervorgehoben.

Im Gegensatz dazu geht es jenen Theorieansätzen, die gleich dem Platonismus die Objektivität des Ganzen zu erweisen sich vorgenommen haben, um eine *Identität jenseits der Endlichkeit*, nicht um das *Glück* des endlichen Subjekts als eines endlichen, sondern um *Erlösung*, d. h. um ein die Endlichkeit sprengendes Ganze. Wie im Platonismus streitet „das Denken um einen ewigen Gewinn, um das *ktēma eis aeí*. Sie gewinnt ihre Kraft aus dem Schmerz erfahrener Differenz, aus der Verwundung des Lebens, das doch sterben muß und versucht, die Beständigkeit als Habe, als *ousía*, zu gewinnen. So ist sie im Grunde *Soteriologie*"[14], Ausdruck einer quasireligiösen Heilssehnsucht. Diese aber ist dem Subjekt, das um seine Endlichkeit und Vergänglichkeit weiß und sie akzeptiert, fremd. Es fragt, wie der Mensch durch *sein* Handeln gut und glücklich werden kann, und nicht, „ob uns das Glück zuteil wird durch eine Gabe der Gottheit"[15].

§ 12. Der Empirismus

Der Terminus 'Empirismus', seit Kant[16] allgemein gebräuchlich, geht zurück auf die bereits in der Antike gebräuchliche Unterscheidung zwischen einer *medicina empirica* und einer *medicina rationalis*. In der ersteren kommt der Praxis bei der Gewinnung neuer Erkenntnisse die entscheidende Bedeutung zu. Für den 'medizinischen' Empirismus muß sich ein Urteil nicht nur in der Erfahrung verifizieren lassen, die Erfahrung selbst ist vielmehr die einzige Quelle, aus der gültige Urteile sich ableiten lassen.

In seiner Wurzel ist der antike Empirismus verwandt mit gewissen Weiterentwicklungen der aristotelischen Philosophie und mit dem nachklassischen Skeptizismus; seine Ethik beruft sich weitgehend auf *Epikur*. Der Beginn des antiken Empirismus fällt in etwa zusammen mit dem von *Philinos von Kos* erhobenen Anspruch, in der empirischen Methode über ein Mittel der Forschung zu verfügen, das im Gegensatz zum allgemein vorherrschenden Dogmatismus in Medizin und Philosophie einzig die sinnliche Erkenntnis als Ausgangspunkt eines gesicherten Wissens gelten ließ. *Serapion von Alexandria* begründete in der Auseinandersetzung mit den bestehenden Medizinerschulen die *kritische Funktion* der neuen Richtung (vgl. u. a. seine Kritik an den Lehren des *Hippokrates*). Das Problem der frühen Empiriker, besonders deutlich in den Schriften des *Apollonius*, ist das der rechten Einschätzung des Wertes der sinnlichen Erkenntnis, ob diese Einsichten in das 'wahre Sein', in das 'Wesen' der Dinge, vermitteln könne oder nicht, Fragestellungen die als erstes zur Auseinandersetzung mit der epikureischen Erkenntnistheorie führten, welche die Einsicht in das wahre Sein der Dinge vermittelst der sinnlichen Erkenntnis uneingeschränkt für möglich hielt.

Der eigentliche Repräsentant der empirischen Philosophie, der die Annäherung an den Skeptizismus vollzog, war *Sextus Empiricus*. Das weitaus meiste, was über den Empirismus bekannt ist, ist seinen Schriften zu entnehmen, die weniger Einzeluntersuchungen als vielmehr große Materialsammlungen darstellen – eine frühe Form des Handbuches.

Die Philosophie des Empirismus ist in mehr als einer Hinsicht charakteristisch für das Denken des Hellenismus. Als Versuch, eine gleichsam phänomenologische Empirie mit den Bedingungen radikaler Skepsis zu verbinden, darf sie in Parallele zu den Versuchen einer realistischen Geschichtsdeutung *(Polybios)* und dem extremen Individualismus in der Ethik gesehen werden, der sich gegen jedes dogmatisch behauptete Allgemeine wandte. Bereits *Platon*[17] definierte die Empirie als jene Form der Wahrnehmung, welche sich den wiederholenden, nicht ausnahmslos immer wiederkehrenden Vorgängen zuwende, Vorgängen, neben denen entgegengesetzte Erscheinungen nur sehr selten aufträten. Der Empirismus, der sich in der eleatischen und platonischen Philosophie nicht durchsetzen konnte, erfuhr im aristotelischen Denken eine positive Wertung. Die empirische Erkenntnis sei keineswegs nur eine scheinbare; gerade unter der Rücksicht einer praxisorientierten Erkenntnis stelle sie eines der wertvollsten Erkenntnismittel dar.[18]

Die empirische Wissenschaftslehre umfaßt drei konstitutive Prinzipien, Grundlagen der Lehre, im sog. 'empirischen Dreifuß' zusammengefaßt: die Lehre von der Wahrnehmung, die historische Kritik (als Prinzip der Verwendung fremder Beobachtungen) und die *heúresis*, die eigentliche Methodenlehre der empirischen Wissenschaft. Auf diesen

Grundprinzipien basiert die *Polemik* der Empiriker, die Auseinandersetzung mit der vor allem an *Platon* orientierten Philosophie und ihrem Realitätsbegriff.

Der Grundbegriff des Empirismus ist derjenige der *aísthēsis*. Sie ist die *archḗ* jeder echten Wissenschaft. Der Primat der *aísthēsis* beinhaltet darüber hinaus die strikte Absage an jede dogmatisch auftretende *lógos*-Philosophie. Der Empiriker kann sich auf Phänomene berufen, ein erkenntnismäßiger Bezug auf die *phýsis autoù tou prágmatos* ist jedoch nicht möglich. Es geht dem Empiriker daher ausschließlich darum, zu wissen, was geschieht, nicht wie es geschieht. Der Zusammenhang der einzelnen Phänomene in der Wahrnehmung, der gesamte Komplex der Sinnesempfindungen also, kann zufällig gegeben sein wie auch bewußt *(experimentell)* herbeigeführt werden. Dieser Zusammenhang aufeinander folgender Wahrnehmungen wird zusammengefaßt in dem Begriff der *peíra*.

Die Zusammenschau und Beurteilung der einzelnen sinnlichen Wahrnehmungen ist allerdings noch weit entfernt von einem 'Experiment' im modernen Sinne, Verwandtschaft besteht jedoch zwischen unserem 'Experiment' und der *mimētikḗ peíra* (Nachahmung einer beabsichtigten oder unbeabsichtigten Erfahrung); sie gilt geradezu als Kriterium der Wissenschaftlichkeit. „Die einmalige Beobachtung ist" nach dem Urteil des Empirikers „etwas, was außerhalb der Wissenschaft liegt. Wenn aber die Dogmatiker darauf folgern wollten, daß sich die Empirie auf diese Weise die Möglichkeit nähme, Wissenschaft zu werden, ... so beobachteten sie dabei nicht, daß nach Ansicht der Empiriker gerade die Summierung der Beobachtungen"[19], also ihre Einordnung in einen planmäßig konstruierten Zusammenhang und ihre bewußte Wiederholung einer streng empirisch bestimmten Wissenschaftlichkeit zumindest nahekommt. Vor allem in der Medizin brachte dieses Vorgehen überraschende Erfolge. Für empirische Erkenntnisse, die sich öfter in der Wiederholung bestätigten, wurde der Begriff *theṓrēma*, analog der Bezeichnung für mathematische Lehrsätze, geprägt. Im stoischen Denken bezeichnete dieser Terminus eine allgemeingültige, notwendige Erkenntnis. Aus solchen *theōrḗmata* setzt sich die eigentliche Wissenschaft zusammen.

Dem Fortschritt von der unmittelbaren, unreflektierten *aísthēsis* hin zu den *theōrḗmata* entspricht nach Auffassung der Empiriker nicht nur das 'Wissenschaftlichwerden' der eigenen Erkenntnis, sondern auch die Entwicklung der Wissenschaft als ganzer (die *Wissenschaftsgeschichte*). Ihr wendet sich das zweite Grundprinzip des Empirismus, die *historía* als Prinzip der Verwendung fremder Beobachtungen, zu.[20] Dieses

Prinzip ist um so notwendiger, als die Fülle der sinnlichen Wahrnehmungen schwerlich in einem Menschenleben bewältigt werden kann. „Die Berücksichtigung früherer Forschungsergebnisse war dabei für den Empiriker um so nötiger, als seine mehr passive als aktive Haltung in der Wissenschaft die Zahl der eigenen Beobachtungen auf Geringes reduzieren mußte."[21] In diesem Sinne ist die *historía* 'überlieferte Empirie'. Kriterium ihrer Glaubwürdigkeit ist die Übereinstimmung mit den eigenen Beobachtungen.

Ein drittes konstitutives Prinzip des Empirismus beschreibt den Weg zu den alle Erkenntnis erst ermöglichenden Erfahrungen *(hodòs epì tēn heúresin)*.[22] „Die Erfahrung stellt erst die Frucht des Suchens auf diesem Wege dar", dem „Übergang auf dem Wege des Ähnlichen"[23]. Als *Methode des Vergleichens* will dieses Prinzip den Übergang zwischen ähnlichen Wahrnehmungen ermöglichen; *Menedot*[24] nannte es das Prinzip der Wahrscheinlichkeit und des Möglichen, vermittelst dessen die durch das jeweilige Verfahren gegebenen Aussichten auf Erkenntnis in ihrem Wert zu bestimmen sind. Es ist der Versuch, auf jede apriorische Hypothese zu verzichten. Lediglich der praktische Erfolg der einzelnen Beobachtung rechtfertigt es, diese mit anderen Beobachtungen in Beziehung zu setzen und Schlüsse aus diesem Verhältnis zu ziehen. Auf diese Weise versucht das empirische Verfahren scheinbar unentbehrliche dogmatische Begriffe (*lógos, archḗ*, die platonischen Ideen, welche eine jenseits aller Empirie liegende Realität beanspruchen) durch die exakte Methodik der empirischen Wissenschaft zu ersetzen.

Die methodische Forschung, die zur Zeit des Hellenismus erstmals in größerem Umfang betrieben wurde, blieb nicht auf diese oder jene Wissenschaft beschränkt; der methodologische Fortschritt „ist vielmehr das gemeinsame Kennzeichen hellenischen Forschens nach Abschluß der spekulativen Philosophie"[25]. Repräsentanten sind *Aristarch* (Grammatik), *Menethos* (chronologische Geschichtsforschung), *Euklid* (Geometrie) und *Archimedes* (Physik). Bei ihnen allen bildet der Grundsatz von der Gesetzmäßigkeit und Erkennbarkeit der Naturvorgänge das Fundament gesicherter wissenschaftlicher Erkenntnis, losgelöst von der Denkweise der traditionellen spekulativen Naturphilosophie.

§ 13. Die stoische Philosophie

Im Gegensatz zum Empirismus stellte sich die stoische Philosophie bewußt auf den Standpunkt des Dogmatismus. Niemals, so *Zenon*, der Begründer der älteren Stoa, „dürfe der Weise etwas übereilt oder auf bloße Vermutung hin und ohne es wirklich zu wissen, annehmen, immer müsse er in seinen Ansichten fest und sicher und darum auch unwandelbar und konstant sein. *Sapientem nihil opinari* – der Weise dürfe nichts bloß meinen, das war in seinen Augen die einzige dem Ernste der Philosophie angemessene Weise der Stellungnahme."[26] Die der Philosophie angemessene Weise der Stellungnahme herauszuarbeiten ist das zentrale Anliegen der Stoa. Diesem Anliegen dienen die zum Teil unterschiedlich entwickelten Disziplinen der Logik, Physik und Ethik, welche die Philosophie als 'Kunst der Synthese' in einem einheitlichen System zu verbinden suchen.

Die Anfänge der Stoa liegen in der Philosophenschule des *Zenon*, benannt nach jener bunten Halle *(stoà poikilḗ)*, in welcher deren Zusammenkünfte regelmäßig stattfanden. Ursprüngliches Ziel dieser Schule war die bewußte Rückkehr zur *sokratischen* Philosophie, eine konservative Haltung als *Reaktion* auf das zeitgenössische akademische (skeptische) Philosophieren, das sich nach Ansicht der Stoiker mit dem bloßen Meinen zufriedengab und einem ethischen Relativismus verpflichtet war. Wie *Sokrates* wollte auch Zenon nichts anderes als die Menschen dazu bringen, „nicht zuerst und auch nicht so sehr für Leib und Besitz zu sorgen, sondern vor allem dafür, daß die Seele so gut wie irgend möglich werde"[27].

Der Ablehnung der Logos-Philosophie durch Empirismus und Skeptizismus genau entgegengesetzt ist die Hinwendung der Stoa zum *lógos*. Nur der *lógos* sollte Denken und Tun des Menschen bestimmen, und zwar in Verbindung mit einer 'wissenschaftlich begründeten Weltansicht', deren letztes Ziel das Wissen um göttliche und menschliche Dinge ist, „das als 'Weisheit' *(sophía)* freilich nur wenigen erreichbar ist, während die meisten sich mit dem Streben nach der Weisheit, eben mit der Philosophie begnügen müssen"[28]. Im Gegensatz zur epikureischen Philosophie werden die Bemühungen um die Weisheit in der Stoa keineswegs nur rein theoretisch gefaßt; das Ziel wahrer Weisheit erschließt sich in der aktiven Betätigung, welche das ganze Leben umfassen soll, und das seinerseits von dieser Betätigung her seine Bestimmung empfängt. Unter dieser Rücksicht ist die Stoa *'Lebens'*-Philosophie im eigentlichen Sinne, der Versuch, ein dem *lógos* gemäßes Leben zu führen.

Die Hinwendung zur Logos-Philosophie vollzog sich jedoch nicht dergestalt, daß die traditionellen Bestimmungen des *lógos* einfach rezipiert worden wären. Der Begriff des *lógos*, wie die Stoa ihn verstanden wissen wollte, enthält neben dem rationalen Element, der traditionellen Bestimmung des *lógos* als des Vermögens, die verschiedenen wahrgenommenen Objekte, Vorstellungen und Eindrücke zu sammeln und zu verbinden, um auf diesem Wege Überblick und Verständnis für ein Ganzes zu gewinnen, eine *Ordnungsfunktion* als Ausdruck jener universal geltenden Gesetzmäßigkeit und Folgerichtigkeit, der sich niemand zu entziehen vermag. Die als *lógos* bezeichnete Folgerichtigkeit dient nicht nur als Bestimmung des Gewordenen, Vergangenen, sondern ebenso des noch Kommenden, Zukünftigen. Der *lógos*, der nicht nur im Kosmos, sondern auch im Menschen waltet, ist darüber hinaus *Erkenntnisprinzip*, da er sowohl das äußere Geschehen wie auch unser Denken nach denselben Gesetzmäßigkeiten sich vollziehen läßt. Für die Stoa ist der *lógos* „nicht nur die denkende und erkennende Vernunft, sondern auch das geistige Prinzip, das die ganze Welt vernunftgemäß nach festem Plane gestaltet und allen Einzelerscheinungen ihre Bestimmung zuweist. Der *lógos* waltet für *Zenon* wie für *Heraklit* sowohl im Kosmos wie im Menschen. Zugleich weist er den Weg für ein Verstandnis des Weltgeschehens, das *Zenons* rationalem Denken wie seinem religiösen Gefühl gleichermaßen Genüge tat."[29] Was Pohlenz 'religiöses Gefühl' nennt, wurde in Gestalt einer philosophischen Theologie ebenfalls bestimmend für das stoische Denken. Auch diese philosophische Theologie ist durch ihren konsequenten Rückbezug auf die Logos-Philosophie charakterisiert. Der 'Gott' ist vor allem 'vernünftig' (logikós),[30] ja, er wird mit der Vernunft identifiziert,[31] weshalb die Bestimmungen des *lógos* unterschiedslos auf ihn übertragen werden können, z.B. als 'Vorsehung' *(prónoia)*,[32] welche gleich dem *lógos* die das Vergangene und Kommende bestimmende Gesetzmäßigkeit ist. Gott ist der '*lógos* der Welt' *(Chrysipp)*[33].

Aber trotz solcher theologischer Implikationen, die vor allem für die Rezeptionsgeschichte von Bedeutung sind, ist die Stoa *Philosophie*. Dies wird nirgendwo deutlicher als in den Bemühungen der Logos-Philosophie, angesichts des skeptischen Denkens am Begriff eines 'sicheren Wissens' festzuhalten. Da dieses gleichzeitig auch Grundlage des tätigen, 'äußeren' Lebens sein soll, nicht umsonst wurde ja die Ethik als auf festes Wissen gegründetes Tätigsein verstanden,[34] kann die stoische Erkenntnislehre nur *sensualistisch* sein (verstanden als passive Affektion von außen). Erst die Affektion von außen setzt den *lógos* in die ihm eigentümlichen Tätigkeiten ein, die im Beurteilen und im Prüfen der einzelnen sinnlichen Vorstellungen bestehen.

Zusätzlich kommt dem *lógos* die Funktion zu, die einzelnen Vorstellungen zu verarbeiten, indem er, von ihnen ausgehend, Allgemeinbegriffe bildet und die verschiedenen Vorstellungen sinnvoll miteinander verknüpft, um auf diese Weise die Grundlage für eine zielbewußte

Lebensführung zu legen. Diese Tätigkeit des *lógos* verbindet sich mit der gedanklichen Erfassung des Wesens eines Dinges, ist also *Begriffsbildung* im eigentlichen Sinne. Allerdings muß dem Begriff nicht unbedingt ein reales Objekt entsprechen. Die Allgemeinvorstellung wird lediglich zum *ennóēma*, zum „geistig geschauten Bilde, das aber nur in unserem Geiste und unserer Sprache existiert, ohne ein reales Objekt zu haben. Denn in der wirklichen Welt *ist* nur das Individuum, nicht der Gattungsmensch“[35]. Der *lógos* geht also über die unmittelbar sinnlichen Wahrnehmungen hinaus, insofern er *assoziativ* neue Vorstellungen und Begriffe bildet (durch Analogie, Privation, Variation oder auch Setzung des Gegenteils), die sogar von jeder körperlichen Vorstellung unabhängig sein können (etwa die Begriffe *Raum* und *Zeit* oder die *Werturteile*). Die Werturteile kommen dadurch zustande, daß das erkennende Subjekt die Dinge der Außenwelt nicht nur äußerlich wahrnimmt, sondern diese auch zu sich selbst in Beziehung setzt und auf ihren Nutzen bzw. Schaden hin überprüft.

Die Sicherheit des angestrebten Wissens, die Negation jeglichen Meinens, steht und fällt mit der Begründung der Tätigkeit des *lógos*, der Vernunftgemäßheit unseres inneren Vermögens. Insofern die Vernünftigkeit des *lógos* einmal dogmatisch behauptet wird, stellt sich die Stoa als eine Weise *axiomatischen* Philosophierens dar. Insofern aber versucht wird, die Vernünftigkeit des *lógos* – unabhängig von ihrer Setzung – in einer Art Begründungsverfahren aufzuweisen, geht die Stoa über das Setzen eines rein praktischen Postulates hinaus.

Die Vernünftigkeit der Tätigkeit des *lógos* erfährt ihre letzte Begründung in der Lehre vom *lógos spermatikós*, in der Lehre von der alles begründenden Weltvernunft. Einem 'Samen' gleich trägt der im Stoff enthaltene *lógos* die Konstitutionsfaktoren aller Dinge und die Ursachen alles Weltgeschehens sinnvoll auf ein festes Ziel hin, welchem der vernunftgeleitete Mensch durch sein vom *lógos* bestimmtes Tätigsein entsprechen soll.[36] Dadurch, daß die individuelle Vernunft an der Weltvernunft teilhat, ja eigentlich nur eine besondere Spezifizierung derselben darstellt, partizipiert sie an der durch diese grundgelegten 'Vernünftigkeit alles Wirklichen'. Die stoische Erkenntnislehre wurzelt entsprechend in einer von der Logos-Philosophie bestimmten *Kosmologie*, die sich dadurch auszeichnet, „daß das mit dem Leidenden, dem dem Quantum nach endlichen, weder der Vermehrung noch der Verminderung fähigen und an sich völlig qualitätslosen primären Stoffe verbundene *aetherische* Wirkungsprinzip Vernunft besitzt und so alles aufs beste und schönste gestaltet“[37]. Die Konkretisierung der Vernunft in eine *handelnde* und in eine *erkennende* läßt *Ethik* und *Erkenntnis*-

theorie (Logik) nur als Funktionen der *Kosmologie* zu, als die Konkretisierungen einer *finalen* Weltanschauung, deren Prinzip das einer universalen Vernunft ist, die nicht nur unwandelbar *(statisch)* ist, sondern gleichermaßen für Götter und Menschen Geltung beansprucht. Die stoische Kosmologie ist, zusammenfassend gesagt, die Lehre vom *lógos* als dem eigentlichen Gestalter der Welt.

In der stoischen Kosmologie begegnen wir dem Versuch, den traditionellen *Dualismus* in der Philosophie zugunsten eines strengen *Monismus* umzubilden. Der entscheidende Schritt zu einer solchen Umbildung ist in der Bestimmung der Welt als einer einheitlichen stoff-körperlichen Substanz zu sehen. Der *lógos* als weltgestaltendes Prinzip steht dieser 'Weltsubstanz' nicht unvermittelt, eine besondere Weise der Realität für sich beanspruchend, gegenüber, sondern ist ihr *immanent*. Man kann daher durchaus von einem stoischen *Materialismus* sprechen, wenn dieser auch zuletzt nicht konsequent durchgeführt,[38] sondern durch die Identifikation von *lógos* und Gottheit wiederaufgehoben wird. Der stoische Monismus vereint Stoff und Kraft, Materie und Geist zu einem einheitlichen Sein, das aus zwei Prinzipien zusammengesetzt ist, einer wirkenden Ursache *(poioún)* als dem aktiv gestaltenden Prinzip und der 'leidenden', passiven Materie *(páschon)*, die ihr je bestimmtes So-Sein von jenem aktiven Prinzip empfängt, von der eigentlichen *phýsis*, die ihrerseits ohne stoffliches Substrat nicht denkbar wäre. Analog zum platonischen Idealismus trägt die *phýsis* als Ursache alles Werdens das Prinzip der Selbstbewegung in sich. Bei aller stofflichen Gebundenheit ist sie „ein geistiges, vernunftmäßig den Stoff gestaltendes Prinzip. Sie ist nichts anderes als der *lógos*, der zum Sein ebenso notwendig und ewig gehört wie die Materie. *Lógos* und Stoff sind die zwei Seiten des einen Seins, der einen *ousía*“[39]. Die Lösung des alten Gegensatzes von Materiellem und Immateriellem liegt für die Stoiker in einem *Ineinander* beider, und zwar so, daß keines ohne das andere Bestand haben kann. Diese Lösung bestimmt die einzelnen Versuche der Stoiker, die individuelle Existenz der Einzeldinge zu erklären. Auch diese ist nur möglich aufgrund von *Verbindungen*. Das individuell qualifizierte Sein *(idíōn poión)* ist das Ergebnis je verschiedener Verbindungen des wirkenden, aktiven Prinzips mit dem Stofflichen, geradezu definiert durch die ihm innewohnenden Möglichkeiten zu mannigfacher Qualifizierung.

Die Welt selbst ist ein geschlossenes Ganzes, begrenzt und umgeben vom leeren Raum. Sie ist wohlgeordnet (ein *Kosmos*) und als Makro-Organismus anzusehen; *statisch* verharrt sie ständig am gleichen Platze und gilt als Erscheinung der *einen* Gottheit, des *lógos*, der die Welt in ihrer Ordnung begründet. Ähnlich wie die Argumentation des platonischen Dialogs ›Timaios‹ geht die stoische Philosophie davon aus, daß die Welt, die alles Leben umfaßt, selber nur als ein Lebewesen gedacht werden könne, ein weiterer Hinweis auf die *Materialität* der vernünftigen Weltkraft. Diese Kosmologie fand ihren adäquaten Ausdruck in der *symphōnía*-Lehre, die eine vereinfachte teleologische Metaphysik mit den stoischen Naturrechtsvorstellungen zu verbinden sucht. Die stoische *Naturrechtslehre* – die Vernünftigkeit des Ganzen, Umgreifenden erweist dieses auch als *Norm* für das individuelle Sich-Verhalten, welches immer dann vernunftmäßig handelt, wenn es seinen eigenen Willen mit der allgemein waltenden Weltvernunft in Übereinstimmung bringt und sich dieser unterwirft, so daß es nur so handelt, wie es *seine* vernünftige Natur, die in Wirklichkeit nur die Konkretisierung des vernünftigen Weltzusammenhangs ist, von ihm verlangt – wurde in der *symphōnía*-Lehre grundlegend für das ethische Handeln überhaupt. Das bedeutet nicht, das Individuelle würde zugunsten der allgemeinen Vernunft und ihrer unbegrenzten Geltung aufgegeben. Für das individuelle Verhalten bleibt das Prinzip der *sittlichen Selbstbeurteilung* bestimmend, das absolute Vertrauen in die eigene Vernunft, die stark genug sein sollte, um sich „als *orthòs lògos* gegenüber jedem Reize 'aufrecht' zu behaupten und unbedingt die Führung der Seele zu behalten. Dann ergibt sich von selbst die Einheit von Denken, Streben und Handeln, die keinen inneren Zwiespalt aufkommen läßt. Ähnlich hatte schon *Platon* in der Harmonie der Seelenvermögen unter Führung der Vernunft die Gesundheit und den besten Zustand der Seele gefunden."[40] Grundvoraussetzung ethischen Sich-Verhaltens ist das *homologouménōs zēn*, in Übereinstimmung mit sich selbst, mit dem individuellen *lógos*, wie mit der Natur überhaupt *(Kleanthes)* zu leben, welche infolge ihrer vielfachen Identifikation mit der Gottheit auch die Deutung, *homologouménōs zēn* sei die Formel für eine religiöse Ethik, zuläßt. So konsequent die stoische Ethik aus einem allgemeinen *Monismus* abgeleitet scheint, so konsequent muß sie diesen auch verwerfen. Die Berufung auf die Natur als letzte normgebende Instanz bringt mit innerer Notwendigkeit die Entgegensetzung von *Naturgemäßem* und *Naturwidrigem* hervor. Dadurch, daß das 'Naturwidrige' ausschließlich dem Individuellen, sich der allgemeinen Vernunft mehr oder weniger Entziehenden angelastet wird, während das 'Naturgemäße' der allen Individuen gleichermaßen innewohnenden Vernunft, dem *lógos*, zugeordnet wird, wird das Problem zwar verlagert, nicht aber gelöst. Es treten jene theoretischen Anstrengungen auf den Plan, die als *Theodizeeversuche* die Geschichte des Denkens bis heute bestimmen.

Eine erste ausführliche *Theodizee* findet sich in den Versuchen *Platons* in der ›Politeia‹,[41] die Unschuld des Gottes angesichts der Dysteleologien in der Welt zu erweisen. Ein Ergebnis war jener Dualismus, den zu überwinden die Stoa sich zum Ziele gesetzt hatte. Das vorweggenommene 'deus sive natura sive substantia' (Spinoza) der Stoa machte eine Lösung des Theodizeeproblems auf der Grundlage des traditionellen Dualismus unmöglich. Die Einheit der Weltvernunft, welche das Universum nach immanenter Zweckmäßigkeit gestaltete, die vollkommen, weil vernünftig war, galt es nun auch als solche zu erweisen. Die traditionellen Argumente einer Theodizee – Schuldlosigkeit des Gottes, individuelle Freiheit, Einheit des Guten und Rekurs auf den Mythos als die eigentliche, einer Theodizee angemessene Argumentationsweise – mußten nun in den Dienst einer *Kosmodizee* treten, einer Rechtfertigung der Vernünftigkeit der Welt angesichts partieller Unvernunft.

In seinen Versuchen einer konsequenten *Kosmodizee* entwickelte das stoische Denken Argumentationsschemata, welche die Geschichte des Theodizeeproblems in nachhaltiger Weise bestimmt haben. Die Argumentation der stoischen Kosmodizee bewegt sich auf drei Ebenen, der Erörterung des Verhältnisses von *Willensfreiheit* und *Determination*, des Versuches einer *Instrumentalisierung* des Übels (*teleologische* Fragestellung) und der Diskussion einer vom *Mythos* beeinflußten Alternative (*ekpýrōsis*-Lehre und 'ewige Wiederkehr').

Die Lehre von der Determination alles Seienden und die aus dieser abgeleitete immanente Vernünftigkeit aller Dinge hatten zwangsläufig die Leugnung des *physischen* Übels zur Folge; es hat eigentlich nur einen realen Grund in der irrigen Auffassung jener Menschen, die nicht in Übereinstimmung mit dem *lógos* leben und daher unfähig sind, die Vernünftigkeit des Ganzen zu erkennen. Einziges Übel ist das *Laster*, die bewußte Abkehr von einem vernunftgemäßen Leben. Daneben ist alles andere, was immer Übel oder Leiden genannt werden mag, gleichgültig *(adiáphora)*.[42] Allerdings konnte diese Erklärung kaum befriedigen. Es waren daher weitere Argumente für die Vernünftigkeit des Kosmos zu erbringen. Den Rahmen dazu bildete die *teleologische* Metaphysik der Stoa; das Negative in der Welt sollte als Mittel betrachtet werden, die Welt in ihrer Vollkommenheit zu erhalten.[43] Die Vorsehung *(prónoia)* bediene sich des Übels zu 'pädagogischen' Zwecken – vgl. analoge *christlich-alteuropäische* Interpretationsschemata[44] –; es könne dem Weisen also nur zum Besten gereichen. Das Übel ist also folglich gar kein Übel, sondern eine Wohltat, es ist vom Weisen daher auch so aufzunehmen. Gibt es aber für diesen kein Übel, dann ist es auch unnötig, seinetwegen Gott oder den Kosmos zu rechtfertigen.

Die *Instrumentalisierung* des Übels, wie sie in der Lehre von den *adiáphora* zum Ausdruck kommt, korrespondiert mit der Auffassung von einem metaphysischen Übel *(malum metaphysicum)*,[45] in welcher die Unvollkommenheit der Einzeldinge geradezu zur Bedingung der Vollkommenheit des Ganzen erhoben wird. Die Welt als ganze ist zwar notwendig vollkommen, *nicht* aber ihre Teile, die nur insofern Bestand haben, als sie in einem bestimmten Verhältnis zum Ganzen stehen, an sich jedoch im Grunde *nichts* sind.[46] Vollkommenheit läßt sich daher nur von der Welt als ganzer behaupten. Das Böse ist als integrierender Bestandteil des Ganzen anzusehen, als die Gelegenheit des Guten, sich als solches zu erweisen. Trifft das Negative ein einzelnes Individuum, so besteht sein Beitrag zum Weltganzen darin, die Dissonanzen und Unzulänglichkeiten der Welt bereitwillig auf sich zu nehmen (kosmologisches Argument).

Hat das Übel seinen eigentlichen Grund in der bewußten Abkehr vom *lógos* (*moralisches* Übel), und soll dieser nach wie vor *alles* nach vernünftigen Gesetzen lenken, dann ist der Rekurs auf die Freiheit des menschlichen Willens unumgänglich. Andererseits evoziert diese Lösung sogleich eine erneute Antinomie: Wie lassen sich universale Determination und individuelle Freiheit miteinander vereinbaren? *Chrysipp* suchte diese Antinomie durch die Einführung von Haupt- und Nebenursachen (*causae principales* und *causae adiuvantes*) zu lösen. Nur die Nebenursachen werden der allgemeinen Determination angelastet, während die Hauptursachen, die zu einer bestimmten Tat führten, in der Freiheit des Willens des Einzelnen zu suchen sind. 'Wille' darf in diesem Zusammenhang allerdings nicht im modernen Sinne als eine 'psychische Energie' angesprochen werden, sondern meint hier ausschließlich eine Weise intellektueller Tätigkeit. Wenn *Chrysipp* daher den Willen des Einzelnen für das moralische Übel verantwortlich macht, meint er im Grunde den individuellen *lógos*, der eigenmächtig von der universalen Zweckmäßigkeit abweicht. Unter dieser Rücksicht ist das Individuum für seine Qualität, welche sich nach dem Grade der Übereinstimmung mit dem universalen *lógos* richtet, selbst verantwortlich. Die Entscheidung für oder gegen eine solche Übereinstimmung soll dem innersten Wesen des handelnden Subjekts entspringen.

Damit ist die Antinomie von individueller Freiheit und universaler Determination jedoch noch nicht gelöst. Im weiteren Verlaufe seiner Argumentation versucht *Chrysipp*, Vorsehung *(prónoia)* und freien Willen so miteinander zu vereinen, daß sich die Vorsehung jeweils der 'Willensentscheidungen' des Einzelnen bedienen soll, um vorbestimmte Ziele zu erreichen. Das Notwendige soll seine Verwirklichung in der Aufnahme und sinnvollen Lenkung der Einzelentscheidungen des Individuums finden.[47] Willensfreiheit in stoischem Verstande ist also nichts anderes als das Wollen des ohnehin mit Notwendigkeit sich Ereignenden und die individuelle Zustimmung dazu. Die Zustimmung des Verstandes soll erreichen, daß aus dem notwendigen Geschehen ein 'Gewolltes' wird. Die Verantwortung des Einzelnen beginnt da, wo er es unterläßt, das 'Wollen' des universalen *lógos* zu seinem eigenen zu machen: Die stoische Willensfreiheit stellt sich bei näherer Betrachtung als ihr genaues Gegenteil heraus. Im Hinblick auf die Lösung des Theodizeeproblems bleibt sie ohne tiefere Bedeutung. Der Vorwurf, *Gott*, – der *lógos* des Kosmos – verursache das Negative in der Welt, bleibt bestehen.

Das Scheitern der Versuche, die Vollkommenheit des Ganzen zu erweisen, macht deutlich, daß das monistische System der Stoa den Fragen nach dem Übel in der Welt nicht gewachsen ist. Die Relativierung des Übels und seine Verankerung im Vernunftgesetz der Natur erfordert vielmehr eine Erklärung, die auf der einen Seite den Schwächen des monistischen Systems der Stoa entgegenkommen, andererseits aber unwiderlegbar sein muß. Es galt das Unerklärbare als ein Notwendiges hinzustellen. Ähnlich wie in den Theodizeeversuchen *Platons* schien die *mythische* Argumentation hierzu den sichersten Weg zu bieten. Da sie selbst nur bedingt Bestandteil des monistischen Systems der Stoa sein konnte, war anzunehmen, daß sie von einer Kritik oder Widerlegung desselben auch am wenigsten betroffen sein würde.

Das Vernunftgesetz, das augenscheinlich trotz Determination, teleologischer Verfaßtheit der Welt und *lógos spermatikós* als individuellem Entwicklungsprinzip und Formalursache des Weltprozesses nicht imstande war, die Welt als *vollkommene*, organisch gebildete Einheit zu erhalten, mußte den weltimmanenten *negativen* Tendenzen schließlich weichen. Auf lange Sicht hin vermag es zwar ein Gleichgewicht unter den Elementen bewirken, mit dem dasjenige von Gut und Böse korrespondiert, kann aber die *diakósmēsis*, den entscheidenden Wendepunkt im Weltgeschehen, auf die Dauer gesehen nicht verhindern. In der *ekpýrōsis* gewinnt schließlich das Feuer die Oberhand und vernichtet in einem Weltbrand den gesamten Kosmos. Am Ende steht „die Rückkehr in den feurigen Urzustand, die *ekpýrōsis*, die aus der Vielfalt wieder die Einheit herstellt und eine *kátharsis*, eine Reinigung der Welt von allen Schlacken und Unvollkommenheiten bringt"[48].

Die stoische Theodizee als Kosmodizee erfährt ihre abschließende Formulierung in der Lehre von der *ewigen Wiederkehr des Gleichen*. In ihr soll jenen 'intuitive' Einheit der Anschauung konstituiert werden, welche allen Auseinanderlegungen, die sie im 'diskursiven' Denken erfährt, voraus und zugrunde liegt – dem *Mythos* eher verwandt als rationalem Argumentieren. Die Welt ist nichts Ewiges, sondern ein Stadium in einem Prozeß, der sich ständig und überdies immer in der gleichen Weise bis ins kleinste hinein wiederholt. Nichts ist einmalig, alles kehrt wieder.[49] Die Vernünftigkeit der Welt, die sich angesichts des Negativen schwerlich erweisen läßt, wird auf diese Weise doch noch einmal betont, wenn sie sich auch jeder Nachprüfbarkeit entzieht. Der Kreislauf der Welten soll die Verwirklichung des Notwendigen und Vernünftigen aus sich heraus hervorbringen; dem, der sich in diesen Kreislauf einfügt und ihn bejaht, kann kein Übel der Welt etwas anhaben.[50]

Ganz in der Linie der traditionellen Theodizeeversuche seit *Platon* ist das Ergebnis dieser Argumentation nicht eine Erklärung des Negativen, sondern eine Art *Trost* angesichts desselben, der in der Behauptung gipfelt, die Welt sei im letzten zwar hintergründig und übersteige in ihrer Vernünftigkeit unsere Vernunft, biete aber dem, der alles Vordergründige hinter sich gelassen habe und zum wahren Wesen der Dinge vorgestoßen sei, keinen Anlaß zur Furcht. Im Verhältnis zur Vollkommenheit und *Harmonie* des Ganzen werden die Mängel des Individuums zu unbedeutenden Begleiterscheinungen *(adiáphora)*. Der Weise, der im Einklang mit dieser Harmonie lebt, darf ihnen keine Bedeutung zumessen.

Auf diesem Hintergrund ist auch die stoische *Ethik* zu verstehen. Wie in der Kosmodizee ist in der Ethik die Argumentation *alternativ*. Es gibt zwar die Unterscheidung zwischen relativen und absoluten Werten, aber wie dort trotz des Negativen doch alles vernünftig und 'aufs beste geordnet' ist, so ist hier im Grunde nur die *Tugend* von Bedeutung. Vom absoluten Standpunkt der Tugend aus, die zur 'wahren' Glückseligkeit *(eudaimonía)*, der Harmonie mit dem 'All', führt, lassen die Menschen sich in zwei Gruppen aufteilen, in *Weise*, welche die unerschütterliche Sicherheit des Erkennens und Handelns besitzen, und in *Toren*, denen die 'Gesundheit des *lógos*' fehlt; diese wissen weder um ihr eigenes Wesen noch um ihre Bestimmung, wenn dies auch nicht sofort zutage zu treten braucht.[51] Da dem Toren jeder Wertmaßstab fehlt, hängt er sein Herz an das Äußerliche: „Zu keiner edlen Tat sind sie fähig; auch keine praktische Arbeit können sie in vollkommener Weise ausführen, weil ihnen die Einsicht in die letzten Zwecke des menschlichen Tuns fehlt. Niemals empfinden sie reine Freude, noch genießen sie seelischen Frieden. Sie haben kein wahres Vaterland, keinen echten Freund. Auch der Gottheit können sie nicht reinen Sinnes nahen. Ihr ganzes Leben ist Unsal und Elend."[52] Anders der Weise. Er ist *apathés*, er räumt den

Dingen nur den Stellenwert ein, der ihnen zukommt, und richtet sein Leben nach seinem eigenen sittlichen Urteil, frei von äußerem Zwang und von fremden Einflüssen. Im Gegensatz zu der epikureischen Lehre von der *ataraxía* bedeutet die stoische *Apathie* keineswegs den Verzicht auf Aktivität. Sie soll vielmehr das ungehinderte Wirken des *lógos* ermöglichen.

Gerade im Bereich der stoischen Ethik kommt dem *lógos* die entscheidende Bedeutung zu. Im Gegensatz zu *Aristoteles* ist nicht die *ousía*, sondern der *lógos* die Ursache der Dinge und ihrer Eigenschaften. Die *ousía* wird nur passiv gedacht. Daher ist auch der *lógos* die Norm aller Wahrheit; wahr ist, was dem *lógos* entspricht, der Quelle und Ursache aller Erkenntnis. Die Kategorien sind im stoischen Denken auch nicht so sehr wie noch bei *Aristoteles* die Aussageweisen, in denen das *Sein* zur Sprache kommt, sondern Kategorien des *lógos*. Ihm geht es weniger um die Einheit der Dinge *(Platon)*, noch um die Dinge, sofern sie sind *(Aristoteles)*, sondern um das *ti*, das *quid* als das Prinzip der Individuation. Dieser Unterschied wird bestimmend in der stoischen Auffassung von der Persönlichkeit und ihrer Vollkommenheit *(diáthesis)*. In ihr ist weder ein Anwachsen noch eine wie auch immer gedachte Verminderung möglich. Sie ist unveränderlich, da sie die ganze Disposition oder Struktur des Menschen angibt, die 'quidditas', die das einzelne 'sittliche Subjekt' als dieses bestimmte in Erscheinung treten läßt. Die Bildung der menschlichen Persönlichkeit vollzieht sich nach stoischer Auffassung in sich selbst geschlossenen Abschnitten, in deren jedem der *lógos* als letztes, unbedingtes Prinzip wirksam ist. Dieses handlungsnormierende Prinzip ist nicht etwa der allgemeine, kosmisch bestimmte *lógos*, sondern ein 'individuierter' *lógos*, welcher die jeweilige Persönlichkeit bildet. So wie dieser durch verschiedene, wesentlich unterschiedene Konstitutionsformen hindurch *wird*, wandelt sich auch in verschiedenen notwendigen Stadien die Persönlichkeit, bis sie zu der endgültigen Form gefunden hat, der jede Veränderung fremd ist. Damit ist das Werden der menschlichen Persönlichkeit als der lange Weg einer stufenweisen Entwicklung angedeutet, der in der stoischen Ethik ein weites Feld freien Sich-Entfaltens zugebilligt wird. Wenn anzunehmen ist, daß der Einzelne die absolute Identität mit sich selbst sein ganzes Leben hindurch als eine unbezweifelbare Tatsache zu betrachten gehalten ist, so erfährt er doch nicht minder deutlich, daß seine Persönlichkeit sich entwickelt, verschiedener Einstellungen (Urteile) und Beziehungen (Weisen des Verhaltens zu sich selbst und seiner Umwelt) fähig ist, und mit unterschiedlicher Sicherheit des Selbstbewußtseins handelt. Der Grund zu beiden Erfahrungen darf nach stoischer Auffassung aber nicht in nur vorübergehenden Umständen vermutet werden; er findet seine Erklärung in dem die Persönlichkeit konstituierenden *Ich*, das als letztes Prinzip allen Pflichten und Rechten und den daraus erwachsenden Handlungen zugrunde liegt. Sind diese 'naturgemäßen' Verhältnisse einmal erfaßt, lassen sich die Forderungen einer auf das konkrete Handeln bezogenen Ethik gleichsam 'deduktiv' erweisen.

Die stoische Lehre vom Aufbau der Persönlichkeit konkretisiert die auf die Ethik bezogene Interpretation der *télos*-Formel. Als *télos* (Zielpunkt) des vernünftig-sittlichen Handelns des Subjekts wird jene Lebensführung angesehen, „bei der man die wichtigsten und entscheidenden naturgemäßen Dinge wähle, aus einer seelischen Haltung heraus, die ein Abweichen von dieser Linie unmöglich mache“[53]. Mit dieser Umschreibung werden aber auch die Schwierigkeiten sichtbar, welche die stoische Naturrechtslehre wohl sah, von ihrem systematischen Aufbau her aber kaum überwinden konnte: das Naturgemäße als das alles normierende Maß der Dinge mußte notgedrungen zum bloßen Stoff des Handelns herabgestuft werden; die Minderung des Eigenwertes der naturgemäßen Dinge und die damit verbundene Überbewertung der subjektiven Auswahl der sittlich handelnden Persönlichkeit machte den Zirkelschluß unvermeidlich, „das Lebensziel sei das Wählen dessen, was durch das Wählen Wert habe“[54].

Die unterschiedlichen, mit dem stoischen Systemgedanken gegebenen *Antinomien* bildeten zudem den Anstoß zu den Versuchen einer Neuformulierung des Systems in den einzelnen Perioden der Stoa. Die sogenannte 'mittlere Periode', verbunden mit dem Namen des *Panaitios*, brachte die eigentliche Hellenisierung des stoischen Gedankengutes, wiederum nicht als festes System, sondern als *eine* Schule, welche die unterschiedlichen Denkrichtungen zusammenzufassen versuchte. Das ihnen allen Gemeinsame kam über die Tatsache der Rezeption der Lehren des *Zenon* und *Chrysipp* nicht hinaus: die Welt ist nicht nur – wie in der älteren Stoa – um des Menschen willen geschaffen; der Mensch selbst wird zum Herrn der Dinge: „Wir versuchen, mit unseren Händen in der Allnatur gleichsam eine *zweite Natur* zu schaffen.“[55] Die vom Menschen errichtete 'Kultur' wird zur 'natura secunda', die der Mensch sich selbst, seinem *lógos*, verdankt. Dies findet nicht zuletzt seinen Ausdruck in den Versuchen zu einer Ausbildung einer neuen *Staatslehre*, die sowohl dem allgemein herrschenden Individualismus als auch der Tatsache, daß die antiken Staatsgebilde weithin zerbrochen waren, Rechnung tragen sollte.

Ihre eigentliche Ausbildung und Systematisierung erfuhr die mittlere Stoa durch *Poseidonios*, und zwar „in der Vereinigung orientalischer und griechischer Wesensart [durch die er], eine Weltanschauung [schuf], in der sich Vorsokratisches, Platonisches, Aristotelisches und Stoisches zu einem wohlgefügten System verbanden“[56]. Dieses Urteil trifft nicht nur auf *Poseidonios*, sondern auf das stoische Denken, sofern es den Hellenismus prägte, überhaupt zu. *Poseidonios* wandte sich verstärkt dem zeitgenössischen *Synkretismus* zu, weshalb gerade sein Denken eine bewußt *religiöse* Wendung nahm (die *lógos*-Philosophie als Einheit von ‘Wissenschaft und Religion’). Für dieses Denken wird die Welt zu einem Gebilde, das mehr noch als der verstandesmäßige Pantheismus der älteren Stoa von der Allgegenwart des Göttlichen beherrscht scheint.

Siebtes Kapitel

PHILOSOPHIA, ELOQUENTIA, HUMANITAS

Die Schwierigkeiten, die die römische Philosophie einem Nachvollzug entgegenstellt, liegen zu einem großen Teil darin begründet, daß dieses Denken nicht in der Weise 'etwas Gegebenes' und Bestimmendes ist wie etwa die griechische Philosophie. Mit Recht wies R. Harder[1] darauf hin, daß „die Römer für die Wissenschaft, für die Schule, für die Bildung ein beunruhigendes Problem" bedeuten. Der eigentliche Grund hierfür ist ohne Zweifel die mangelnde 'Originalität' jenes Denkens. Wo dennoch von einer solchen die Rede ist, liegt sie gerade da, wo wir sie am wenigsten vermuten würden: die Originalität der Römer zeigt sich in der Aneignung des griechischen Denkens, im Eingehen auf eine gleichsam 'historische Notwendigkeit'. Die Tatsache, daß am Ende dieses Aneignungsprozesses nicht eine hellenisierte Nation steht, sondern eine Nation, die erst durch dieses Sich-Ausliefern an die andere, überlegene Kultur ihre eigene fand, verdeutlicht die Andersartigkeit jener 'Originalität'. Das häufig als 'unphilosophisch' apostrophierte römische Volk gewann in der produktiven Auseinandersetzung mit der griechischen Tradition jene Originalität des Denkens, wie sie am ehesten im Begriff der *humanitas* ihren Ausdruck findet. Eine Darstellung der römischen Philosophie kann daher nicht danach fragen, was die Römer der Philosophie Neues gebracht haben; in der Umkehrung dieser Frage liegt bereits die ganze Antwort bezüglich des Besonderen der römischen Philosophie.

Die römische Kultur vor der Begegnung mit der griechischen Philosophie ist durch zwei Größen charakterisiert: durch das *Recht* und durch die *Religion*, das eine in der Form unerbittlich-rationaler Abstraktion, das andere als ein besonderes Syndrom von Angst, Scheu, *fataler* Unsicherheit: der krassen Realistik der Lebensführung entspricht ein ebenso kraß realistischer *Aberglaube*. Das traditionelle römische Denken mußte entsprechend von seinen Ansätzen her allem Griechischen abhold sein, das in erster Linie als Angriff auf die Vätersitten verstanden wurde.[2] Dies läßt vermuten, daß gerade die epikureische Lehre sehr schnell in Rom heimisch und als 'Genußphilosophie' mißverstanden wurde. Ein weiterer Berührungspunkt mit der Philosophie dürfte die *Kunst* gewesen sein; Literatur und Bühnenpoesie ließen ein

Denken durchblicken, das gerade ob seiner Fremdheit als faszinierend empfunden wurde. Der entscheidende Kontakt mit dem griechischen Denken liegt jedoch als unmittelbare Folge der Expansionspolitik des römischen Staates vor uns, die auf drastischere Weise mit der Welt des Hellenismus vertraut machte: in den eroberten Griechenstädten erfolgte etwa zur Zeit der Punischen Kriege die erste Begegnung mit der Wissenschaft, mit Astronomie, Geometrie und Kosmologie. „Das hat sehr konkrete praktische Folgen: als im makedonischen Feldzuge ... eine Mondfinsternis eintritt, droht von diesem Ereignis eine katastrophale Wirkung auf die Moral der Truppe." Ein Liebhaber der griechischen Wissenschaft versteht es, „den Leuten die kosmologischen Gründe des Phänomens klarzumachen. Er hat durch Philosophie, so heißt es in unserem Bericht, das Heer ‚von der Furcht befreit'. Hier wirkt, und dergleichen beobachten wir noch sonst, die Philosophie als *Aufklärung*; sie gibt die Möglichkeit, Unbequemlichkeiten und praktische Hemmungen, die in der primitiven altrömischen Religiosität liegen, beiseite zu räumen."[3]

Der Versuch, die antike Philosophie unter dem Begriff der 'Aufklärung' zu fassen und als Ausdruck einer Denkweise zu interpretieren, welche „auf die Tröstung, Wahrheit sei unverlierbar"[4] und immer schon gegeben, verzichtet, wird nicht unwidersprochen bleiben. Andererseits spricht aber Einiges dafür, 'Aufklärung' nicht nur als die Sache einer bestimmten geistigen Epoche anzusehen, höchstens noch in Epiphänomenen und als Bildungsreminiszenz nachwirkend, sondern als ein fundamentales Anliegen ernsthaften Denkens. Wenn es wahr ist, daß Philosophie wesentlich nicht referierbar ist,[5] sondern in ihrem Gelingen davon abhängt, ob man sie als Prozeß begreift, dann ist das Anliegen der 'Aufklärung', der *Kritik* in der Totalität ihrer Anwendungen zum Durchbruch zu verhelfen, *Beobachtung* gegen falsche Metaphysik und bequemen Dogmatismus und *Vernunft* gegen Irrationalität zu stellen, nicht nur das Anliegen einer bestimmten Epoche. Das engere Programm aufgeklärten Denkens, „Antisupranaturalismus, Vermenschlichung der bisherigen absolut göttlichen und übermenschlichen Wahrheiten und Maßstäbe"[6], steht für ein Anliegen, das sich gerade auch im Prozeß antiken Philosophierens aufzeigen läßt.

Im Rahmen einer eher allgemeinen Charakteristik der römischen Philosophie, die eine relativ späte Phase der Rezeption der antiken griechischen Philosophie beschreibt, ist den aufklärerischen Implikationen antiken Denkens besondere Aufmerksamkeit zuzuwenden, da 'Aufklärung' *das* leitende Interesse ist, welches die schrittweise Rezeption der griechischen Philosophie durch das aufsteigende Römertum begleitete. Die Tatsache, daß die Aneignung der Philosophie durch die Römer sich weithin unter eklektizistischen Gesichtspunkten vollzog, deren übergeordnetes Interesse eine '*praktische* Philosophie' unter Hintansetzung aller mehr theoretischen Probleme war und die sich zumindest anfänglich die Emanzipation von den *mores maiorum* zum Ziele setzte, deutet darauf hin, daß die römische Philosophie bei allem Mangel an Originalität in unserem Sinne immer dort wirksam war, wo es galt, dem Überkommenen, Tradierten und zumeist fraglos Hingenommenen jene *Kritik* entgegenzusetzen, die Einsicht in die Dinge forderte und genau im Sinne des „typischen Rationalismus der Aufklärungsepochen" nichts anderes als die „ihrer Voraussetzungen methodisch noch nicht bewußt gewordene Ausdehnung der Geltungsgebiete"[7] (Ethik, Religion und Politik) intendierte. Die „unaufhebbare Voraussetzung" dieses Denkens war „demgemäß die Einengung von Begriff und Funktion der Geltung überhaupt auf den Begriff der Erkenntnis"[8]. In dieser Einengung liegt der Grund dafür, daß die Aufklärungsphilosophie über ihre *kritische* Phase hinaus aber auch regelmäßig das Opfer eben jenes Dogmatismus zu werden scheint, den zu überwinden sie antrat.

Die römische 'Aufklärungsphilosophie' ist gekennzeichnet durch die Ausweitung relativierender rationalistischer Argumentationsweisen auf die 'außerwissenschaftlichen Geltungsbereiche' der *Ethik, Religion* und *Politik*. Ethik und Politik waren vor der Berührung mit der Philosophie vornehmlich Mechanismen der das ganze Staatsleben beherrschenden Tendenz zur Legalisierung. Die diese Legalisierung stützenden Grundsätze hatten ihr Fundament nicht in gesicherten Erkenntnissen, sondern waren theoretisch formulierte rationale Willensäußerungen; sie hatten nicht nur ihren eigentlichen Ursprung in den irrationalen Bezirken einer von Macht- und Eigentumsbehauptungen 'abgesicherten' Realität, sondern waren darüber hinaus auch unmittelbar auf diese bezogen. Die Idee des 'Glücks' oder eines 'geglückten Lebens' konnte in diesem Vorstellungsraum nicht ohne weiteres Wurzel fassen. Die philosophische Ethik, die für die römische Philosophie kennzeichnend ist, mußte notgedrungen die Elemente vorphilosophischer ethischer Anschauungen aufnehmen, wollte sie überhaupt in Rom heimisch werden. Ihr Verdienst besteht in der konsequenten Umbildung dieser Anschauungen. Eigentümlich bleibt die Bestimmung der Ethik als einer Pflichten- und Güterlehre, die sich weithin an stoischen Grundsätzen orientiert. Das sittlich Gute wird auf diesem Hintergrund als *honestum* bestimmt[9] – allerdings ohne im engeren Sinne philosophische Begründung. Die Last der Begründung fiel weiterhin der Religion zu, die es von superstitiösen Elementen zu reinigen galt. Gerade die Rezeption der stoischen Naturrechtslehre und ihr Zusammentreffen mit dem römischen Legalismus konnte eine schrittweise Umgestaltung des letzteren einleiten; seit dem Auftreten des P. Mucius *Scaevola* wurde das altrömische Sakralrecht zugunsten des Zivilrechts zurückgedrängt, das sich unter dem Einfluß des *Panaitios* (Einflüsse 'geschichtsbewußten' Denkens) so ausgestaltete, daß das Naturrecht mit dem Völkerrecht als dem Recht der menschlichen Gemeinschaft *(societas humana)* gleichgesetzt wurde. Ulpian versuchte sogar, es auf die Tiere auszudehnen.

Der auf den stoischen Naturrechtsvorstellungen aufbauende *consensus gentium*[10] und das damit zumindest theoretisch postulierte Weltbürgertum, ohne das die Politik des Kaiserreiches undenkbar wäre, hat ebenfalls seine eigentliche Voraussetzung in der aufklärerischen Wirkung der Philosophie auf die altrömische Religion, die vornehmlich im genauen Achthaben auf Träume, Ahnungen, Warnungen und Zeichen bestand und der schlechterdings jede Sache 'ominös' war. Diese Wirkung ist eng verknüpft mit dem Namen des Q. Mucius *Scaevola* (des Jüngeren), der im Anschluß an *Panaitios* die Lehre von einer *dreifachen Theologie* entwickelte, einer der Dichter, einer der Staatsmänner und einer der Philosophen. Nur die letztere sei wahr, während in den beiden anderen nur ein Notbehelf für das einfache Volk zu sehen sei, dem die Lehren der Philosophen unzugänglich bleiben müßten. Während die Gotteslehre der Dichter auf Erfindungen *(inventiones)* beruhe und sehr vieles, den Göttern Unwürdiges enthalte und deshalb zu verwerfen bzw. höchstens auf dem Theater zu dulden sei, stelle diejenige der Staatsmänner in erster Linie ein politisches Institut dar, von eindeutigen Interessen bestimmt, welches sich zum Staate verhalte wie das Gemälde zum Maler. Die philosophische Gotteslehre war nach Q. Mucius *Scaevola* am vollkommensten ausgebildet in der Gestalt des stoischen Platonismus, grundgelegt im Timaios-Kommentar des Poseidonios. Die altrömische Religion als eine Art *Begriffsreligion*, die jeden Naturvorgang und jede Weise menschlicher Tätigkeit einem besonderen Gotte zuordnete und darüber hinaus auch keine Schwierigkeiten hatte, einen Begriff zugleich mit seinen Unterabteilungen als verschiedene Götter zu denken, konnte dieser philosophischen Religion nichts entgegenhalten. Wenn diese dennoch nicht durchdringen konnte, so hatte das in den *stoischen* Anschauungen, die mit dieser Religion verbunden waren, seinen Grund: die hohe Einschätzung des 'wahrhaft Weisen' und die Trennung zwischen ihm und der Masse derer, denen jeder Wertmaßstab fehlte und die weder um ihr eigenes Wesen noch um ihre Bestimmung wissen, ließen es nicht zu, die Lehre vom *lógos* allen zuteil werden zu lassen. Das zeigt deutlich – trotz *consensus gentium* und *societas humana* – die Exklusivität, welche diese Philosophie begleitet. Es schien dem *lógos* gemäßer, gegen eine 'Volksreligion in Grenzen' Toleranz zu üben als den *lógos* denen auszuliefern, denen das *télos* vernünftig-sittlichen Handelns notwendigerweise verborgen bleiben müsse.

Seinen adäquaten Ausdruck fand das römische Denken im *Probabilismus* der mittleren Akademie, welche sich zum Ziele gesetzt hatte, den Dogmatismus, der den älteren Platonismus begleitet hatte, zugunsten einer gemäßigten, an *Pyrrhon* orientierten Skepsis zu überwinden. Diese mehr theoretische Skepsis zu einer 'brauchbaren Lebensphilosophie' umgestaltet zu haben, die sich durchaus mit stoischem Gedankengut verbinden lassen konnte und in dieser Gestalt das römische Denken prägte, ist das Verdienst des *Arkesilaos*, des Schulhauptes der mittleren Akademie. Diese Popularphilosophie wirkte selbst weniger in verschiedenen Schulen weiter, die dieses Denken weiterentwickelt hätten; sie wirkte als die Überzeugung einzelner, gebildeter, sowohl in der Politik wie in der Literatur maßgebender Männer *(Cicero, Varro)*, welche die griechische Philosophie in „geschmackvoller Darlegung" (Windelband) und ohne selbständige philosophische Bedeutung zurechtlegten und zum 'Bildungsgut' umformten. Die engere Bedeutung für die Philosophie, die diesen Popularisatoren der antiken Philosophie zukommt, liegt jedoch auf einem anderen Gebiet. Gemeint ist die *Rehabilitierung der Rhetorik* innerhalb der Philosophie, auch hierin der frühen Aufklärung verwandt, die in der Gestalt der *Sophistik* eine ihrer Hauptaufgaben in der wissenschaftlichen und rhetorischen Vorbereitung auf die politische Wirksamkeit sah (die *forensische Rhetorik* als Technik staatsmännischer Ausbildung). Die Folgezeit, eingeleitet durch die Auseinandersetzung des *Sokrates* mit dem Subjektivismus der Sophisten, war dagegen weithin gekennzeichnet durch eine Diffamierung der Rhetorik, Zeichen für das Verkennen der Bedeutung der Sprache für die Philosophie – die synonymischen Bemühungen des *Prodikos* oder die grammatikalischen Überlegungen des *Hippias* zeigen deutlich die Bedeutung einer Reflexion des Problems des rechten Wortgebrauchs bei den Sophisten –, deren Folge unter anderem die Vernachlässigung der Frage nach dem jeweils angemessenen Medium des Denkens sein mußte: „die Verfolgung dessen rhetorischen Moments, durch welches der Ausdruck ins Denken sich hinüberrettete, trug nicht weniger zu dessen Technifizierung bei, zu seiner potentiellen Abschaffung, als die Pflege der Rhetorik unter Mißachtung des Objekts. Rhetorik vertritt in Philosophie, was anders als in der Sprache nicht gedacht werden kann.

Sie behauptet sich in den Postulaten der Darstellung, durch welche Philosophie von der Kommunikation bereits erkannter und fixierter Inhalte sich unterscheidet."[11] Die für die antike Philosophie auf weite Strecken hin charakteristische Tendenz, Sprache und Denken auseinanderzureißen – *Sprache* wird auf diese Weise zu einer *téchnē*, zur dienlichen Kenntnis von Fertigkeiten, die wohl Mittel, nicht aber Gegenstand der Reflexion sind –, fällt sogar hinter *Sokrates* zurück, der die *téchnē* noch als Paradigma echten Wissens bestimmen konnte. Unter dieser Rücksicht ist die Frontstellung gegenüber der Rhetorik auch eine zumindest partielle Zurücknahme aufklärerischen Interesses, insofern seine *relativierenden* Elemente, notwendiges Ergebnis einer intensiven Beschäftigung mit der Sprache, im Interesse eines objektivierenden Dogmatismus zurückgenommen werden, aber auch, insofern „die Abschaffung der Sprache im Denken" gerade „nicht dessen Entmythologisierung"[12] darstellt, sondern die naive Rückkehr zum Immer-Gleichen, dem Mythos Eigenen, wenn auch „schließlich zur formalen Denkgesetzlichkeit"[13] verdünnt. Trotz der kontrastierenden Überzeichnung beider Positionen gilt daher: „In der rhetorischen Qualität beseelt Kultur, die Gesellschaft, Tradition den Gedanken; das blank Antirhetorische ist verbündet mit der Barberei, in welcher das bürgerliche Denken endet. Die Diffamierung *Ciceros*, noch Hegels Antipathie gegen Diderot zeugen vom Ressentiment derer, denen Lebensnot die Freiheit, sich zu erheben, verschlägt, und denen der Leib der Sprache für sündhaft gilt."[14]

Die römische Philosophie, vor allem aber *Cicero* als der Wegbereiter dieser neuen Verbindung von Philosophie und Rhetorik, führte die verhängnisvolle Trennung von Sprache und Denken ebenfalls auf *Sokrates* zurück.[15] Sollte sie rückgängig gemacht werden, dann mußte der traditionelle Begriff von Philosophie einem neuen Modell angepaßt werden, was nichts anderes bedeuten konnte, als das theoretische Wissen den praktischen Zielen des Redners unterzuordnen. *Cicero* selbst stellte sich als Redner „in scharfen Gegensatz zu den berufsmäßigen Rhetoren, die die Philosophie verspotten und verachten, ohne die doch jene höchste Weisheit eines *Solon* oder *Perikles*, eines *Cato* oder *Scipio* nicht möglich ist"[16]. *Cicero* behauptete, *Aristoteles* verdiene ebenso den Namen eines Redners wie eines Philosophen.[17] Sollte die Rhetorik nicht bloß technisches Moment, sondern Bestandteil der Philosophie selbst sein, mußte ihr eine neue Grundlage geschaffen werden.[18] Als eine solche bot sich der *Probabilismus* der mittleren Akademie (*Karneades*) an; in ihm sah *Cicero* „eine vortreffliche Schule, um verständig über alles sprechen zu lernen, bei allem das Für und Wider abzuwägen und schließlich jedesmal das Wahrscheinliche oder Mögliche zu wählen, nämlich jene Meinungen und Urteile, die alle Aussichten haben, in den Versammlungen die Abstimmungen für sich zu gewinnen“[19].

Die entscheidende Voraussetzung dazu sah *Cicero* in der Abwendung der Philosophie von aller ‘müßigen Spekulation’ sowie in der Betonung der ‘Praktikabilität des Denkens’: nur wer seine Kenntnisse in die Tat umzusetzen vermag, besitzt sie wirklich.[20] Diese Kenntnisse wiederum sollen ausschließlich vermittelst der natürlichen Hilfsmittel des Verstandes gewonnen werden; ihnen kommt Wahrscheinlichkeitscharakter zu *(id quod in quoque verisimile est)*[21]. Sicherheit verleiht erst die Anwendung dieser Kenntnisse auf die Gebiete menschlichen Lebens. Die philosophische Bildung des Redners sollte *omnes philosophiae locos* umfassen; unter diesen sollte der Redner das finden, was *Cicero* gerade als *rem, de qua dicat, dignam auribus eruditis* bezeichnet. Unter dieser Rücksicht stellte selbst die speziellste Rede – etwa die Verteidigungsrede bei einem beliebigen Gerichtsprozeß – den Sonderfall eines „allgemeinsten Themas“ dar, so daß die Probleme der Philosophie sich weithin auf ein einziges reduzierten: die Philosophie, wie *Cicero* sie verstand, bot „keine andere Schwierigkeit als die, sie gut in Worte zu kleiden“[22]. Damit jedoch war die ‘dezisionische Einschätzung’, die in der klassischen antiken Philosophie der Rhetorik galt, auf die Philosophie selbst übertragen worden. War diese bislang der Inbegriff all dessen, was ‘Bildung’ im einzelnen umfaßte, so war es jetzt die *eloquentia*, „aufgefaßt als eine in sich vollendete Bildung, da sie alles Wertvolle an den vornehmsten Fachwissenschaften in sich einschließt und unter dem Gesichtspunkt des einen gleichen Zieles sammelt und ordnet. Eine so aufgefaßte *eloquentia* ist nicht nur die vollkommenste Form der Bildung, sondern auch die höchste, weil sie dem Menschen am meisten entspricht.“[23] Die Auffassung vom Redner als dem wahrhaft vollendeten Menschen – der *doctus orator*, welcher sich per definitionem zugleich als der *philosphus* erweist[24] – wirft bezeichnenderweise auch Licht auf die inhaltlichen Bestimmungen jenes Denkens, das seinen Maßstab in der Ausdrucksfähigkeit des Einzelnen findet. Das eigentliche Wissen *(elegantia doctrinae)*, das näher bestimmt wird als *eruditissimorum hominum artes*, bleibt immer auf den Menschen bezogen, bei dem sich Denken und Sprache nicht willkürlich trennen lassen, weshalb es keinen „großen Unterschied macht, ob man den Menschen als ein ‘vernunftbegabtes’ oder ein ‘sprechendes’ Lebewesen bezeichnet“[25], wiewohl *Cicero* selbst sich für das Zweite entschied. „Indem er so auf den Ausdruck des Gedankens mehr Gewicht legte als auf das Denken selbst, durfte er die Ausdrucksfähigkeit eines jeden Menschen zum Maßstab seiner *humanitas* selbst nehmen. Wenn die Sprache den Menschen ausmacht, ist man ein um so besserer Mensch, je besser man spricht."[26] Das Entscheidende an dieser Argumentation ist jedoch nicht die Bewertung des Einzelnen *ex artificio eloquentiae*, sondern die in dieser Bewertung sich Ausdruck verschaffende Tatsache, daß der *Mensch* über den Weg der Rhetorik in den Mittelpunkt des Denkens rückt (nicht umsonst konnte die Verbindung von antiker römischer Rhetorik und 'humanistischer Bildung' so dauerhaft fortwirken). Die Bedeutung des Menschen für das Denken und diejenige des Denkens für den Menschen fanden ihren adäquaten Ausdruck im Begriffe der *humanitas*, der materialen Bestimmung der römischen Philosophie und des eigentlichen Zielpunktes ihrer aufklärerischen Bestrebungen; sie galt es vermittelst der Kunst der *eloquentia* zu verwirklichen. Gerade unter diesem Aspekt ist die Rhetorik auch die römische Variante praktischer im Sinne von *politischer* Philosophie.

Der Begriff der *humanitas* beschreibt in erster Linie die Weise, in der die Haltung der Römer zur griechischen Philosophie reflektiert wurde. Darüber hinaus beinhaltete er die *Bildungstheorie*, die als die Frucht der Begegnung beider Denkformen angesehen werden darf. Aber der Begriff der *humanitas* ist noch weiter gefaßt. Er beinhaltet „die gesamte Kulturtätigkeit des Menschen und insbesondere die Wissenschaft. Zugleich wird aber hier die Menschlichkeit verstanden als *reine* Menschlichkeit; das Menschliche ist das eigentlich Menschen*würdige*. So tritt die Humanität in einen Gegensatz zum Alltag, zum Betrieb des praktischen Lebens. Die Beschäftigungen der *humanitas* sind Beschäftigungen der Muße; sie sind zweckfrei und haben ihren Wert in sich selbst."[27] Bereits die Bildung des Begriffs 'humanitas' weist auf seinen genuin römischen Charakter hin: ein entsprechendes Abstraktum vom Wort *Mensch* gibt es im Griechischen nicht, schon gar nicht in Verbindung mit jener im Begriff der *humanitas* ausgesagten Großzügigkeit, die von den strengen Notwendigkeiten der Realität abzusehen scheint.[28] Dennoch soll gerade in der Auseinandersetzung mit der Realität, mit der Politik, der Religion, dem Recht, selbst mit den Gefühlen und Leidenschaften, *humanitas* wirksam werden.

Eine Beschäftigung mit der römischen Philosophie unter diesem Vorzeichen kann einen der zentralen, aber auch voraussetzungsreichen Begriffe dieses Denkens nicht einfachhin zum Regulativ für alle Zeiten erheben und dem für die damalige Zeit aufklärerisch wirkenden, heute jedoch naiv erscheinenden Universalismus neue Regionen erschließen wollen. Das Sichberufen der Philosophie auf 'humane Traditionen' ist nur sinnvoll in der 'Transformation' dieser Traditionen.

Was kann Humanität konkret heute bedeuten? Als eine Form der Vernünftigkeit in den Verhältnissen der Menschen untereinander stellt sie eine Antithese zu jeder Form von Nihilismus und Gewalt dar. Sie bezeichnet den Versuch, den Menschen zur Geltung zu bringen, ohne transzendente Inhalte zu seiner Begründung heranzuziehen, darauf zu beharren, daß der Mensch für den Menschen das höchste Wesen ist; sie ist die Radikalisierung des Versuches, den Menschen durch seine Möglichkeiten das sein zu lassen, was er seinem Begriff nach immer schon ist.

Die materialen Bestimmungen, ohne die ein gutes und glückliches Leben nicht möglich ist, und die der Philosoph weder kraft seiner eigenen Anschauung setzen noch als Offenbarung entgegennehmen kann, sind nur gegeben als die Bestandteile von Traditionen, deren Bedeutung wesentlich auf der *Annahme* beruht, daß der Prozeß, als dessen Ergebnis diese Traditionen anzusehen sind, *irreversibel* ist. Diese Traditionen zu verwerfen würde heißen, 'heroisch' oder resignativ das Sinnlose trostlos ertragen zu müssen. Philosophie, die ein Interesse am Menschen hat, wird bei allem Ungenügen an den vorgegebenen Traditionen auf deren 'kritische' Rezeption nicht verzichten können. Das Ungenügen der traditionellen 'humanitas' ist offensichtlich: naturrechtliche Voraussetzungen (Stoa), Diffamierung der 'Arbeit', Ausfall der Reflexion des soziokulturellen Umfeldes. Darüber hinaus hat die Humanität zweitausend Jahre Inhumanität gegen sich. Dies zeigt jedoch, daß die Ergebnisse der Geschichte des Denkens nie Dogma werden können; würden sie es, dann nur unter der Voraussetzung, daß Geschichte ein bleibend Gültiges, Statisches, nur zum Schein der Veränderung Unterworfenes darstellt, dem Sakralität zugesprochen werden müßte. Wo unter diesen Voraussetzungen gedacht wird, ist die 'kritische Aneignung von Traditionen' unmöglich. Möglich ist sie einzig da, wo sich zwischen guten, weniger guten und verhängnisvollen Traditionen unterscheiden läßt – mit Kriterien, die diesem Denkprozeß immanent und daher immer neu zu suchen sind. Die Suche nach solchen Kriterien ist fest verknüpft mit dem, was die antike römische Philosophie unter Humanität verstand: die Notwendigkeit des Denkens, daran festzuhalten, daß Unmenschlichkeit nicht dem Begriff 'Mensch' entspricht und daß im letzten der Nicht-Humanist ein Nicht-Mensch ist. Als 'Mensch' dennoch nicht Mensch zu sein heißt aber in letzter Konsequenz, sich selber aus der ethischen Bestimmung der Existenz auszuschließen.

Achtes Kapitel

DIE BEGEGNUNG VON CHRISTENTUM UND GRIECHISCHER PHILOSOPHIE

§ 14. Zur Grundlegung des Dogmas

Das ursprüngliche Christentum war dem Dogma so fremd wie aller Philosophie. Desgleichen ist eine Affinität zur Gnosis erst relativ spät festzustellen, gleichsam als das sichere Indiz der fortschreitenden Mythologisierung eines anfangs ausschließlich historisch erfahrenen und geglaubten Geschehens.[1] Dieses Bild ändert sich mit dem Auftreten des Bedürfnisses, die Gestalt Jesu in die vorgegebene religiöse Tradition einzuordnen. Mit diesem Bedürfnis stellte sich die Frage nach der Richtigkeit und Legitimität einer bestimmten Exegese ein. Die Notwendigkeit interpretatorischer Verfahren, durch die die geglaubte historische Gestalt in ihrer unbedingten Bedeutung und Geltung transparent werden sollte, erforderte das Eingehen auf die zeitgenössischen religiösen Denkschemata, die durchaus mythologisch waren. Dies wird nirgendwo deutlicher als in der Theologie und Christologie der hellenistischen Gemeinden, „wo Jesus im metaphysischen Sinn als Gottessohn verstanden wurde, als ein großes, präexistentes himmlisches Wesen ..., offensichtlich mythologische Vorstellungen“[2], die auf die geschichtliche Person Jesu übertragen wurden.

Die Grundvoraussetzung dieser 'Remythisierung durch Auslegung' war das Bemühen um eine Objektivation der geglaubten Wirklichkeit (eines Jenseitigen) zu derjenigen geltender Positivität (zu einem Diesseitigen), ein Vorgang, der in seiner Intention und in seinem formalen Ablauf der philosophischen Argumentation verwandt diese in seiner Konsequenz in ihr Gegenteil verkehren mußte.[3] Dieses schillernde Verfahren eines bewußten Oszillierens zwischen der Subjektivität des Glaubens, die sich jeder Objektivation entzieht, auf der einen und der beanspruchten objektiven Geltung der Inhalte dieses Glaubens auf der anderen Seite ist die Geburtsstunde des Dogmas, der mit den Mitteln der Reflexion konstruierten objektiven Geltung des Mythos. Sein Eindringen in eine ihm von ihrem Ursprung her wesensfremde Religion beweist zudem erneut die Unabdingbarkeit des Mythos für die ‘organisierte’ Religion als deren Legitimationsbasis.

Das Neue und für die Philosophie Verhängnisvolle dieses Prozesses bestand in der Tatsache, daß sich die Religion einmal durch weitgehende Assimilation an die Philosophie Eingang in diese verschaffte und mit ihren Mitteln operierte, zum anderen sie aber gerade dadurch von innen her radikal auflöste und jene Instrumentalisierung einleitete, die das Schlagwort von der 'ancilla theologiae' für mehr als ein Jahrtausend rechtfertigte. Das Zugeständnis des *Kelsos*, die Barbaren verstünden es zwar, Lehren aufzustellen *(dógmata heureín)*, wenngleich die Griechen, also erst die Philosophie, in der Beurteilung und Weiterentwicklung dieser Lehren ihnen weit überlegen seien,[4] erfuhr auf diese Weise eine ungewollte Radikalisierung: das Dogma, das mit der Terminologie auch die Argumentationsweise der griechischen Philosophie übernahm und diese virtuos handhabte, setzte der Philosophie eben damit ein Ende.

Der Begriff des Dogmas, der seinen Ursprung in der griechischen Philosophie hat, in der er seit der Skepsis das eindeutige Verstandesurteil bezeichnete und damit die philosophische Deduktion schlechthin meinte, beanspruchte zur Zeit der Auseinandersetzung zwischen Christentum und antiker Philosophie noch nicht die heute allgemein vorherrschende Bedeutung des Wortes, ist aber doch mit der in dieser Bedeutung zum Ausdruck kommenden Sache eng verwandt. Die alte Kirche rezipierte *dógmata*, nicht aber den Begriff des Dogmas. Dieser war für eindeutig abweichende Lehrentscheidungen bestimmt. Die Kennzeichnung jenes Prozesses der Amalgamierung christlicher Theologie und rudimentärer antiker Philosophie als eines Dogmatisierungsprozesses, der die geistige Auseinandersetzung gegen Ende der Antike bestimmte, geht zurück auf A. v. Harnacks Historisierung des Dogmenbegriffs als des Inbegriffs derjenigen theologischen Lehrmeinungen, die sich auf dem Boden der antiken Welt bildeten.[5] Jedoch nicht zuletzt die Übereinstimmung des neuzeitlichen Gebrauchs des Begriffs in der Theologie mit der in der antiken Auseinandersetzung gestaltgewordenen Sache rechtfertigt es, den seit Kant diskreditierten Begriff des Dogmas auf das Ergebnis jener in mehr als einer Hinsicht historisch bedeutsamen Metamorphose der Philosophie zu übertragen.

Diese vollzog sich in mehreren Schritten. Ihnen allen ist wesentlich, „daß sich die alte Kirche von der spekulativen Metaphysik nicht hat überwältigen lassen, sondern an einem entscheidenden Punkt ihrer Dogmenbildung von ihr sich distanziert hat"[6], daß aber andererseits diese Distanzierung der Endpunkt der spekulativen Metaphysik war, insofern sie deren „innere Freiheit, ohne die es eine spekulative Metaphysik nicht gibt"[7], aufhob, und zwar mit den Mitteln der dieser Freiheit beraubten Spekulation.

Die griechische Metaphysik war von Anfang an Entmythologisierung, wenn auch in einem dem heutigen Verständnis entgegengesetzten Sinne, wie er in der Verschränkung von Mythos und Logos zum Ausdruck kommt. Beide sind an ihrem Totalitätsanspruch zu erkennen. Die mythische Unausweichlichkeit fand ihren prägnantesten Ausdruck in der Behauptung der Äquivalenz zwischen Fluch, ihn sühnender Untat und daraus erwachsender, den Fluch erneut reproduzierender Schuld (wie im Verhältnis des Ödipus zur Sphinx), welche die Ordnungsstrukturen produzierte, durch die der Mensch sich in dem ihm von den mythischen Mächten abgesteckten Bereich der Natur bewegen konnte. Die Aufklärung, welche die griechische Metaphysik dem Mythos entgegensetzte, ist konsequenterweise die adäquate „Beschreibung der Fluchtbahn des Subjekts vor den mythischen Mächten“[8]. Diese Flucht ist jedoch nicht die Negation der unerbittlichen Ordnung, welche durch den Mythos sanktioniert wird, sondern deren Legitimation durch die Institution. Negiert werden die Mächte, die diese Ordnung garantieren, nicht diese selbst. Trotz aller Entmythisierung ist die griechische Metaphysik daher im Grunde *rationalisierter Mythos*. Die universalen Mächte werden zwar depotenziert, aber nur zu rationalen *Prinzipien*, zu abstrakten Ordnungsschemata, welche die gleiche Totalität und Gültigkeit für sich beanspruchen: „die Kategorien, in denen die abendländische Philosophie ihre ewige Naturordnung bestimmte, markierten die Stellen, die einst Oknos und Persephone, Ariadne und Nereus innehatten, – rationalisierte Niederschläge der mythologischen Anschauungen“[9], die in allmählicher Reduktion auf das Subjekt zur konstitutiven Verschränkung von Mythos und Metaphysik in der antiken Philosophie beitrugen.

Das Instrument dieser Rationalisierung des Mythos war die *Hypostasierung*, der Versuch, einem Gedanken, einer Vorstellung oder einer Idee gegenständliche Bedeutung zu verleihen,[10] deren Ergebnis immer ein Relationsbegriff war, der seine Bestimmung von der Gegebenheit her erfährt, zu der er in Gegensatz gebracht wird (Erscheinung, Name, Gestalt, Wesen etc.).

Dieses Verfahren, das Zusammendenken von Begriff und gegenständlicher Realität, ist für den Dogmatisierungsprozeß von entscheidender Bedeutung. Hatte die griechische Metaphysik die Personifizierung der Naturmächte, wie sie der Mythos geleistet hatte, entweder in reiner Metaphorik aufgehoben oder aber durch eine ‘Prinzipialisierung’ des ehemals persönlich Gedachten ersetzt, so *hypostasierte* die Theologie auf der Grundlage desselben Verfahrens die Ergebnisse der *geschichtlichen Glaubenserfahrung*. Waren diese bislang ausschließlich an eine Person, an den historischen Jesus, gebunden, und nur dramatisch, in einem

Prozeß, in Verbindung mit der irdischen Geschichte Jesu als eines heils-*geschichtlich* bedeutsamen Verhältnisses zwischen Menschen und Gott, verstanden worden, so wurde im Verlaufe des Dogmatisierungsprozesses diese Dynamik schrittweise in *statischen* Definitionen aufgehoben, die Person und Begriff in eins setzten. Damit war, wenn auch von scheinbar entgegengesetzten Voraussetzungen her, die prinzipielle Affinität zum Mythos gegeben. Der Personalisierung des Prinzips im Mythos korrespondiert die 'Prinzipialisierung' im Sinne von *Dogmatisierung* einer Person bzw. des historischen Kontextes dieser Person. Beide heben das historische Moment in einer *Statik* auf, die im Unterschied zu derjenigen der griechischen Metaphysik den methodischen Rekurs auf das Subjekt der Spekulation nicht mehr zuläßt; die Ergebnisse der theologischen Spekulation waren, einmal definiert, vor jeder weiteren Spekulation geschützt. Hinzu kommt die grundsätzliche Positivität reiner Autorität als ein weiteres gemeinsames Kennzeichen von Mythos und Dogma.

Das Dogma als Produkt einer genau bestimmbaren geistesgeschichtlichen Entwicklung ist nicht nur das Ergebnis der Auseinandersetzung zwischen antiker Philosophie und Christentum, wenn es seine aktuale Gestalt auch dieser verdankt, sondern in gleichem Maße auch die Konsequenz aus einer tiefgreifenden Krise des theologischen Wahrheitsbegriffs. War der biblische Wahrheitsbegriff ausschließlich durch die 'Bewährung in der Geschichte' gekennzeichnet, etwa in der Eschatologie, so mußte ein Ausbleiben dieser Bewährung folgenreich für den theologischen Wahrheitsbegriff werden: Sollte weiterhin an der Wahrheit der von der Geschichte nicht ablösbaren biblischen Aussagen festgehalten werden, dann mußten diese auf dem Wege der Interpretation – durch die Methoden von Allegorese und Metaphorik – weithin ihres geschichtlichen Charakters entkleidet werden. Das Heilsgeschehen wurde nicht mehr ausschließlich eschatologisch (dynamisch und auf die Zukunft gerichtet), sondern mehr und mehr *inkarnatorisch* verstanden (von einem einmaligen Heilsereignis in der Vergangenheit her), so daß das einmalige Faktum der Inkarnation, losgelöst von der noch unabgeschlossenen prozessualen Kette des Heilsgeschehens, allmählich das ganze Heilsgeschehen, von dem es doch nur einen Teil darstellte, in sich begriff und, in *Sätze* und *Formeln* gefaßt und zum 'zeitlosen Ereignis' hypostasiert, alle Heilsbedeutung in sich vereinte. Die Wahrheit, die ursprünglich unabdinglich mit der geschichtlichen Person und ihrer Bewährung durch die Geschichte hindurch verbunden war, ist jetzt – von der Notwendigkeit einer derartigen Bewährung befreit – ein festformulierter *Satz*, eine allgemeine Aussage, die sich nicht mehr ausschließlich auf ein bestimmtes historisches Ereignis bezog, sondern in verschiedenen Graden der Beliebigkeit auf alle möglichen historischen Ereignisse anwendbar wurde. Das Dogma „spricht sich nicht mehr in dramatischen Kategorien, sondern in Seinskategorien aus“[11]. Seine Funktion ist derjenigen der mythologischen Kosmologien vergleichbar geworden: das ‘Jetzt’ wird in einem universalen kosmischen Zusammenhang gedeutet, wobei den Regeln, nach denen diese Deutung vorzunehmen ist, autoritativer (Gesetzes-)Charakter zukommt, der seine Legitimation von dem gerade Personifizierten bzw. Prinzipialisierten, sei dies Zeus oder eine trinitarische Hypostase, herleitet. Im Verhältnis zum historischen Geschehen, als dessen Ableitung und Vervollkommnung das Dogma sich begreift, ist seine Funktion mit derjenigen des Mythos identisch, und zwar in doppelter Weise: „Einerseits bestimmt er die Stellung des historischen Geschehens, das die Mitte der Heilsgeschichte ausmacht, in ihrer *absoluten*, schlechthin alles göttliche Geschehen umfassenden Weite, indem er es nach rückwärts und vorwärts über die Zeit des historisch Feststellbaren hinaus *verlängert*. Andererseits macht er *innerhalb* des Rahmens jenes historischen Mittelstücks selber den von Gott hergestellten Zusammenhang zwischen den verschiedenen historischer Ereignissen sichtbar, indem er sich in den Bericht über diese hineinstellt. ... In beiden Fällen ist das Wichtigste, daß auch außerhalb des historischen Rahmens und der historischen Zeit ein *Geschehen* angenommen wird, das demjenigen analog ist, das sich auf historischer Ebene abspielt“[12], ja diesem gegenüber mehr und mehr die führende Rolle übernimmt und das ursprünglich ‘kausale Verhältnis’ von Mythos und Geschichte bzw. Dogma und Heilsgeschichte es in eines totaler Abhängigkeit umkehrt.

Da die Geschichte dennoch weiterbesteht, ergibt sich als zweite Folge aus der die Dogmatisierung erst ermöglichenden Krise des biblischen Wahrheitsbegriffs, daß auch diese als weiterbestehende in diesen Deutungszusammenhang aufgenommen werden muß. Angesichts der mit der Hypostasierung des historischen Geschehens über die eigentlich historische Erfahrung hinaus behaupteten Zeitlosigkeit des Inhaltes des Dogmas bedurfte die Tatsache, daß es überhaupt noch Geschichte gibt, und vor allem, daß diese den in der Dogmatisierung dekretierten Plänen der Gottheit augenscheinlich zuwider lief, einer besonderen Rechtfertigung. Das Dogma übernimmt die Funktion, die H. Blumenberg[13] als die der Umschreibung und Rechtfertigung der „Umständlichkeit“ des Gottes bei der Finalisierung seiner Pläne beschrieben hat, die als „Ausbildung einer Grundgeschichte von Inkarnation und Erlösung von der kargen Heilsökonomie“ fortführt.

Das Zusammenschrumpfen der Bedeutung der Geschichte auf das inkarnatorische Geschehen birgt eine Reihe von Antinomien, deren Bewältigung das Dogma am meisten in Anspruch nahm. Diese Antinomien ihrerseits tragen zu einer Präzisierung und Subtilität des Dogmas bei und ermöglichen – im Sinne der Metaphorik – zusätzlich den Weiterbestand von 'Geschichten', die losgelöst von der realen Geschichte jenes mythologische Potential integrieren, das „zum Ausdrucksmittel des Vorbehalts und Widerspruchs gegenüber den Absolutismen einer theologischen Metaphysik“[14] auswachsen wird: der „abstrakten Darstellung einer fraglos gewordenen, ritualisierten Struktur“[15], der sich immer neue Elemente einweben lassen, ohne daß sie je gesprengt würde. Auf der abstrakten Ebene des christologischen Dogmas wird dies demonstriert durch die 'Zwei-Naturen-Dialektik', die zwischen den Antinomien von Inkarnation als realem geschichtlichem Ereignis und mythologisch geprägter Präexistenzlehre als des bei *Platon* undurchschaut gebliebenen Mythos von der Präexistenz der Seele vermitteln soll, die hier der dort festgehaltenen Allgemeinheit entkleidet und auf eine singuläre Ausnahme reduziert, diese Antinomie nicht auflöst, sondern nur verlagert und dadurch immer subtiler erscheinen läßt: von den zwei Naturen zu den 'zwei Willen' und von dort schließlich zur hypostatischen Union, in der das Inkarnationsgeschehen, der Ausgangspunkt des Dogmas – sein 'geschichtliches Apriori' – ganz aus der Zeit herausgenommen und in der Lehre von der Homousie des Sohnes mit dem Vater ganz in eine präexistente Wirklichkeit verlagert wird. Im gleichen Zuge wird die reale Geschichte darauf reduziert, das Material für Allegorese und Metaphorik bereitzustellen, welche die winzigen Kosmen des Erzählten dem Dogma eingliedern und auf diese Weise ein immer „dichteres, immer engmaschiger werdendes Netz bilden, mit dem die Formeln umgehen werden, um jeden Pfeilschuß von außen abzufangen. Hierin besteht zwischen den großen christologischen Parteien gar kein Unterschied. Die Väter werden dabei nicht als Zeugen, sondern als Autoritäten, als Richter zitiert. Diese immer dichter werdenden Massen von Autoritäten bilden wie die zweiundvierzig Totenrichter im ägyptischen Totenbuch mit gezückten Messern einen Kreis um jeden der Häresie Verdächtigen, aus dem es kein Entrinnen gibt.“[16]

Wie auf der theologischen Seite das historische Geschehen der Bibel zum bloßen Apriori des Dogmas wird, so auf der philosophischen die griechische Metaphysik zum bloßen Abstraktionsschema; das einzig Gemeinsame bleibt die stoische Grundvorstellung von Konkretion und Manifestation des Absoluten, wie sie in der Anwendung des Verfahrens der Hypostasierung zum Ausdruck kommt. War der antiken Philosophie beispielsweise eine eigentlich transzendente Wirklichkeit gänzlich unbekannt – selbst noch das platonische Urbild-Abbild-Schema und das Gesetz der Assoziation waren in ihren korrespondierenden Teilen Elemente derselben *immanenten* Wirklichkeit –, so zielte im Gegensatz dazu die Hypostasierung des Dogmas auf ein Transzendentes, der Zeit und dem Raum Enthobenes, weshalb der von ihm ausgehende *Dualismus* bei weitem radikaler als etwa der platonische war. War dort die *méthexis* (Teilhabe) wesentlich Leistung des begrifflichen Denkens, so bleibt sie im Dogma dem Ritus vorbehalten: die Teilhabe am unsterblichen Christus ist an das Sakrament gebunden.

§ 15. Die spätantike Kritik an Juden und Christen

Auch die folgenden Ausführungen beziehen sich auf ein Gegenwartsinteresse, aktualisieren also bestimmte Aspekte aus der Entwicklung der Philosophie in der Antike. Allerdings ist die Geschichte keine plane Abfolge feststehender Schemata, ebensowenig wie sich bestimmte Verlaufsformen einfachhin wiederholen, so daß neben Parallelisierungen auch eine fragwürdige Suche nach historischen Konstellationen ausgeschlossen bleiben muß. Die Inhalte der Restaurationsbemühungen des spätantiken Platonismus, um die es hier im wesentlichen geht, dürften gegenwärtig wohl kaum Entsprechungen finden. Die Interessen, die aus den dabei in Anwendung gekommenen Topoi sprechen, kehren aber in veränderten Konstellationen wieder, so wenn etwa die Motive, die hier gegen das Christentum ins Feld geführt werden, variiert bei vielen der selbsternannten Verteidiger eines sogenannten christlichen Abendlandes gegen eine verzerrt wahrgenommene multikulturelle Bedrohung überraschend gegenwärtig scheinen. Je disparater die inhaltlichen, desto augenfälliger sind die formalen Entsprechungen. Dabei wäre der platonisch gewendete Polytheismus zunächst einmal ebenso beiseite zu lassen wie jene Frühform des Christentums, Ziel der Polemik, die noch so wenig ausdifferenziert war, daß Kelsos zu seiner Zeit beispielsweise wohl kaum in der Lage gewesen sein dürfte, zwischen Orthodoxie und gnostischer Abweichung hinreichend zu unterscheiden.

Interessant sind die hier zur Diskussion stehenden Konstellationen, andere wären ebenso untersuchenswert, aber auch deshalb, weil in ihnen ein wohldurchdachtes Kultur- und Bildungsbewußtsein, das auf eine als unwiderleglich vorgestellte Grundwahrheit zentriert scheint, gegen „traditionsfeindliche Eindringlinge“ mobilisiert wird, wobei Denkvorgänge und Sinnbezüge artikuliert werden, die einen gleichsam zeitlosen Fundus des nicht nur theologischen Konservativismus zur Darstellung bringen. Es ist dies neben dem Beharren auf den alten Überlieferungen, dem *Autochthonen*, vor allem ein Optimismus, der sich im Besitze einer Wahrheit wähnt, zu der es nichts mehr hinzuzuentdecken gilt. Es kommt also vor der Einzeldarstellung der Argumente darauf an, zu betonen, daß „Kelsos nicht etwa losgelöst von seinem Kulturbewußtsein nur als Theologe" verstanden werden darf, „der ein recht subtil zugespitztes Dogma verteidigt. Das tut er ja gar nicht. Sondern ebenso wichtig wie die Verteidigung seines Begriffes vom Höchsten ist ihm die Verteidigung des Ganzen. Ohne die gesamte *enkýklios paideía* bleibt der zentrale Kern unzugänglich und unverständlich; nur wenn das ganze Bildungserbe verteidigt wird, läßt sich die Hauptsache verteidigen."[17] So erwächst seine „Theologie, ... für sein Verständnis bruchlos, aus einer in vielen Aspekten erfahrenen Bildung. Daß seine Gegner diese seit Urzeiten unterschütterte Harmonie entwerten, ja umstürzen möchten, obwohl sie im Detail der Bildung versagen, obwohl sie nur eine rudimentäre Theologie und entartete Traditionen, obwohl sie nur irrigen Logos und pervertierten *nómos* besitzen –, das hat Kelsos nicht verstehen können."[18]

Der Titel der wahrscheinlich 178 n. Chr. entstandenen Kampfschrift des Kelsos *(alēthḗs lógos)*[19] läßt verschiedene Übersetzungsmöglichkeiten zu: Wahrheitsgemäßer Beweis, Wahres Wort, Wahre Lehre, einzig richtige Lehre. Die Abfassung der Bücher des Origenes gegen Kelsos – über sie sind die Argumente des letzteren überhaupt nur zugänglich – wird allgemein in das Jahr 248 datiert –, dies nach einer Notiz des Origenes, er sei bei der Abfassung der Schrift gegen den *längst verstorbenen Kelsos* schon über 60 Jahre alt gewesen. Außerdem betont Origenes, er habe jeden Vorwurf des Kelsos überprüft und keinen übergangen, weshalb eine nahezu vollständige Rekonstruktion möglich ist. Hinzu kommen die Einheitlichkeit der Sprache, der Rhetorik, der philosophischen Begriffs- und einer in sich geschlossenen *heidnischen* religiösen Vorstellungswelt. Im einzelnen bedient sich Kelsos folgender Argumente: Die Christen schließen gesetzwidrige Verbindungen, und ihr Glaube ist barbarischen Ursprungs. Schon die jüdische Lehre, von der das Christentum ausgeht, ist unselbständig – die Propheten haben die Philosophen „bestohlen" (Umkehr des Justinschen Arguments von der *vera philosophia*). Die durch die Heimlichkeit ihrer Organisation bedingte Todesgefahr der Christen ist nichts, was ihnen eigentümlich wäre; auch Sokrates stand in dieser Gefahr. Auch ihre Ethik, sofern sie überhaupt etwas Vorbildliches ihr eigen nennt, ist in der Philosophie vorgebildet. Der Bilderdienst der Christen ist verwerflich. Bereits Heraklit und die persische Religion haben sich dagegen gewandt. Sodann schließt sich noch der Vorwurf der Zauberei an, und zwar im Kult (die Eucharistie), in der Auffassung von Christus als einem 'Zauberer' (vgl. die Wunderberichte). Schließlich läßt der Charakter des Christentums als Geheimlehre generell auf Zauberei schließen.

Die Christen halten ihre Lehre geheim und verleugnen sie, wenn sie zur Verantwortung gezogen werden. Anders verhält es sich bei den Philosophen: Der Anhänger eines *agathón dōgma* muß Bekennermut aufbringen und kann es auch, da das Gottverwandte in seiner Seele – *homoíōsis theố* – ihn zu Gott emporzieht. Zudem muß ein agathon dogma auch mit der Vernunft begründet werden können, während die Christen keine logische Rechenschaft über ihre Lehre ablegen wollen. Weil die Christen eine solche Rechenschaftsablage scheuen, muß die verstandesmäßige Prüfung ihrer Lehre von der Gegenseite vorgenommen werden. Eine solche Prüfung fragt nach dem *Ursprung*, nach dem *Charakter* und nach der *Authentizität* der christlichen Lehre.

Kelsos macht für die Authentizität einer Lehre zur Vorbedingung, daß ein Volk *„archaíon kai sophón"* (alt und weise) genannt zu werden verdient. Beide Voraussetzungen erfüllen die Juden, von denen wiederum die Christen abhängen, nicht. Ihre *historíai* sind von den Ägyptern, den Babyloniern (Sintflut), den Philosophen entlehnt und tendenziell gefärbt. Auch Mose fällt aus dem Katalog der Alten und Weisen heraus. Seinen Schriften stellt Kelsos Zoroaster und Pythagoras gegenüber; nur sie gestatten eine bildhafte Auslegung. Moses Schriften sind nicht zuletzt deshalb unglaubwürdig, weil sie gegen jedes bessere Wissen ein relativ junges Alter der Welt voraussetzen.

Die eigentliche Angriffsfläche für die Kritik bietet jedoch der judisch-christliche Monotheismus. Nur die Juden und Christen sind Monotheisten. Die *nómoi* der alten, authentischen Völker sind polytheistisch. Schon aus diesem Gru-nde ist der jüdisch-christliche Monotheismus ein Rückschritt gegenüber dem Polytheismus. Dieses *konservative* Argument besagt im Grunde: allein die Tatsache, daß das Christentum eine neue Bewegung ist, diskreditiert es im Verhältnis zu den Alten. Das historisch Fortschreitende ist ein philosophischer Rückschritt, oder modern ausgedrückt: Avantgardismus ist immer unwahr.

Hinzu tritt der Vorwurf der Inkonsequenz: die Juden sind nicht einmal überzeugte Monotheisten, da sie mit Hilfe der Dämonen Zauberei treiben. Die Christen sind ebenso wie die Juden von ihrem Stifter getäuscht worden: „Daß die Christen der Täuschung erlagen, war aber nur möglich, weil sie – wenn auch nicht ausnahmslos – ahnungslose Ungebildete sind." Beispiele dafür enthalte bereits die Biographie Jesu selber:

Der eigentliche Vater Jesu war ein römischer Legionär namens Panthera. Die Geburt aus einer Jungfrau entbehrt ebensosehr der Wahrheit wie der griechische Mythos in dieser Hinsicht, wenngleich dieser aufgrund seines Alters wenigstens allegorischer Deutung würdig ist. Das Christentum dagegen ist ein jüngst verübter Betrug.

Jesus kann auch nicht Gottes Sohn sein. Sein Leiden widerspricht dem Dogma von der Leidlosigkeit Gottes. Erlösung durch Leiden ist gänzlich unmöglich. Außerdem ist es nach der Lehre Jesu selbst kein außergewöhnlicher Vorzug, *huiós theoú* zu sein, dürfen doch alle Menschen diesen Anspruch erheben. Der Anspruch Jesu auf diesen Titel ist auch nicht durch die alttestamentarischen Prophezeiungen gerechtfertigt, da diese gefälscht sind.

Wenn Jesus auf seine Wunder als *érga megála kai thaúmata* (gewaltige und wunderbare Werke) verweist, so bedeutet dies wenig, da auch die Zauberer anderer Völker, etwa die Ägypter, solcher Werke fähig sind. Die Schrift selbst hält zudem viele Hinweise auf die Nichtgöttlichkeit Jesu bereit. Unter anderem zählt Kelsos auf: gewöhnliche Nahrung; gewöhnliche Zeugung; menschliche Emotionen wie Angst, Freude, Zorn, Leiden; mangelnde Autorität bei seinen Jüngern bis hin zum Verrat durch sie; keine Legitimation des messianischen Anspruchs, da dieser von den Juden abgelehnt wird.

Was immer das Christentum sonst noch ist oder zu sein beansprucht, es ist der Abfall vom *pátrios nómos* der Juden, ein Abfall, der um so erstaunlicher ist, als Jesus selbst den Tempelkult ausgeübt und nichts „Neues" gelehrt haben will. Der Nomos ist das Synonym für die Treue gegenüber jener Überlieferung, die sich in *Mythos und Logos* ausspricht. Während der Mythos für die Vielen da ist, ist der Logos die Gestalt des *nómos* für die Wenigen, die Erwählten, die Philosophen. Die *nómoi* sind aber auch jene Gesetze, die von Anbeginn an jedem Volk eigen sind und in ihrer Verschiedenartigkeit durch die Vielzahl der Völker erklärt werden können. Treue zu den Göttern und zu dem überlieferten Logos drückt sich in jedem Volk, gleich, welche einzelnen *nómoi* es bevorzugt, darin aus, daß die jeweiligen *nómoi* als verbindlich geachtet und anerkannt werden. Nur unter dieser Rücksicht kommt dann auch der kritisierten jüdischen Lehre relative Rechtmäßigkeit zu. Sie ist Ausdruck des *nómos* dieses Volkes, auch wenn sie weit unterhalb der griechischen Nomoi steht. Freilich ist diese Anschauung partikularistisch: So verbindlich und rechtmäßig der jeweilige *nómos* im Blick auf das jeweilige Volk ist, so schädlich muß er sich auswirken, wenn er auf andere Völker ausgedehnt oder ihnen gar aufgezwungen wird. Für die Christentumskritik des Kelsos folgt daraus: Die Christen verdanken sich dem Abfall vom *pátrios nómos* der Juden –, ihr *nomos* ist daher illegitim. Sie sind also *kein* Volk. Die Christen behaupten weiter, ihr *nómos* sei ein besserer als derjenige anderer Völker, weshalb er diesen aufgezwungen werden müsse, ein Vorwurf, auf den Origenes gelassen erwidern kann, die Christen stellten keinen nennenswerten Prozentsatz der Bevölkerung des Imperium Romanum dar.

Dem Argument, mit dem Kelsos den Universalitätsanspruch des Christentums zurückweist, liegt die Annahme zugrunde, durch die einzelnen Volksnomoi sei die Welt in verschiedene autonome Bezirke aufgeteilt, eine konservative Betrachtungsweise, die sich wohl auch gegen die politischen Vereinheitlichungsbemühungen der römischen Kaiser wenden ließ. Auf diesem Hintergrund muß das Christentum zwangsläufig zu einer „revolutionären" Bewegung werden: Wenn die historische Vergangenheit, wie sie sich in den jeweiligen Volksnomoi niedergeschlagen hat, als unabweisbare Pflicht gegenüber dem Geist der Väter die Gegenwart usurpiert, dann bedeutet es freiheitliche Willkür, sich dem zu entziehen. Nur ein gewaltsamer Akt, eine *religiöse Revolte* gegen den *nómos*, ermöglicht den Bruch mit der geschichtlichen Kontinuität. Folgerichtig ist *jede* religiöse oder ideologische Neuerung ein Aufstand mit politischen Konsequenzen. Es ist vor allem diese Argumentation des Kelsos, die ihn als Sprachrohr der „Wenigen", der geistig-konservativen Elite seiner Zeit ausweist, die gegen den allgemeinen geschichtlich-gesellschaftlichen Entwicklungsgang opponiert. Damit ist ein Problem des generellen Verhältnisses von Christentum und Tradition angesprochen.

Im Kontext des sogenannten *mittleren Platonismus* behauptet Kelsos, die Christen hätten die platonische Lehre mißverstanden und so in ihr Schrifttum übernommen. Außerdem ließen sie den Menschen nicht einmal genügend Zeit, diese mißverstandenen platonischen Lehren zu überprüfen, sondern verlangten sofortigen Glauben. Die einzelnen Argumente lauten hier: Im Gegensatz zu Platon (und damit zur Philosophie überhaupt) verweigern die Christen jede Auskunft über die Herkunft ihrer Glaubenslehre und verlangen von jedem, der ihnen beitritt, blinden Glauben. Sie verlangen blinden Glauben, weil sie nach dem Anspruch des Paulus Menschenweisheit als Torheit vor Gott erachten. Die Unterscheidung zwischen göttlicher und menschlicher Weisheit ist eine Verfälschung der hellenischen Philosophie. Die Christen nehmen für sich die göttliche Weisheit in Anspruch, die selbst Sokrates nicht für sich beanspruchte, und wollen sie auch noch den Ungebildeten vermitteln. Daraus folgt weiter: Die Flucht der Christen vor den Gebildeten und ihre Zuflucht zu den Ungebildeten ist ein alternatives Modell zur Philosophie und mit dieser unvereinbar.

Es folgen schließlich Beispiele für konkrete Widersprüche aus der Schrift, etwa Jesu Aufforderung zur Demut und das ganz und gar nicht demütige Sendungs- und Auserwählungsbewußtsein der Christen.

Dem Wesen der platonischen Idee als eines jenseitigen, unveränderlichen und transzendenten Seins, ja einer noch über das Sein hinausgehenden Wirklichkeit widespricht es zutiefst, aus sich selbst herauszutreten. Ein Heraustreten aus dem eigenen Sein bedeutete ja Veränderbarkeit. In den Augen eines Platonikers ist ein Herabsteigen Gottes zu den Menschen schlechthin absurd. Zwar wäre der umgekehrte Weg denkbar, der Aufstieg des Menschen zur Gottheit; er könnte sich ihr stufenweise annähern und gemäß der platonischen *homoíōsis theṓ* anzugleichen versuchen: So kann der Philosoph versuchsweise den Weg des Menschen zu Gott, dem *ánados*, aufzeigen. Es führt jedoch kein Weg von oben nach unten: Gott kann nicht – etwa als 'Mensch' – in Zeit und Geschichte eingehen – noch dazu, wie Kelsos betont, im verrufenen Palästina. Die christliche Zentralaussage von der Geburt des Logos als des Christus ist Anmaßung. Darüber hinaus ist es mehr als fraglich, überhaupt vernünftige Gründe für eine *káthodos tou theoú* (Abstieg des Gottes aus sich selbst) angeben zu können; die von den Christen selbst angegebenen Gründe sind entweder egoistisch, nur vordergründig altruistisch oder insgeheim heidnisch: Die Herabkunft Gottes auf die Erde widerspricht seinem Wesen, der Glaube daran ist seitens des Menschen anmaßend, und die Grundannahme einer strikten Trennung zwischen Gott und Welt, Geist und Materie ist unumstößlich, wie auch die verwandten Argumente bei *Porphyrios* und *Julian* zeigen.

Als Beispiele für die Argumentationsweise des Kelsos seien folgende Textpassagen (in der Übersetzung von P. Koetschau) zitiert (CC IV, 3): „Was hat denn ein solches Herabkommen des Gottes für einen Sinn? Etwa, damit er die Zustände bei den Menschen kennenlerne? Weiß er denn nicht alles? Er kennt sie doch, bessert's aber nicht, und es ist ihm nicht möglich, es mit göttlicher Macht zu bessern, außer wenn er jemanden zu diesem Zweck sandte? Aber vielleicht war Gott bei den Menschen nicht bekannt und glaubte dementsprechend weniger geehrt zu sein und wünschte deshalb wohl bekannt zu werden ... Die Christen legen also Gott einen recht großen und ganz irdischen Ehrgeiz bei. Nicht um seinetwillen, weil es für ihn Bedürfnis ist, erkannt zu werden, sondern des Heils (der Menschen) wegen will Gott uns Kenntnis von ihm geben, damit diejenigen, welche sie erhalten, tugendhaft werden und das Heil erlangen, diejenigen aber, welche sie zurückweisen und dadurch ihre Bosheit offenbaren, Strafe bekommen. Also jetzt, nach so langer Zeit, ist es Gott eingefallen, das Leben des Menschen zu richten: früher aber hat er sich darum nicht gekümmert?“

Die Entgegnung des Origenes auf Kelsos bedient sich vor allem geschichtstheologischer Gesichtspunkte: Weil die Geschichte voranschreitet, kann das Bestehende nicht als das allein Bewährte gelten. Dies muß auch für die Gotteskonzeption gelten. Auch Gott schreitet mit der Geschichte weiter und verharrt nicht an einem Punkt. Angesichts dessen ist das statische Denken des im Kosmos befangenen Philosophen uninteressant, weil irrelevant.

Porphyrios, der zweite Repräsentant der spätantiken Christentumskritik, wurde um 232 in Tyros in Syrien geboren und in Rom Schüler Plotins. Schon von seiner semitischen Herkunft her stand er dem Judentum nahe; in vorgerücktem Alter heiratete er die Jüdin Marcella. An der Darstellung und Überlieferung der Lehren Plotins war Porphyrios ebenso maßgeblich beteiligt, wie er den Neuplatonismus überhaupt als die authentische Interpretation des genuinen Platonismus und Aristotelismus herausstellte. In bezug auf den zuletzt genannten Gesichtspunkt aber ist vor allem seine Einleitung in die Kategorienlehre von Bedeutung. Ins Feld der Religionsphilosophie verweisen seine Plotin-Biographie und seine Schrift über die Enthaltsamkeit. Eine spekulative, gegen das Christentum gerichtete Religionsphilosophie, die den Neuplatonismus im Sinne einer Stütze des traditionellen Polytheismus reinterpretiert, legt erst der ebenfalls aus Syrien stammende Schüler des Porphyrios, *Iamblichos*, vor, der auch das religionspolitische Anliegen des Porphyrios systematisierte: den Versuch, die überlieferten orientalischen Kulte, Religionen und Mythen zu einem einheitlichen Ganzen zusammenzufassen, spekulativ zu durchdringen und als Alternative zum Christentum zu propagieren. Die entsprechenden philosophischen Kommentare schließen sich nicht mehr nur an platonische und aristotelische Texte an, sondern mehr noch an die Orphiker, Chaldäer, Pythagoreer und an die altägyptische Religion. Es ist bezeichnend, daß zumindest Iamblichos von seinen Schülern auch als Wundertäter verehrt worden ist. Einflußreichste Anhänger des Iamblichos wiederum waren der Kaiser Julian und dessen Freund Sallustius. Durch Porphyrios, mehr noch aber durch Iamblichos erhielt der Neuplatonismus ein traditionell religiöses Gepräge.

Die theologische Umbildung der neuplatonischen Religionsphilosophie setzte sich das Ziel, alle überlieferten wie alle nur denkbaren Religionen mit den Mitteln des plotinischen Systems zu einer Einheit zu verschmelzen. Mit Hilfe der neuplatonischen Metaphysik sollten die Göttergestalten der einzelnen Religionen in der Weise einer allegorischen Umdeutung unterworfen werden, daß sie sich jenen „Zwischenstufen" einfügen ließen, die im System Plotins zwischen *Hen* und *menschlicher Psyche* offengeblieben waren. Dabei sieht sich die Religionsphilosophie gezwungen, diese „Zwischenreiche" erheblich zu erweitern (etwa unter Zuhilfenahme des pythagoreischen Zahlenschematismus), wobei die Einzelheiten dieser polytheistischen Konstruktionen philosophisch wohl eher als belanglos zu gelten haben.

Ein Beispiel mag dieses Verfahren kurz illustrieren: Plotin unterscheidet in bezug auf den *nous* bzw. das *noētón* zwischen Denktätigkeit und Denkinhalt. Die theologische Konstruktion unterteilt das *noeton* wiederum in drei Teile (*péras, ápeiron* und *miktón*), die dann auch *patḗr*, *dýnamis* und *nóēsis* heißen; sie wiederum werden mit Größen wie *ousía*, *zōḗ* und *aiṓn* zusammengebracht, die, jeweils hypostasiert, in unterschiedliche Kombinationen zueinander treten können. Aus ihnen folgt ein ganzes Heer von Göttern. Ähnlich wird mit denselben Kategorien auf der zweiten und dritten Sphäre verfahren, woraus dann ganze Hebdomaden intellektueller Götter folgen, darunter die olympischen Götter in entsprechender allegorischer Umdeutung. Erst von hierher gewinnt beispielsweise auch das Argument des Porphyrios (vgl. fr. 78. 75) seine Plausibilität, nach dem die Bibel, welche die Verehrung anderer Götter voraussetze, implizit zu verstehen gebe, Gott habe diese Götter offensichtlich zugelassen, da 'Alleinherrscher' *(monárchēs)* ja nicht den allein Existierenden bezeichne, sondern den, der über gleichgeartete Wesen herrsche. Gerade die Alleinherrschaft Gottes setze also eine Vielzahl untergeordneter göttlicher Wesen voraus.

Der Prozeß, in dessen Gefolge die Frontstellung von Griechentum und Christentum insofern austauschbar erscheint, als beide Formationen auf Plotin zurückgehen (auch Origenes ist dem Neuplatonismus verpflichtet), enthält aber auch Momente der Übereinstimmung oder zumindest der gegenseitigen Annäherung. Das Vordringen des Christentums erzwingt die Theologisierung der Philosophie, die sich des supranaturalistischen Momentes der Religion annimmt – bis hin zu erstaunlichen Synthesen selbst in einzelnen Personen (man denke dabei an „christliche Neuplatoniker" wie den Bischof *Synesios*).

Ein weites Feld der Diskussionen und Kontroversen wird durch die Frage eröffnet, inwieweit Plotin selbst diese Vereinseitigungen vorgeprägt hat. Bekannt ist die Ablehnung des Christentums wie der Gnosis durch Plotin – mit dem Argument, sie leugneten die *Güte des Kosmos*. An dieser Kosmozentrik, die auch den platonischen Idealismus hinter sich gelassen hat, bemißt sich nicht nur die Ablehnung der Geschichte, die aus den Restaurationsbemühungen eines Porphyrios oder Julian spricht, sondern ebenso eine bei Plotin selbst bereits grundgelegte teleologische Naturauffassung, die einen *magischen Naturalismus* unwillentlich begünstigt hat. Aus der reinen Weltseele emanieren Götter, Gestirngeister und Dämonen, so daß der extreme Intellektualismus der neuplatonischen Hypostasenlehre gerade jeden Glauben und Aberglauben rechtfertigen kann.

Im einzelnen lassen sich die Einwände, die Porphyrios vorbringt, ebenso wie bei Kelsos nach historischen, metaphysischen und ethisch-praktischen unterscheiden. Dabei nimmt gerade seine Bibelkritik viele Einsichten der modernen Exegese vorweg. So betont Porphyrios (vgl. fr. 42, 43, 46, 68) die Haltlosigkeit der Berufung auf das hohe Alter der biblischen Schriften. Der Pentateuch stamme nicht von Mose, sondern sei erst 1180 Jahre später von Esra verfaßt worden. Auch das Buch Daniel wurde erst im Jahre 164 v. u. Z. verfaßt, während andere alttestamentliche Erzählungen, das Buch Jona beispielsweise, einfach als lächerlich bezeichnet werden müßten. Die Kritik an Gen 3 formuliert zugleich einen systematischen Einwand: es ist anstößig, daß Gott die Menschen an der Erkenntnis von Gut und Böse gehindert haben solle. In den Bereich der Theodizee verweist hingegen die Überlegung, es sei zwar sinnvoll anzunehmen, Gott habe dem Menschen die Bekanntschaft mit dem Bösen ersparen wollen – warum dann aber überhaupt eine Kenntnis des Guten?

Einen großen Teil der Kritik nehmen schließlich Überlegungen zu den alttestamentlichen Prophezeiungen hinsichtlich des Lebens und des Sterbens Jesu ein. Sie lassen sich am ehesten mit den Stichworten „Übertragung“ und „Rekonstruktion“ charakterisieren. Wäre Jesus nach seinem Tode bedeutenden Persönlichkeiten erschienen, hätte er auf deren Zeugnis hin Glauben gefunden und die Christen stünden nicht als Fabelerzähler *(mýthous allokótous)* da, die in Wirklichkeit einen Toten verehrten. In der Konsequenz dieses Arguments steht auch die *Kritik* an der *Apokalyptik*, die hier dreihundert Jahre nach ihrem Ausbleiben als verfehlte Künstelei *(sóphisma)* bezeichnet wird.

Die historische Kritik der Neuplatoniker bereitet die systematische Auseinandersetzung mit der „neuen Philosophie“ *(bárbaron tólmema)* vor. Inhaltlich bewegt sie sich in den Bahnen des Kelsos. Herausfordernd wirkt insbesondere die Verachtung des Wissens durch die Christen, sei Jesus doch offensichtlich erschienen, „vor den Weisen den Strahl der Erkenntnis zu verbergen“ und dazu anzuleiten, „nach Unvernunft *(alogía)* und Unwissenheit *(amathía)* zu streben“ (fr. 52. 54). Zu beachten ist ferner der plotinische Vorbehalt von der Güte des Kosmos gegenüber den Gnostikern und Christen. Gegen das Johannes-Evangelium führt Porphyrios ins Feld, sein starrer Dualismus von Reich des Lichtes (der Wahrheit, des Guten) und Reich der Finsternis (der Lüge und des Bösen) verbiete sich schon auf dem Hintergrund der Lehre von dem *einen* Kosmos. *Wie* soll der „Fürst dieser Welt" gerichtet und *wohin* soll er hinausgeworfen werden, wenn es doch keine *zweite* Welt geben kann? [Vgl. fr. 72. 73; man beachte die Parallele zur späten Kritik Nietzsches am Christentum, die im Vorwurf von der *„Hinterwelt"* gipfelt und dabei auch noch den Platonismus mit einbezieht.] Die aus der Lehre von dem einen Kosmos abgeleiteten kritisierten Naturwidrigkeiten berühren selbstverständlich auch den christlichen Auferstehungsglauben. Er ist, Julian wird diese Ansicht noch radikalisieren (Gegen die Galiläer 17. 18), Zeichen des äußersten Unverstandes, beweist er doch die Unfähigkeit der Christen, das Mögliche und das Unmögliche an den Dingen zu erkennen. Das Christentum ist, alles in allem – Kelsos, Porphyrios und Julian stimmen darin überein –, jene unannehmbare *Umwertung aller Werte*, die desaströs für die menschliche Lebensführung (Kelsos), anstößig für jeden *freien und denkenden* Menschen (Porphyrios) sowie eine fragwürdige Mischung von jüdischem Atheismus und den minderwertigen Elementen des Hellenismus (Julian) darstellt.

Jeder dieser Vorwürfe artikuliert auf seine Weise die Ressentiments eines konservativen Bildungsbegriffs gegen die vermeintliche Negation von Wissenschaft und Bildung, Besitz und bürgerlicher Wohlanständigkeit – letzteres vor allem auf dem Hintergrund, daß nach den Evangelien die Ungebildeten, Armen und Sünder, die Zöllner und Huren bevorzugt zum „Reiche Gottes" berufen sind.

Als eine Variante der bei Kelsos offensichtlichen Statik ist auch noch der Versuch *Julians des 'Apostaten'* (331–363) aufzunehmen, die antike/heidnische Religion gegen das im Kern bereits siegreiche Christentum zu mobilisieren und eine religiöse bzw. religionspolitische Restauration einzuleiten, deren Erfolg in den Augen Julians selber bereits davon abhing, ob sich die Institutionen der neuen Religion (vor allem die der Diakonie und Hierarchie) in den Dienst der repristinisierten alten Religion stellen ließen. Bei der Rekonstruktion dieses Unternehmens unterscheidet die Forschung drei Etappen: Restauration, Reform und Kampf gegen das Christentum. Dabei ist interessant, auch im Blick auf die diesbezüglichen Schriften des Kaisers – vor allem die Schrift ›Gegen die Galiläer‹ sowie die eher philosophischen Abhandlungen ›Gegen die ungebildeten Hunde‹ (i. e. die christianisierenden Kyniker) und seine ›Rede auf den König Helios‹ (den Sonnengott) –, daß alle seine Restaurationsbemühungen (bis hin zum Versuch des Wiederaufbaus des Jerusalemer

Tempels) erst nach seinem Aufbruch nach Antiochia (Juni 362) entschieden greifen bzw. überhaupt initiiert werden. Die Periode einer Regierungszeit, die den Hellenismus zur Theokratie gestalten will und zwangsläufig entsprechende Feindseligkeiten heraufbeschwört, umfaßt gerade ein Jahr im Leben des Kaisers. Auf diesem Hintergrund ist es, wie *Bidez*[20] betont hat, mehr als fraglich, ob sich der Restaurator des Polytheismus wirklich von Anfang an klargemacht hat, wie weit er getrieben werden würde. Handelte es sich um eine improvisierte Umstellung oder um einen vorbedachten Plan?

Die Schrift ›Gegen die Galiläer‹ bringt, im Lichte des Kelsos und des Porphyrios, nichts wesentlich Neues. Gleich Kelsos verteidigt Julian die Juden gegen die Christen, da diese ihren nationalen Überlieferungen treu geblieben seien, um sodann Juden und Christen gleicherweise vorzuwerfen, daß sie dem Alten Testament, lügenhaften Überlieferungen also, ergeben blieben. Diese Überlieferungen können sich nicht mit jener höchsten Weise der Philosophie messen, wie sie Julian vor allem in den ›Nomoi‹ und im ›Timaios‹ Platons repräsentiert sieht. Exemplarisch wird dies deutlich im Vergleich der alternativen Schöpfungsvorstellungen aus dem ›Timaios‹ und der ›Genesis‹.

Vor allem möchte Julian die Widersprüche innerhalb der biblischen Schöpfungsgeschichte herausarbeiten. So *„wird“* das eine auf Befehl Gottes (Licht, die Feste über der Tiefe), das andere (Sonne, Mond, Pflanzen, Tiere) *„schafft“* Gott, anderes *„ist“* einfach, bis es sich *„scheidet“* (das Wasser, das Trockene), während vom Geiste Gottes weder gesagt wird, ob er geschaffen oder geworden oder ungeworden ist. Paradieses- und Sündenfallerzählung wiederum sind gotteslästerliche Fabeln, deren Anthropomorphismus sie ad absurdum führt (das Verbot der Erkenntnis von ‘gut’ und ‘böse’ kann der Unwissenheit bzw. dem Neid Gottes auf den Menschen entsprungen sein). Auch die übrige Urgeschichte (Sintflut, babylonischer Turm und Verwirrung der Sprache) gehört ins Reich der Fabel, ist aber anders als die griechischen Fabeln und Mythen keiner allegorischen Auslegung zugänglich. Zudem ist die ganze Geschichte des jüdischen Volkes, wie sie das Alte Testament erzählt, höchst unrühmlich und entbehrt der *philanthropia* der anderen Völker. Nicht zuletzt deshalb sehen sich, ebenso wie die Christen, die Juden genötigt, sich der Philosophie und der Wissenschaften der Griechen zu bedienen. Die Gesetze (der Volks*nomos* der Juden) selbst, an anderer Stelle noch gerühmt, werden nunmehr allenfalls als Dokumente minderen Ranges qualifiziert: Außer dem Sabbatgebot und dem Verbot, andere Götter neben Jahwe zu verehren, enthält der Dekalog nur Selbstverständlichkeiten, wie sie sich auch in der Gesetzgebung anderer Völker finden. Nichts berechtigt Juden wie Christen, sich für das von Gott auserwählte Volk zu halten.

Auch die Vorbehalte Julians gegen den Messianismus treffen sich mit den von Kelsos her bekannten Argumenten. Nach jüdisch-christlicher Ansicht müsse Gott die ganze Weltgeschichte ausschließlich so zugunsten seines Volkes eingerichtet haben, daß für die übrigen Völker nur noch Sonne oder Mond übriggeblieben seien (man vgl. auf diesem Hintergrund die ›Rede auf den König Helios‹). Julian ist mit Kelsos auch der Meinung, daß das Leben, Leiden und Sterben Jesu nicht mit den messianischen Erwartungen der Propheten übereinstimme. Nimmt man andererseits wiederum diese Gesetze als Maßstab, desavouiert sich das Christentum zusätzlich, hat Gott doch den Juden nirgends ein anderes Gesetz als dieses in Aussicht gestellt und selbst seine Berichtigung verboten. Die Spannungen zwischen diesen Prämissen und dem, was die Christen daraus machen zu müssen geglaubt haben, sei schließlich auch für die Spaltung in ihren eigenen Reihen verantwortlich, wie Julian im Blick auf Markion betont. In den gleichen Zusammenhang gehört der Vorwurf (den *Kelsos* in dieser Schärfe noch gar nicht erheben konnte), die Christen verfolgten nicht nur die ihremVäterglauben treu gebliebenen Juden, sondern auch die Häretiker in den eigenen Reihen.

In der Konsequenz der Religionspolitik Julians, deren argumentativer Hintergrund im wesentlichen nicht neu war, hing der Fortbestand des Reiches von der Niederlage des Christentums ab, gleichsam die *praktische Variante* des für alle hier in Frage kommenden Rückwärtsbewegungen mit ihrem Gegensatz von 'alt' und 'neu' konstitutiven Argumentationsschemas. Der praktische Erweis der Überlegenheit der griechisch-polytheistischen Theokratie gegenüer dem Christentum war in den Augen Julians die Entlarvung Christi als eines falschen Propheten durch den Wiederaufbau des Tempels in Jerusalem.

Anders als Kelsos, der in gewisser Weise *taktisch* auf dem Gegensatz von Judentum und Christentum beharrte (um dann beide als monotheistisch zu verwerfen), sieht Julian, „bis auf die Tatsache, daß sie nur an einen einzigen Gott glauben", eine weitgehende Übereinstimmung zwischen Juden und Heiden. Der Monotheismus „ist ihre uns fremde Besonderheit. Alles übrige ist uns gemeinsam: Tempel, geheiligte Bezirke, Altäre, Reinigungen und gewisse Vorschriften, hinsichtlich deren wir uns kaum oder gar nicht unterscheiden", so die Schrift ›Gegen die Galiläer‹ [306 B].

Von daher läßt sich sogar der Monotheismus in gewisser Weise relativieren, ist doch der Gott der Juden ein *ethnarchischer* Gott, dem nur die Zuständigkeit über dieses eine Volk und seine Geschichte zukommt. Er läßt sich in die das Denken Julians bestimmende Idee sogenannter nationaler Schutzgötter integrieren.

Man hat von einem abgemilderten Polytheismus gesprochen, der die ethnarchischen Gottheiten in hierarchischer Weise einem höchsten Gott (Helios) unterordnet, ein Schema, das der Organisation des Imperium Romanum entlehnt scheint: Die Gottheiten der einzelnen Völker sind Provinzgouverneuren vergleichbar, denen ihre Befugnisse vom himmlischen Herrn des Weltalls übertragen werden. Ideengeschichtlich verweist diese Konzeption auf den Platonismus; die Völker wie ihre Götter, aber auch die nationalen Eigenarten, verkörpern in gewisser Weise Ideen, präexistente Typen, die in der Religion personalisiert werden. Es ist auf diesem Hintergrund konsequent, wenn Julian die Gesetze des Menschen durch seine Geburt bestimmt sieht. Die dem Einzelnen gemäße Lebensform ist die Religion seiner Heimat.

Der christliche Universalismus und sein Missionsgedanke widersprechen zwangsläufig einer Konzeption, die außerdem noch als Einspruch gegen jedes Geschichtsdenken verstanden werden muß. Sie verbindet sich mit der Unveränderlichkeit des platonischen Ideenkosmos, die, auf die Welt der einzelnen Volksnomoi projiziert, den kontingenten Bräuchen eine ewige Dauer zuerkennt. In einem der Briefe Julians können wir lesen: „Ich vermeide jede Art von Neuerung, und ganz besonders im Hinblick auf die Götter. Ich bin der Auffassung, daß wir uns an die Gesetze halten sollen, die unsere Väter von Anbeginn an gehabt und die offenbar ein Geschenk des Himmels sind. Sie würden nicht entfernt so gut sein, wenn sie nur Menschenwerk wären."

Eindeutiger ist eine Stelle aus der bereits zitierten Schrift gegen die Galiläer (116DE), in der Julian ausführt: „Unsere Schriftsteller erklären, daß der Weltschöpfer Vater und gemeinsamer König aller Menschen ist; daß er die Völker verteilt hat an Götter, die ihre Nationen und Gemeinden leiten, und daß jeder einzelne Gott über den ihm zugewiesenen Teil entsprechend seiner besonderen Natur regiert. Beim Vater des Universums ist alles vollkommen und eins; die einzelnen Götter dagegen unterscheiden sich untereinander durch das Vorherrschen einer bestimmten Eigenschaft. Ares regiert die kriegerischen Völker, Athena jene Nationen, die Klugheit mit kriegerischen Tugenden verbinden, Hermes diejenigen, deren Verstand größer ist als ihr Mut. So spiegelt jedes Volk die Natur derjenigen Gottheit wider, von der es regiert wird."

Parallelen zur gegenwärtigen Polymythie sind offensichtlich, man denke nur an den „polytheistischen Einspruch" wider den „Monomythos Christentum", eine Radikalisierung der „Arbeit am Mythos"

(H. Blumenberg) mit dem Ziel eines „aufgeklärten Poytheismus“, einmal als Konsequenz aus der *Er*schöpfung der sinnproduzierenden Funktion des Monomythos (logozentristische Philosophie und institutionalisierte Religion), zum anderen als Variante eines neuen Aufklärungsdenkens, das „spezifisch der modernen Welt angehört“ und die Freiheit eröffnet, „... ein Individuum zu sein“. Die moderne Befreiung des Menschen aus absoluten Kontroversen um das Absolute entlastet nicht nur von religiösen Absolutismen („Du sollst keine anderen Götter haben neben mir“, Ex 20,3), sondern auch von ihren säkularen Ersatzformen. Das „humane Prinzip“ eines Polytheismus ohne Götter finden seine historische Entsprechung in der politischen Gewaltenteilung, im lebensweltlichen Individualismus sowie im Pluralismus historischer und ästhetischer Geschichten („der Schritt vom Kult in die Bibliothek“). Für die Charakterisierung der polytheistischen Rückwende als ganzer schließlich drängen sich Überlegungen auf, die *R. Barthes* in seiner strukturalistischen Interpretation des Mythos entwickelt hat; sie sieht im Mythos die Rückverwandlung der Geschichte in Natur. Die Dinge verlieren den Status des Gewordenseins und gerinnen zu solchen, die ihren Seinsgrund in sich selber haben. Die Antinatur verkehrt sich in Pseudonatur. Der Mythos gründet die Dinge als Natur und Ewigkeit. Er verleiht ihnen eine Klarheit, die nicht die der Erklärung, sondern die der Feststellung ist.

In der großen Monographie über Julian von *Joseph Bidez*, die 1940 ins Deutsche übersetzt und mit einem Vorwort von *F. Dölger* in München erschien, stehen die folgenden, auf dem damaligen politischen Hintergrund beziehungsreichen Sätze: „Was von verschiedenen Seiten als die von Julian vertretene Geschichtsphilosophie bezeichnet worden ist, findet man in seiner Lehre von der Unveränderlichkeit der nationalen Typen und der Götter, die die einzelnen Länder regieren. Diese Lehre steht im Gegensatz zu den übernationalen und fortschrittlichen Tendenzen des Christentums und könnte veraltet erscheinen. Wenn auch bisher der Tempel von Jerusalem nicht wiederaufgebaut wurde, so hat das mystische Empfinden, das heutzutage überall die Rassengegensätze belebt und auch den Zionismus wiedererweckt hat, den Apostaten keineswegs ad absurdum geführt.“[21]

Mögliche wirkungsgeschichtliche Aspekte können hier selbstverständlich nur angerissen werden. So sind bis in die neuzeitliche und gegenwärtige Religionskritik vor allem die Argumente des Kelsos präsent geblieben, denen sich – Vollständigkeit läßt sich hier gar nicht anstreben – die folgenden Namen und Positionen zuordnen lassen:

1. *Aspekt der Kosmologie:* Kelsos stellt den Kosmos gegen die Ge-

schichte, das Altbewährte gegen das Neue. In der modernen Religionskritik ergreift *K. Löwith* gegen die Geschichte Partei für Platons Kosmosdenken; *M. Heidegger* denkt in der Polarität von abstrakter Geschichtlichkeit und Geschichte, *F. Nietzsche* spricht vom *amor fati* und der ewigen Wiederkehr des Gleichen.

2. *Das anthropormorphe bzw. anthropozentrische Gottesbild:* Kelsos kritisiert im *káthodos* die Umwege der Gottheit bei der Durchführung ihres Heilsplanes. Diesem Argument korrespondieren beispielsweise *L. Feuerbachs* Projektionsthese und die Kritik an der Vorstellung von einer Menschwerdung Gottes, die *K. Jaspers* im „philosophischen Glauben“ vorgelegt hat.

3. *Kelsos' Vorstellung von dem ánodos.* Gegen das Christentum ist der Aufstieg zu Gott für Kelsos nur den wenigen, Gebildeten, den *happy few*, vorbehalten. Man wird an *Schopenhauers* und *Nietzsches* Diktum vom Christentum als einem Platonismus fürs Volk erinnert.

4. *Der Komplex Nomos/Logos.* Was Kelsos hier ausführt, läßt sich zu der Aussage von einer Diastase von Ethik/Moralität und Offenbarungsglauben komprimieren. Hier ergeben sich Parallelen zu ethischen Positivisten wie *A. Comte* und *J.-M. Guyau.*

5. In der Kritik des Kelsos wie in der Entgegnung durch Origenes sind unterschiedliche, gleichwohl paradigmatische Antworten auf die sogenannte *Theodizeefrage* präsent, die auch gegenwärtig noch die Diskussion bestimmen. Erinnert sei in diesem Kontext an die Auffassung, die Frage „*Unde malum?*“ ließe sich nur noch über konkrete Symbole, nicht jedoch über abstrakte Spekulationen erschließen. In diesem Sinne erwartet beispielsweise *P. Ricœur* von einer veränderten Wahrnehmung des Mythos eine „zweite kopernikanische Wende“, in der die engen Schranken bewußtseinszentristischen Philosophierens gesprengt und Annäherungen an das Absolut-Andere in den Blick kommen: „Die Auflösung des Mythos als eines Erklärungsversuchs ist der notwendige Weg zur Wiedereinsetzung des Mythos als eines Symbolgefüges“.[22]

§ 16. Die spätantike Gnosis

Die spätantike Gnosis ist eine vielschichtige, ja heterogene Bewegung, deren geistiges Profil gerade wegen der unterschiedlichen Forschungsansätze bis in die Gegenwart schillernd geblieben ist. Es muß in dieser Kurzdarstellung also vordringlich darum gehen, einen Begriff des Gnostizismus zu gewinnen, von dem her die Übernahme wirklicher oder vermeintlicher gnostischer Themen in der Philosophie und in der

Religionsgeschichte erkannt und beurteilt werden können. Die Geschichte der Auseinandersetzung mit dem Phänomen der Gnosis in der Spätantike zeigt, daß bei dem Versuch einer Definition dieser vielschichtigen Größe jeweils einzelne Momente des gnostischen Schemas generalisiert und griffige Formeln vielfach den komplexen historischen Befunden übergestülpt worden sind. So könnte beispielsweise die Stilisierung der Gnosis zur Angst angesichts des gefühlten oder gewußten Verlassenseins des Menschen im Kosmos auf jede beliebige Religion zutreffen. Ähnliches gilt für die auf *Markion* fixierte Überbewertung eines angeblich genuin gnostischen Dualismus. Schließlich wird das Bild der Gnosis als eines historischen Phänomens vielfach von Neo-Gnostizismen verstellt, die das, was sie für Gnosis halten, als Heilmittel für die ideenpolitischen Verunsicherungen in der Gegenwart empfehlen. Die Gnosis erscheint hier als Prototyp esoterischer Religiosität auf, deren Heilssorge sich insofern mit dem historischen Phänomen der Gnosis verbinde, als es beiden um die Propagierung eines Heils zu tun sei, „von dem man bislang nichts wissen konnte". Schon in der ursprünglichen Gnosis begegne dieses Heil in der Gestalt eines erlösenden Wissens, denn „die Gnosis als Quelle von Einsicht und rettender Information ist nicht rationale Erkenntnis, sondern als mitgeteilte, göttliche Offenbarung, ein Wissen, das durch sich selbst erlöst und hilft. [...] Das alles wird nicht erklärt, begründet, bewiesen, sondern beteuert. Mit Rationalität hat diese Gnosis als Wissen [...] nichts zu tun. [...] Ob einer ein Gnostiker, Esoteriker, Erleuchteter ist, entscheidet sich schlicht daran, ob er das Wissen hat oder nicht. Wer sich nicht darauf einläßt, ist prinzipiell inkompetent und begreift nichts. Wer es vernimmt und begreift, stellt keine kritischen Fragen."[23] So ist ungeachtet des Erkenntnisaspektes, der schon aus der Bezeichnung 'Gnosis' (= Erkenntnis) spricht, der Mythos das eigentliche Medium dieser spätantiken religiösen Bewegung.

Als klassische Kurzformel des vielgestaltigen spätantiken synkretistischen Phänomens *Gnosis* können die nur vor der Folie des Mythos verständlichen Ausgangsfragen *Valentins* gelten, die lediglich auf den ersten Blick philosophische und theologische Assoziationen wecken: „Wer waren wir, was sind wir geworden; wo waren wir, wohin sind wir gestellt worden; wohin eilen wir, aus welcher Lage werden wir erlöst; was ist Geburt, was Wiedergeburt?"

Diese Fragen sind nur scheinbar philosophisch, wie sich sofort zeigt, wenn man sie im Lichte des ihnen vorgängigen Welt- und Daseinsverständnisses liest, der Geschichte vom Schicksal der Seele, ihrem Ursprung, ihrem tragischen Fall, ihrer Gefangenschaft und ihrer Befreiung, die sich im Aufstieg in die Lichtwelt vollzieht. Die Seele, Teil einer himmlischen Lichtgestalt, die im mythischen 'Einst' in der Gewalt der dämonischen Mächte der Finsternis geriet, ist analog dazu in den Körper eingeschlossen. *Gnosis/Erkenntnis* bedeutet das Bewußtsein von dieser Gefangenschaft und zugleich die Befreiung, die darin besteht, die Geschichte vom Fall der Seele zu *'erkennen'* und auf dem Hintergrund dieser Erkenntnis die Antwort auf die Ausgangsfragen Valentins geben zu können: „Aus der himmlischen Welt bin ich gekommen, und durch die materielle Welt bin ich nicht entstanden."

Hans Jonas hat in den dreißiger Jahren den Versuch einer Entmythologisierung des Gnosis vorgelegt. Darin reduziert sich der umständliche, in unzähligen Variationen durchgespielte Mythos vom Fall der Seele und einem verabscheuungswürdigen Kosmos auf das abstrakte Schema der Verlorenheit und Einsamkeit des Menschen in einer Welt, die als pure, indifferente Dinghaftigkeit erfahren wird. Jonas hat geglaubt, daraus den Schluß ziehen zu dürfen, erst die Anverwandlung des gnostischen Mythos durch die spätantike kulturelle Gemengelage habe, fortwirkend bis in die Gegenwart des abendländischen Denkens hinein, jenen Entzauberungsprozeß von Welt und Natur eingeleitet, der sie zum Objekt technisch-naturwissenschaftlicher Verfügungsmacht habe werden lassen – auch dies eine Spätfolge des Mythos und vielleicht der Beginn eines neuen, [noch] nicht durchschauten Mythos, des Mythos von der Machbarkeit der Dinge.[24]

Waren beispielsweise die Schöpfungsmythen und Urgeschichten an Göttern und überirdischen Mächten orientiert, und in den Königsmythen und Inthronisationsritualen ist der einzelne Mensch, der König, ja nur insofern von Interesse, als er als 'Sohn Gottes' das verbindende Glied in der Kette zwischen weltkonstituierenden Mächten und Welt darstellt, so ist der gnostische Mythos gleichsam ein *Mythos der Introspektive*, dem Götter und Dämonen, Kosmos und Pleroma, das, was man die *objektive Welt des Mythos* nennen könnte, nur insofern von Interesse sind, als sie das Geschick des *Selbst* des Menschen durchspielen. Auch in der Verkleidung durch den Mythos ist das Selbst des Menschen die einzige Wirklichkeit, die den Gnostiker bewegt. Die Gnosis ist Mythos, nicht Philosophie oder Theologie, aber sie ist weder ein Göttermythos noch ein kosmogonisches Mythologem. Zwar nahm sie die Themen der vorgegebenen archaischen oder auch bereits zum Bildungsgut in der Antike herabgesunkenen Mythologien auf, aber unter veränderten Horizonten und in anderen Kontexten. Der gnostische Mythos ist die Wiederholung mythischer Erfahrungen auf einer völlig neuen Ebene des Bewußtseins. Er entzweit die geschlossene Welt der archaischen Mythologie und sprengt die Einheit des mythologischen Bewußtseins, das nunmehr endgültig *dualistisch* wird. Die Einheit wandert vom Anfang an das Ende der erzählten Geschichte; sie ist nicht fester Bestandteil, Hintergrundfolie all der Metamorphosen, denen Götter und Menschen unterworfen sind. Sie muß vielmehr am Ende durch den Menschen selbst hergestellt werden. Damit tritt der Mythos in den Dienst einer affirmativen Anthropologie, die sich gegen die biblischen wie gegen die philosophischen Tendenzen einer Auflösung bzw. Überwindung des Mythos richtet.

Die Differenz der Gnosis zur Philosophie, gerade auch zu den spätantiken unterschiedlichen Ausprägungen des Platonismus, läßt sich kurz so charakterisieren: Während die Philosophie in der Spätantike den Mythos auf dem Wege über seine Allegorisierung im Diskurs beheimaten wollte, konstruierte die Gnosis ein in wenige Worte faßbares dürres Schema von der Angst und der Einsamkeit des Menschen in einer ihm fremd gewordenen Welt. Bedingung der zur absoluten Forderung erhobenen Erfahrung des je eigenen Selbst war das Dogma von der Nutzlosigkeit und Verfallenheit des Kosmos. Der gnostische Mythos ist die Peripethie, wenn nicht der Karikatur der Ursprungsmythologien, wie sie den Übergang von der archaischen zur alteuropäischen Welt markieren. Gegenwärtig an diese Karikatur anknüpfen zu wollen, kann entsprechend nur heißen, bewußt hinter die Einsicht in die Konstitutionsbedingungen wie in die Grenzen des Denkens zurückzufallen. Es ist kein Zufall, daß die Versuche einer Orientierung an den Synkretismen der Spätantike eine neue *Theorie der Gesamtwirklichkeit* erwarten, wie sie sich philosophisch und theologisch seit der Aufklärung als unmöglich herausgestellt hat. Diese Orientierung eignet sich den Mythos, auch im Sinne des veränderten mythischen Bewußtseins der Gnosis, nicht in spielerischer, befreiender, sondern in regressiver Weise an, in einer, wenn auch unfreiwilligen Parodie dessen, was der Gnostiker mit Hilfe seiner Erzählung vom Fall der Seele und der Fremdheit in der Welt eigentlich überwinden wollte. Die vermeintliche Theorie der Gesamtwirklichkeit, auf die der Neognostiker so stolz ist, zwingt den Einzelnen gerade ausweglos in jene Zwänge und Wirklichkeiten, die ihn umgeben. Schließlich bleibt noch an den Versuch zu erinnern, die Gnosis *palimpsestisch als Ortsbestimmung der Gegenwart* zu lesen und jene gnostischen Topoi im Gegenwartsdenken ausfindig zu machen, die eine zeitdiagnostische Prägnanz beinhalten. Ein solcher Topos ist *Max Webers* Bild vom „stählernen Gehäuse", eine gnostische Hieroglyphe, die in den verschiedenen Weisen des Auszugs aus dem stählernen Gehäuse entziffert wird, ein anderer *Ernst Blochs* Motiv der „Heimat" am Schlusse des ›Prinzips Hoffnung‹. Vergessen seien auch die verborgenen Dualismen in den Selbst- und Weltverhältnissen der Moderne nicht.[25] In den letzten Jahren ist die Gnosis vor allem durch Diskussionen um eine bestimmte geistesgeschichtliche Verlaufsfigur in den Mittelpunkt des Interesses getreten. Für diese Verlaufsfigur hat man den Begriff des „gnostischen Rezidivs" geprägt. Da diese Diskussionen zugleich für eine bestimmte Weise der Präsenz der Antike im spätneuzeitlichen Wirkungszusammenhang stehen, seien hier einige ihrer Hauptthesen kurz in Erinnerung gebracht.

Während sich die Gnosis traditionell ausschließlich auf die Erleuchtung und Erlösung des Menschen bezog, sie also als Religiosität im Gewande der Wissenschaft bezeichnet werden darf, verwenden in der Gegenwart unterschiedliche ihrem Selbstverständnis nach *wissenschaftliche* Disziplinen gnostische Schemata, um den gnostischen Mythos vom Fall, der Verblendung und dem Wiederaufstieg der Seele retrospektiv geschichtsphilosophisch zu instrumentalisieren. Vor allem H. Blumenberg und in seinem Gefolge O. Marquard haben den theologischen Rahmen der ursprünglichen Gnosis extrem ausgeweitet und mit politischen Konnotationen versehen. Dabei meint *gnostisch grundierte Politik* nichts anderes als den Einbruch der Weltfremdheit ins Politische. Im Hintergrund steht dabei die folgende, sicherlich auch folgenreiche Neudefinition der Gnosis, die in letzterer nichts anderes als „die Positivierung der Weltfremdheit durch Negativierung der Welt"[26] sieht. Plausibilität gewinnt diese Definition durch eine bestimmte Sicht der Neuzeit, die Blumenberg folgend in der Neuzeit den zweiten Versuch einer Überwindung der Gnosis wahrzunehmen glaubt. Die so verstandene Neuzeit ist das Zeitalter der Neutralisierungen, wobei der Nominalismus als zweite Gnosis dadurch überwunden wird, daß der weltfremde Gott der Nominalisten aus der Welt verdrängt wird – mit dem Resultat einer gottfremden Welt. Die 'entgottete' Welt ist nunmehr selbst für ihr Schicksal verantwortlich, sie ist dazu verurteilt, ihre eigene Bonität ständig unter Beweis zu stellen: „Die Menschen müssen die Wirklichkeit – bewußt oder unbewußt – selber machen, weil Gott gut ist und – angesichts der Übel, Antinomien, Antagonismen gut bleiben kann nur dadurch, daß es ihn nicht gibt."[27] Dieser „Deus emeritus" ist als Resultat der nominalistischen Omnipotenztheologie des späten Mittelalters die Negativfolie für das neuzeitlich angesagte Verfahren einer „Positivierung der Welt durch Negativierung der Weltfremdheit"[28], also gleichsam einer 'Gnosis zweiten Grades'. Die dezisionistische Allmachtstellung Gottes im Nominalismus angesichts der Fragen von Schöpfung und Erlösung war für die Menschen unverständlich. Die kurzschlüssige historische Perspektive Marquards sieht hier Konsequenzen, die bis zu den Konfessionskriegen reichen. Die Probleme, die sich damit auftun, schlichtet die Neuzeit durch Neutralisierungen, unter anderem durch eine Systematik, die anstelle der Weltnegation der Weltbewahrung dient. So neutralisieren die Institutionen des Staates die Heilsfrage, und die Neuzeit insgesamt neutralisiert die Eschatologie, sofern sie zu einer Würdigung der Welt auch ohne hypothetisches Heilsende vorzudringen vermag. Erträgt der Mensch aber eine Welt ohne Heilsende, dann nobiliert diese Haltung einen Schöpfergott, der im Sinne der klassischen Theodizeekonstruktionen als rechtfertigungsunbedürftig anzusehen wäre. Neutralisierung der Eschatologie und Verzicht auf Entlastung des Gottes vom Vorwurf der Verantwortlichkeit für das Negative, das Leiden und das Böse führen zur Einschränkung des Wirkens Gottes auf eben die Welt, die dem Gnostiker der Inbegriff allen Übels war und die gerade als solche jene Jenseitshoffnungen näherte, für die Apokalyptik und Eschatologie stehen. Folglich lenkt die Verdrängung der Gnosis die Heilserwartungen auf die Welt, die, im gnostischen Paradigma negativ konnotiert, nunmehr zum einzigen Feld menschlicher Selbstverwirklichung geworden ist. Der in dieser Welt wirkende Einzelne rückt daher gleichsam in Parallele zum Schöpfergott, dessen „bestmögliche aller Welten" zum Ansporn wird, seinerseits sein Bestes zu tun. Die vakante Stelle der Apokalyptik nimmt die Anthropologie ein, an die Stelle gnostisch inspirierter Verantwortungslosigkeit im Umgang mit der Welt tritt eine „desensationalisierte" Normalität, die das Außerordentliche, das für den Gnostiker das Selbstverständliche war, nicht nur in Randbereiche abdrängt, sondern die Eskapismen, die momenthaft diese Normalität in Frage stellen, ihrerseits anthropologisch rechtfertigt: Der bleibende Sensationsbedarf des Menschen erfährt seine Befriedigung in eben jenen institutionalisierten Bedürfnissen, auf die der säkularisierte Polytheismus reagiert. Nach der Zerschlagung aller Absolutismen gewährt er einerseits Entlastung, gefährdet aber gleichwohl die Zustimmung zur bürgerlichen Gesellschaft nicht. Ein möglicher erneuter Einbruch gnostischer Schemata müßte auf diesem Hintergrund befriedeter Weltzustimmung zumindest janusköpfig bleiben: er wäre einerseits fundamentalistische Regression, andererseits kulturrevolutionäres, ins Leere laufendes Aufbegehren.

Neuntes Kapitel

DER WEG ZUM EINEN

Die Entwicklung der nachklassischen griechischen Philosophie zeigt sich von zwei einander entgegengesetzten Tendenzen beherrscht, der *Skepsis* und dem *Dogmatismus*, der Verzweiflung daran, daß noch in irgendeiner Erscheinung des Lebens ein wahrhafter Wert sich verwirklichen lasse, und der symbolischen Umdeutung mythologischer und auch philosophischer Traditionen, desgleichen eine Form des Zweifels.[1] Zwischen diesen beiden Tendenzen, jede auf ihre Weise Ausdruck des *Dissensus philosophorum*, reiht sich die ganze Skala der Religionen, Pseudoreligionen und Erlösungsversprechungen, die den überlieferten Systemen 'überlegen' waren, da das Seiende, von dem diese reden, „als ein äußerlich Vorhandenes" erschien, „dessen sich das Denken mit Hilfe der logischen Operationen bemächtigen müsse. So hatte es seine unmittelbare Beziehung zu dem erkennenden Bewußtsein eingebüßt, und der Skeptizismus hatte leichte Arbeit mit dem Nachweis, daß zu einer solchen, unabhängigen vom Bewußtsein bestehenden Realität weder Wahrnehmung noch Denken *einen Weg* eröffneten."[2] Auf *Wege* aber kam es an. Wege versprachen die verschiedenen Mysterienreligionen, die Gnosis, selbst die vielfältigen Versuche der Allegorese wollten Wege sein, durch die *Wahrheit* sich erreichen lassen sollte. Darüber hinaus enthüllt die Suche nach Wegen zur Wahrheit ein tieferliegendes Problem, das unausgesprochen ebenfalls das Denken der Zeit bestimmte: die Differenz von *Einheit* und *Vielfalt* (Andersheit), die mit dem platonischen Dualismus und der Gegenüberstellung vom *Einen* als höchstem Prinzip (damit auch des *Guten*) und der *unbegrenzten Zweiheit* Eingang in die philosophische Diskussion gefunden hatte und diese – etwa in der Stoa in Gestalt des *lógos* als des Weltprinzips – mehr oder weniger ausdrücklich bestimmte. Konnte diese Differenz noch bei *Platon* auf dem Hintergrund eines geschlossenen, 'metaphysischen' Systems dazu beitragen, Wirklichkeit zu deuten und als Trostschema diese Wirklichkeit zu transzendieren, also einen *Weg* anzugeben, der nach Möglichkeit zur Überwindung des Vielen, Mangelhaften und eigentlich Nicht-Seienden führen konnte, so blieb von dieser Konstruktion, für die *Weg* und *Begriff* identisch waren, nur mehr die Metapher des Weges, das *Bild*, das wohl anzeigte, daß das Vorgegebene (Viele) nicht das Letzte sein könne, das aber auf die Frage nach dem Weg zum Einen, Guten die Antwort schuldig blieb.

Der Philosophie mußte sich jenseits des quasi-religiösen Synkretismus der Zeit nicht zuletzt auf dem Hintergrund ihrer genuinen Traditionen diese Suche „in der alten Frage nach dem Seienden darstellen. Nur das wahrhaft Seiende, in welcher Gestalt es immer bewiesen oder verkündet würde, vermochte dem Dasein des Einzelnen wie der Gesamtheit erneut einen festen Grund zu bieten. Alle bisher zu diesem Ziele benutzten Wege waren durch die Einwände des Skeptizismus verlegt. So kam es darauf an, einen neuen Weg zum Seienden zu eröffnen"[3], der gleichzeitig die Relativierung des Subjekts durch Skeptizismus und Dogmatismus überwand. In der Angabe eines solchen Weges liegt die Bedeutung *Plotins*.

Bereits *Philon* und mit ihren Mitteln auch die Gnosis gingen von einem ersten Prinzip aus, das über jede kategoriale Bestimmung hinaus keine positive Aussage mehr zuließ und in dem sich Möglichkeit und Wirklichkeit nicht mehr unterscheiden ließen. Sowohl dem Namen dieses ersten Prinzips wie den einzelnen Aussagen über sein Wesen konnte nur approximative Bedeutung zukommen; im Grunde ließ sich nicht einmal sagen, *daß* es ist. Diese Gedanken aufnehmend, erhebt *Plotin* die *apriorische Denkforderung* eines letzten tragenden Prinzips, über dessen Einfachheit und Höhe nichts hinausreicht, eine letzte absolute Einfachheit, die von jeder Differenzierung frei zu denken ist.[4] Dadurch, daß diesem Prinzip als einzigem wirklichen *Sein* zugesprochen wird, ist die apriorische Forderung nach dem Einen die „metaphysische Entstehung und Konstituierung des *Seins* schlechthin"[5]. Die apriorische Denkstruktur, die diesem Postulat vorangeht, bleibt auch für die Erfassung des Vielen bestimmend; die Antwort *Plotins* auf die Frage, wie aus dem Einen überhaupt Vieles entstehen könne, ist „abermals eine apriorische Aussage, insofern die faktische Existenz des Vielen für *Plotin* aufgrund der empirischen und noetischen Erfahrung bereits feststeht und er folglich mit der Frage 'Wie?' nur nach dem Modus und der Struktur des Hervorgehens, nicht aber nach einer metaphysisch auszudenkenden Begründung des Hervorgehens selbst fragen kann."[6] Sie erstreckt sich lediglich auf die verschiedenen Differenzierungen, die diesen Hervorgang begleiten; in der apriorischen Denkforderung sind sie bereits implizit enthalten.

Die plotinische Metaphysik, die in dieser Denkforderung gründet, versteht sich selbst als *Wissenschaft* von dem Einen, insofern dieses als erstes und eigentliches Prinzip *(archḗ)* Grund und Ursprung jedweden Seienden schlechthin ist *(prṓtē kai kyriotátē archḗ)*. Eine der Grundvoraussetzungen dieses Metaphysikbegriffs ist die Überwindung der Differenz von erkennendem Subjekt und angeblich unabhängig von diesem bestehender Realität, wie sie die Relativierung des Subjekts im Skeptizismus konzipierte. Das Denken, so lautet die Forderung dieser Metaphysik, muß sich selbst *in sich selbst* zurückführen. „Erst wenn das Denken diese Kehre *(periagōgḗ, epistrophḗ)* vollzogen hat, kann sich ihm die Frage nach dem Sein dessen stellen, was es als nach außen gewandtes Denken gesehen hat. Diese Frage wiederum macht es zum Ansatz, sich selbst in den Grund von Denken und Sein zu überschreiten *(ékstasis)*."[7] Erst die Reflexion des Subjekts auf sich selbst ermöglicht ein Überschreiten des Vielen auf das Eine hin.

Diese Grundfigur des metaphysischen Denkens *Plotins* gibt Aufschluß über das, was mit *Henozentrik* und *zirkularer Komposition* als entscheidenden Kriterien gemeint ist. Das Subjekt, das in der Reflexion auf sich selbst über sich selbst hinaus auch das Viele auf das Eine rückbezieht, zentriert alles Wirkliche um das *hen*, über das hinaus und hinter das zurück kein Weg möglich ist; von diesem her erfährt in einer im Denken nachvollzogenen Differenzierung – im metaphysischen Hervorgang des Nicht-Einen aus dem Einen, wobei in jeder Phase dieses Hervorgangs nach dem Einen gefragt wird – alles Nicht-Eine (Viele, Andere) seine Begründung. Sie erfolgt wiederum nicht auf deduktivem Wege, sondern gemäß der grundlegenden apriorischen Denkforderung im *konstatierenden* Rückbezug des Vielen auf das Eine, bei dem das Denken notwendig nur bei dem Einen auskommt. Insofern die Differenzierungen des Einen Stadien des Denkprozesses sind, der selbst ausschließlich in dem Einen gründet, wird das Denken im diskursiven Nachvollzug des Einen (das Eine *denkt sich* als Vieles) durch dieses zum Denken seiner selbst, „d.h. zum Denken seines eigenen Grundes gebracht. Durch das Berühren des Einen wird das Denken seiner selbst gewiß, was Ziel und Ende des denkenden Geistes ist. So ist das Denken ein in sich ruhender Kreis", der dazu noch zeigt, daß der Akt des Denkens eigentlich *zeitlos* ist, „denn durch die Selbigkeit von Anfang und Ende in ihm steht er unveränderlich außerhalb der Dimension des 'War' und 'Wird sein', allein in dem 'Ist' des *aiṓn* gründend"[8].

Der Hervorgang des Vielen aus dem Einen als Prozeß fortschreitender Differenzierung des Einen, der im Denken vollzogen[9] der Selbstdifferenzierung des Einen gleichkommt, wird entfaltet in einem System von Emanationen (Hervorgängen), Beschreibungen der Stadien jenes Kreislaufs, durch den im Fall (Zeitlichwerden) des Einen Vieles *wird* und in dem durch Rückführung des Vielen auf das Eine der Weg sich abzeichnet, der zur *hénōsis*, der Einung von Vielem, der Zeit Unterworfenem, und Einem, Zeitlosem führt.

In seinem System der *Emanationen* unterscheidet *Plotin* mehrere

Stufen (Hypostasen), die alle auf dem Hintergrund der *einen* Wirklichkeit zu sehen sind. Diese selbst gliedert sich in zwei Bereiche (Welten), in die obere, intelligible Welt *(kosmos noētós)*, und in die sinnliche, wahrnehmbare Welt *(kósmos aisthētós)*. Die intelligible Welt besteht aus drei Hypostasen, dem *hen* (Einen), dem *nous* (Denken, Vernunft) und der *psychḗ* (Seele). Diesen drei Hypostasen stehen diejenigen der sinnlich wahrnehmbaren Welt gegenüber, der *ouranós* (die Sternenwelt) und die *hýlē* (Materie), desgleichen die Menschen, die übrigen Lebewesen und die pflanzliche Welt, einschließlich des Unorganischen. Die Differenzierung der *einen* Wirklichkeit in zwei Sphären der Welt und in mehrere Hypostasen geht wiederum auf das Eine selbst zurück. Weil es vollkommen ist, ist es gleichsam 'übergeflossen', so daß es in seiner Überfülle Anderes hervorbringt – ohne nach etwas zu suchen, ohne etwas zu sagen, ohne etwas zu haben, ohne irgendeiner Sache zu bedürfen.[10] Grundlegend für das Verhältnis von Einem und unbestimmter Zweiheit (Vielheit) ist die Identität von Denken und Sein. Das Eine *denkt* sich selbst, und indem es sich selbst denkt, *ist es der nous*. Im Denken des Einen selber sind also die einzelnen Emanationen angelegt. Das Bild von 'Punkt' und 'Linie' kann dies verdeutlichen: die im Denken selbst grundgelegte Zweiheit (Differenzierung) als Prinzip *(archḗ)* der einzelnen Emanationsstufen ist in einem das Prinzip, gemäß dem der 'Punkt' (das Eine) in eine Bewegung übergeht, die eine 'Linie' bildet, auf der die einzelnen Hypostasen anzusiedeln sind. Dabei ist zu beachten, daß das diese 'Linie' ermöglichende Prinzip nicht schon mit der Bewegung selber *ist*; als Prinzip, nach dem das Eine sich als Vieles denkt und so das Sein der Ideen (einer Vielzahl also) konstituiert, wurzelt es selbst ausschließlich in diesem: das Eine denkend geht der *nous* aus dem Einen hervor.

Ähnlich der Hervorgang der *psychḗ* aus dem *nous*: der *nous* als das sich selbst denkende Eine *ist* Vielheit, aber nur Vielheit in bezug auf das Eine, dessen Denken der *nous* ist (der *nous* wäre demgemäß der *lógos* des Einen). Sobald das Denken des Einen, der *nous*, nun eine Vielheit denkt, die außerhalb seiner liegt, also nicht mehr wie in der Denkbeziehung zum Einen eine dieser Beziehung selbst inhärente Differenzierung ausdrückt, muß diese *neue* Vielheit in einem solchen Verhältnis zum *nous* gesehen werden, wie es analog in dessen Beziehung zum Einen zum Ausdruck kommt. In der Beziehung des *nous* zu einer derart bestimmten Vielheit wurzelt die *psychḗ* als weitere Hypostase, gleichsam der *lógos* des *nous*. Diese erneute Hypostase stellt einen weiteren Schritt des Einen in die Zeit hinein dar, gerade auch weil die *psychḗ* diskursiv – in *zeitlicher* Vielheit – denkt. Die *psychḗ* unterscheidet sich vom *nous* wesentlich durch das Moment der Zeitlichkeit. Indem die *psyché* „ihre noetischen Inhalte nicht in jener Identität festhält, sondern ans Einzelne heranbringen will, will sie nicht, daß das Denkbare ihr als Ganzes gegenwärtig sei, und deshalb 'zeitet' sie sich ... und fügt sich so der Welt ein und diese sich. Deshalb ist Zeit 'Lebendigkeit, *zōḗ* der Seele in einer von einem Einzelleben *(bíos)* zum anderen übergehenden Bewegung'."[11] Damit stellt sich die *psyché* als das Prinzip zeitlicher Differenzierung dar, als das 'Zeithafte vor der entfalteten Zeit'. Auf diese Weise vermittelt die *psyché* zwischen den beiden Welten, der intelligiblen und der sinnlich wahrnehmbaren Welt, zwischen der Sphäre des Denkens des Einen und der niederen Wirklichkeit im Bereich der vollends entfalteten Zeit.

Der Hervorgang der *psyché* aus dem *nous* gleicht der Auflösung der ewigen Mannigfaltigkeit der Ideen in eine räumlich-zeitliche. Aber auch die *psyché* ist „mit ihrem Endpunkte an das Eine geknüpft"[12]. Zugleich ist sie durch ihre mannigfache Tätigkeit auf den Bereich des Vielen gerichtet, gleich dem Licht der Erde[13], das sich auf die verschiedenen Wohnungen verteilt und doch eine Einheit bleibt.

Auf dem Hintergrund dieses Systems von Differenzierungen, das in den einzelnen Hypostasen schrittweise angehalten wird, um dann doch durch den Prozeß fortschreitender Differenzierung weitere Vielheiten aus sich zu entlassen, stellte die Frage nach der Individuation, wie sie das nachfolgende Denken in steigendem Maße beschäftigte, noch kein Problem für *Plotin* dar: die Individuation ist für ihn nicht staunenswerter als die Differenzierung des Einen überhaupt. So meint *psyché* auch nicht in erster Linie die Einzelseele des Menschen, sondern bezeichnet die 'All'- oder 'Weltseele', über die der Einzelne am Einen teilzuhaben fähig wird. Die dem *nous* zugewandte *psyché* ist in sich reicher als die Einzelseele, die in die Materie eingelassen ist; sie überschaut die gesamte wahrnehmbare Welt, ja, sie vermittelt zwischen dieser und der Welt des Einen. Die Anschauung der *psyché*, Ziel der zum Einen sich erhebenden Einzelseele, ist der erste und entscheidende Schritt aus der Welt des Vielen zu derjenigen des Einen. *Plotin* gibt eine eindrucksvolle Schilderung dieses Vorgangs – in einer Stimmung, vergleichbar einer südlichen Landschaft in der Mittagsstille des großen Plan: in vollkommener Ruhe, weitab vom Meer der Sinnlichkeit, von Erde, See und Luft, bei einem Himmel ohne Wolken, vermag die Seele des Betrachters zu erkennen, wie die *psyché*, die Allseele, von allen Seiten in sie einströmt, sich über sie ergießt und sie erleuchtet.[14] Unbewußt, ohne Erinnerung und Überlegung[15] wirkt die *psyché* ihrerseits, einzig in der Schau des *nous*, des Denkens des Einen, auf die Welt. Die Schau, die *theōría*, ist daher die vornehmste Tätigkeit der Seele; in abgestufter Weise kommt sie auch den Einzelseelen zu, denen sie Weg zum Einen wird. In seiner Bestimmung der Schau, der *theōría*, ist *Plotin* der eigentliche Vollender des Platonismus. Alles geschieht aus *theōría* und um der *theōría* willen, auch das dieser angeblich Entgegengesetzte, ebenso wie der Scherz ja immer auch auf Ernstes bezogen ist. Erst die *psychḗ*, die ganz zum Gegenstand der *theōría* geworden ist, bringt die *phýsis* hervor.

Die Einheit und Ganzheit der *psychḗ* – trotz aller Vielheit, die sie als Differenzierung des Einen immer schon ist – läßt keinen Dualismus zu. Dies wird besonders deutlich in der plotinischen Bestimmung des Verhältnisses der *theōría* zum Handeln: Alles Handeln geschieht immer schon um eines Zieles willen, das selbst wiederum Gegenstand der *theōría* werden kann. Paradoxien solcher Art ließen sich noch vermehren; sie alle sind jedoch grundgelegt in der Konzeption von Aufstieg und Abstieg, nach *Plotin* erst denkbar von der Gleichwertigkeit des Bei-sich-Bleibens und Aus-sich-Entlassens her. Das Eine entläßt in einem Prozeß, der ihm wesentlich ist, aus sich heraus ein Anderes und bleibt gleichwohl es selbst *(ménein)*, ein Vorgang, den das Denken nachvollzieht und in den es im Denken selbst miteinbezogen ist, den es jedoch nicht in deduktiver Setzung selbst grundlegt. Insofern aber das Denken diesen Nachvollzug leistet, und zwar aufgrund einer apriorischen Denkforderung, erhält das Denken, der *nous*, der bei *Plotin* gewiß aller Subjektivität im Sinne des Denkvorgangs im Einzelindividuum entkleidet ist, seinen 'subjektiven Zug'.

Bei der Betrachtung des Aufstiegs des Vielen zum Einen stellt sich als erste Frage, wie sich die angestrebte *hénōsis* mit der grundgelegten Voraussetzung des plotinischen Systems, der Inkommensurabilität des Einen zu allem Seienden, vereinbaren läßt. Hier ist als erstes auf die Negation jedweden Dualismus durch *Plotin* hinzuweisen. Die Abwehr jedweden Dualismus – gerade hier wird die Differenz *Plotins* zu den gnostischen Systemen seiner Zeit deutlich – erfordert als erste Bedingung eine grundlegende Dynamisierung des Systems der Emanationen; eine statische Auffassung des Abstiegs des Vielen aus dem Einen beließe die verschiedenen Hypostasen ohne Beziehung untereinander und auf das Eine als selbständige, auf sich selbst bezogene Größen in der Differenz des Hervorgangs und damit in der *Negativität*, einer totalen Negativität, insofern in ihr das Eine schlechthin negiert würde. Demgegenüber bleiben die verschiedenen Hervorgänge (Hypostasen) aufgrund der Dynamik des Systems der Emanationen in einer – wenn auch oft nur bildhaft und annäherungsweise angedeuteten – Relation zum Einen, die den metaphysischen Dualismus ausschließt. Auch die mit der Differenzierung des Einen notwendig gegebene partielle Negation des Einen bleibt diesem verbunden, und sei es nur dadurch, daß das Viele im Verlaufe des Abstiegs des Einen 'bedürftiger' wird.

Dieser Abstieg endet bei der *hýlē* (Materie), dem metaphysisch gänzlich Unwertigen. Ist damit nicht doch ein Dualismus erreicht, der nicht mehr mit positiven Termini umschrieben werden kann und als solcher hingenommen werden muß?

Wenn der Materie nicht eine dem Einen analoge Selbständigkeit wie im Materialismus *Epikurs* und der Atomisten zukommen soll, dann muß auch sie in irgendeiner Weise auf das Eine bezogen sein. Ein solcher Bezug ist für *Plotin* aber nur dann möglich, wenn alle Autonomieansprüche der Materie depotenziert worden sind. Sie ist so zwar Abbild der ewigen Welt,[16] hat aber gerade infolge dieser Auszeichnung keine ihr eigene Wirklichkeit,[17] sondern ist immer nur mit der Differenzierung aus dem Einen gegeben. An sich selbst ein 'prope nihil', gehört sie dennoch zum Weltganzen, wenn auch als Maßlosigkeit gegenüber dem Maß und als Gestaltlosigkeit gegenüber der Gestalt.[18]

Die Ungenauigkeit der Begriffe, die durch diese zum Teil einander widersprechenden Aussagen die Ausführungen *Plotins* über die Materie kennzeichnet, wird noch durch den Umstand verstärkt, daß die Materie einfachhin mit dem *Bösen* gleichgesetzt wird. Alles Körperliche, soweit es an der Materie Anteil hat, ist böse;[19] es ist böse, weil es gleich der Materie qualitätslos und formlos ist, ein reines Nichtsein.[20] Das Böse darf weder dem Seienden noch dem 'Über'-Seienden angelastet werden, denn was *ist*, ist gut. Es kann nur im Nichtseienden, einer Art Schatten gegenüber dem Seienden, wurzeln. Die *Harmonie* alles Seienden läßt eine eigenständige Wirklichkeit des Bösen gar nicht zu. Wer daher die Welt wegen einer ihm begegnenden 'Unvollkommenheit' tadelt, gleich dem, der kein Verständnis für die Kunst der Malerei hat und dennoch dem Künstler vorwirft, daß er die Farben nicht überall in der gleichen Weise verteilt habe, sondern wie Licht und Schatten sich abwechseln ließ, um eben dadurch den Effekt eines Kunstwerks zu erzielen.[21]

War der Abstieg aus dem Einen in die Vielheit wesentlich dadurch gekennzeichnet, daß das Eine als nicht-denkendes Denken und nichtseiendes Sein sich in Denken und Sein entäußerte und in den verschiedenen Hypostasen differenzierte, so besteht analog dazu der Aufstieg zum Einen in einer Art Aufhebung dieser Differenzierungen, im 'Einfachwerden' des Differenzierten, wie das Eine zuallererst 'einfach' ist. Daher besteht der Aufstieg zum Einen, vereinfachend gesagt, im Rückgängigmachen jenes Prozesses, in dem aus dem Einen Vieles wurde. Die Stadien auf diesem Wege – Denken, Zeitlichwerden, Hinwenden zum

Vielen – bezeichnen jeweils das Gegenteil derjenigen, die den Weg zum Einen hin kennzeichnen. Die Bewegung auf das Eine hin, das sich jeder Bestimmung entzieht, muß jede Bestimmung überschreiten. Diese Bewegung muß jede Bestimmung negieren, insofern Bestimmung Differenzierung bedeutet, Weg zum Vielen.

Die erste Stufe zum Einen ist das Einfachwerden *(homoíōsis)*, Negation des *nous*: „Der Geist muß gleichsam nach rückwärts ausweichen und sich dem, was hinter ihm ist, ausliefern – er ist nämlich zweifach offen – und darf dort, wenn er Jenes sehen will, nicht mehr ganz Geist sein."[22] Das Eine, das im Sich-selbst-Denken ein Anderes aus sich entläßt und Vieles wird, wird als Eines nur erfaßt im Nicht-Denken. Als der Grund allen Denkens steht das Eine über dem Denken, weshalb auch die Henosis ein Vorgang ist, der das Denken übersteigt. Im Augenblick der Erleuchtung (Henosis) denkt der Geist nicht, ist aber als nichtdenkender einer, der alles dem Denken Erreichbare durchlaufen und hinter sich gelassen hat,[23] um das alles Denken transzendierende Eine zu schauen.

Die Überwindung des Denkens, durch die „der Geist die Erleuchtung als nicht-denkender, weil er nur als solcher das Nicht-zu-Denkende" (Eine) vernehmen kann,[24] erfährt, begreift als weiteres Moment die *Entzeitlichung* in sich; wie das Denken, das die *psychē* aus sich entläßt, notwendig Denken in zeitlicher Vielheit ist, während das Eine unveränderlich im 'Ist' der Überzeitlichkeit gründet, so ist der Aufstieg zum Einen, noch bevor das Denken auf das Nicht-Denken des Einen hin übersteigen wird, Überwindung der Zeit, „Angleichung an die Sphäre des Intelligiblen und an das Eine, das der Zeit enthoben die Ewigkeit selbst ist"[25]. Die Überwindung von Zeit und Denken im Hinblick auf die reine *theōría*, die gerade nicht Denken ist, bezeichnet jene *ékstasis*, in der der Geist sich ganz dem Einen überläßt. Die in der Ekstase vollzogene Henosis, in der die „Bezogenheit von Denken und Gedachtem, Sehen und Gesehenem aufgehoben" ist zugunsten einer „in sich ununterschiedenen Einheit"[26] von Sehen und Gesehenem, ist Ausdruck der *Evidenzerfahrung*, die allein das Viele überwindet. In ihr wird jener Zustand der Seele erfahren, in dem sie sich ihres Sonderdaseins in der Zeit nicht mehr erinnern wird, sondern ganz der Anschauung des Geistigen im Einen hingegeben ist.[27] Ziel des Weges des Geistes ist diese *Evidenzerfahrung*: „der reine Augenblick, das zeitlose Jetzt des *aiṓn*, worin dem Geist, der sich in sich selbst überstiegen hat und seiner selbst entworden ist, das überseiende Sein des Einen Ewigen offenbar wird"[28].

Plotins System verdankt seine Geschlossenheit und Systematik der apriorischen Setzung des Einen. Die Wahrnehmungen vereinigen sich im Einen wie die Radien im Mittelpunkt des Kreises.[29] Die Setzung des Einen, aus dem das Viele sich herausdifferenziert, und auf das das Andere wiederum zurückgeführt werden soll, enthebt *Plotin* der Frage nach der 'Legitimität dessen, was ist'. Zwar wird nur dem Einen explizit wahres Sein zugesprochen, aber insofern dieses als die Bedingung alles Denkens und Seins vorgegeben ist, kommt auch dem Vielen, welches das Denken nicht deduktiv begründet, sondern lediglich konstatierend wahrnimmt, die gleiche Notwendigkeit zu, zumal ja nicht die Gesamtheit der Dinge, das Viele, dem die plotinische Theodizee einen durchaus selbständigen Wert zuspricht,[30] sondern nur die in dieses eingelassene Einzelseele der *ékstasis* in der Evidenzerfahrung des Einen der Henosis fähig ist. Damit stellt sich das System *Plotins* als eine *Apologie des Bestehenden* dar, die selbst noch dem Negativen, wie es im Bühnengleichnis[31] zum Ausdruck kommt, den Anschein der Positivität abzugewinnen versteht. Nicht zuletzt unter dieser Rücksicht ist das plotinische Denken *Ontologie*. Ausgehend von einem ewigen, der Zeit enthobenen abstrakten *Sein* erscheint die Welt als eine in sich ruhende Wesenheit, nur scheinbar bewegt, etwa in der Konstruktion des Abstiegs aus dem Einen und des Aufstiegs zu diesem hin, die sich die Differenzierung durch das Denken verdanken, nicht jedoch realen Vorgängen. Gerade deshalb ist der Aufstieg auch nur der der *theōría* fähigen Einzelseele möglich. Weisen sich die einzelnen Emanationen als *metaphysisch* begründet aus, auch deshalb, weil das Eine als nicht prädizierbare Einfachheit nur denkbar ist in seiner Relation zum Späteren als dem Nicht-Einen, so bleibt doch die vorgängige *ontologische* Konzeption entscheidendes Kriterium. Selbst die Fremdheit von Einem und Vielem, die nur eine negative Weise des Sprechens über das Eine zuläßt, wird erst verständlich als „ontologische Fremdheit und Unterschiedlichkeit gegenüber dem Einen“[32]. So ist die Welt des Vielen *metaphysisch* der bloße Reflex des Einen, ohne jede Eigenwirklichkeit, *ontologisch* aber in der Bestimmung des eigenen Verhältnisses zum Einen ein diesem widerstrebendes, eigene Wirklichkeit beanspruchendes Sein, das ihm paradoxerweise aus der ontologischen Strukturierung des Einen zuwächst. Die Dynamik des Vielen soll in der philosophischen Selbstanschauung überwunden werden; der *Weg* dahin hat aufgrund seiner Dynamik nur vorläufigen Charakter; indem das Eine als Entfaltet-Unentfaltetes und außer sich Seiendes auf sich selbst als auf *seinen* Seinsgrund zurückgeführt wird, geht es gerade um das In-sich-Verharren des Einen und Einfachen *in sich*; selbst noch das Viele soll auf diese in sich verharrende Einheit hin zentriert werden. Die ganze Dynamik der Emanationen dient eigentlich dazu, jede Form von Dynamik im Hinblick auf das Eine aufzuheben, weshalb bereits in der Stufenfolge der Emanationen verhüllt zum Ausdruck kommt, daß das Viele, das sich diesen Vorgängen verdankt, eigentlich *nicht ist*. Das Einzelne ist immer aus dem Ganzen, und zugleich ist es Einzelnes und Ganzes; es erscheint zwar als Teil, wird aber von dem, der richtig hinsieht, als Ganzes erkannt.[33] Dadurch, daß der Hervorgang der einzelnen Hypostasen als Kreisbewegung aufgefaßt wird, in der jeder Hervorgang gleich unmittelbar zum Einen ist, erscheint jede Dynamik in einer dieser schon vorgängigen Statik aufgehoben, da das Eine ganz in allem Seienden ist, alles Seiende dagen *im* Einen als der Sphäre, die das Ganze umfaßt, indem sie es *ist*.[34] *Plotins* Kosmos ist so trotz aller scheinbar konstitutiven Dynamik ein System *in sich stehender Harmonie*, in der allem von einem ihm vorgängigen Seinsgrund her sein ihm eigener Platz zukommt und in dem alles, wie es *ist*, *gut ist*: „Wäre nicht das Überschöne, so könnte es nichts Schöneres geben als diese Welt“[35].

Der ontologischen Rechtfertigung dessen, was *ist*, entspricht eine eigentümlich ambivalente Wertung des Denkens, wie sie vor allem in der Entgegensetzung von *theōría* und *nóēsis* sichtbar wird. Wurde das Wesen einer Sache *(ousía)* bei *Platon*, als dessen Vollendung der Neuplatonismus gerne dargestellt wird, dadurch erkannt, daß man sich ihr im *Denken* zuwandte,[36] ebenso wie *nóēsis* und *theōría* weihin identisch waren, insofern beide die Einsicht in den voraussetzungslosen Ursprung des Alls, das ‘Denken des Guten selbst’[37], bezeichneten, das Denken also in jedem Falle seinen Ursprung in den Ideen hatte, so ist bei *Plotin* aufgrund der Differenz zwischen *nous* und höchstem Prinzip (Einem) eine derartige Erkenntnis nicht mehr möglich. Das Eine, das sich selbst denkend den *nous* als das im Verhältnis zu ihm Andere aus sich entläßt, kann nicht im Denken des *nous*, das eine weitere Differenzierung bedeutet und die *psychē* auf diese Weise aus sich entläßt, erkannt werden, sondern nur im Aufheben des Denkens des *nous*, im Rückgängigmachen des mit dem Denken des *nous* eingeleiteten Differenzierungsprozesses in der *theōría*, die so gerade *nicht* Denken ist. Ähnlich ist die Bedeutung des *Begriffs* bei *Plotin* zu sehen. Eine der Grundforderungen der antiken Philosophie seit *Platon* war der Gedanke, daß nur das, was begrifflich als *lógos (eídos)* erfaßt werden könne, Gegenstand des Wissens sei,[38] ebenso wie bei *Aristoteles* wissenschaftliche Begriffe nur solche sind, die durch die Definition bestimmt werden können. Auch die Erkenntnis der Ideen resp. eines höchsten Prinzips ist an den Begriff gebunden, die Ideen sind ja selbst nichts anderes als hypostasierte Begriffe. Anders bei *Plotin*. Sofern der Begriff hier überhaupt eine besondere Rolle spielt, kommt ihm eine völlig andere Bedeutung zu. Der 'Begriff', der den Gedanken 'begleitet', von diesem dadurch bereits unterschieden, hat die Funktion, den Gedanken auf das Vorstellungsvermögen zu übertragen; der sich selbst verborgene Gedanke wird vermittelst des Begriffs im Denken entfaltet und ausgeführt.[39] Auf diese Weise trägt der Begriff zwar dazu bei, beim Aufstieg der Einzelseele eine Art 'Vorstellung' von der Allseele *(psychḗ)* zu erzeugen, ist aber von der Schau noch weit entfernt, denn diese wird erst dann möglich, wenn die Seele alle Vorstellungen und Begriffe hinter sich gelassen hat. Die *theōría* ist der Intuition verwandt, die auf alle Nachahmung und alles Abbildhafte, und solches ist das Begriffliche, verzichtet.

Die plotinische *Evidenzerfahrung*, die Aufhebung des Denkens durch das Denken, das an seinem Ziel angekommen ist, bezeichnet die in der Ekstase offenkundige, unmittelbar einleuchtende Selbstbezeugung des Einen, verbunden mit der 'wahren Erkenntnis' dessen, was ist, und der immanenten Legitimation aller Urteile über das Wirkliche, welche nicht auf dem Wege der rationalen Argumentation vermittelst der Definition, wie beispielsweise in der platonischen Diairesis, gewonnen, sondern von sich her, plötzlich *(exaíphnēs)* offenbar wird. Gehörte für *Platon* das Ekstatische noch eher dem Bereich des den Mysterien Verwandten an, das nur dem Eingeweihten zuteil werden konnte,[40] aber keine genuin philosophische Erfahrung meinte, so ist sie bei *Plotin* das Ziel des Philosophierens überhaupt. Was in ihr geschaut wird, ist wesentlich nicht mitteilbar; sowohl das in der Ekstase Geschaute wie auch der Schauende selbst transzendieren den *lógos*. Philosophie, an ihr Ziel gekommen, gibt jede Möglichkeit der Kommunikation auf, ist nur noch das Gespräch zwischen der Einzelseele und dem Einen, in radikaler Weise auf das einzelne Subjekt beschränkt. Nun lassen sich auch in der neueren Philosophie Beispiele für eine allem Denken vorgängige Evidenz, die *Vision* etwa, finden. So gibt Fichte an, daß er, über das Prinzip der Philosophie lange und anhaltend meditierend, wie mit einer plötzlich ihn ergreifenden Evidenz, während er am warmen Winterofen stand, von dem Gedanken ergriffen worden sei, nur das Ich, der Begriff der reinen Subjekt-Objektivität, könne das höchste und erste Prinzip sein, oder bei Descartes, dem die Bedeutung seines Ansatzes in einer Vision aufgegangen war, als er als dreiundzwanzigjähriger Offizier im Winterquartier an der Donau lag. Der fundamentale Unterschied zwischen dieser Art von Evidenzerfahrung und der plotinischen liegt darin, daß jene Visionen zu einem philosophischen Ansatz hinführten, von dem aus dann eine methodische Weiterarbeit einsetzte, während sich bei *Plotin* umgekehrt zwar der Ansatz des Denkens, die apriorische Denkforderung, im Denken nachvollziehen läßt, nicht aber die daraus abgeleitete letzte Konsequenz. Der *excessus mentis*, wie die Scholastik diesen Vorgang bezeichnete, läßt sich mit den Vermögen der 'mens' (des *nous*) nicht mehr nachvollziehen oder gar zur Sprache bringen. Damit ist der Weg von der Philosophie zur Mystik hin beschritten. Der plotinische Ansatz ist in der Tat der *unio mystica* näher als der philosophischen Argumentation, der es in erster Linie um die Erkenntnis der Bedingungen geht, von denen Denken und Handeln abhängen, gleichgültig, was im einzelnen als das diese Bedingungen bestimmende Prinzip angesehen wird. Nur wo die Frage nach diesen Bedingungen gestellt wird, ist auch eine Antwort, wie der Mensch leben soll, sinnvoll.

Der Unterschied zwischen Philosophie als der Verbindung von Reflexion und vernünftiger Handlungsnormierung auf der einen und einem mystisch-soteriologischen Denken, das die Bedingungen der vernünftigen Argumentation zugunsten einer reinen, auch philosophisch nicht mehr zu rechtfertigenden Subjektivität aufgibt, auf der anderen Seite, fand seine treffende Charakterisierung in der Bezeichnung des plotonischen Systems als eines *Evangeliums* durch M. Wundt.[41] Macht man sich diese Qualifizierung zu eigen, dann erscheint auch der Hintergrund, von dem her *Plotins* Denken erst voll verständlich wird, in einem neuen Licht. Der Neuplatonismus stellt sich mit einem Male als der Versuch dar, den quasi-religiösen Charakter des Denkens der Zeit 'auf den Begriff zu bringen', allerdings so, daß die extrem religiösen Elemente das Denken selbst sprengen und sich erneut verselbständigen.

Eine Interpretation des Neuplatonismus, wie er bei Plotin grundgelegt ist, darf der Frage nicht ausweichen, ob zwischen Philosophie und 'Evangelium' wirklich jene Inkompatibilität herrscht, die beide in beziehungslose Größen aufspaltet und unvermittelt nebeneinander stehen läßt. Philosophie meint in elementarem Sinne die Tätigkeit des begreifenden Geistes. Diese Tätigkeit wird aber gerade dort sichtbar, wo *eigene Erfahrungen* artikuliert werden. Dort, wo das Denken sich allzu leichtfertig auf fremde Erfahrungen einläßt, ist der Dogmatismus nicht mehr fern. *Plotin* bringt nun – vor allem in der Formulierung dessen, worauf er eigentlich abzielt – eminent Außerphilosophisches zur Sprache, aber eben doch *seine* Erfahrungen, und dies mit den Mitteln, wie sie die antike Philosophie, auf der er aufbaute, bereithielt. Es ließe sich von daher schon rechtfertigen, die Trennung von Philosophie und religiöser Heilsbotschaft nicht zu starr dem Denken *Plotins* aufzupressen. Die Verteidigung der Güte dessen, was ist, tritt gerade allem zeitgenössischen Dualismus entgegen, ebenso wie der von der *nóēsis* zur *theōría* führende Weg in seiner Eindeutigkeit allen Relativismus als

'Verzweiflung an der Wahrheit' ausweist. Erst wenn die Verwechslung von Materie und wahrem Sein und der Gegensatz von Denken und Sein mit den Mitteln des Denkens selbst überwunden scheint, ist die Stufe erreicht, den Übergang in ein anderes Medium zu vollziehen, „der göttlichen Schau zu vertrauen, wenn die Seele plötzlich Licht empfangen hat. Denn diese kommt von Gott und ist er selbst. Und *dann* darf man an seine Gegenwart glauben, wenn er wie ein Gott in das Haus des Beters tritt und es erleuchtet. Erscheint er nicht, so bleibt es dunkel. So ist auch die Seele ohne Licht, solange sie ohne Gott ist. Erleuchtet aber besitzt sie, was sie suchte! Und das ist das wahre Ziel für die Seele, jenes Licht zu ergreifen und mit ihm selbst es selbst zu schauen; nicht ein anderes Licht durch ein anderes, sondern es selbst, durch das die Seele schaut. Denn das gleiche Licht, durch das sie erleuchtet wurde, soll sie schauen, wie man auch die Sonne nur durch ihr eigenes Licht erblickt.“[42]

Zehntes Kapitel

WAS HEISST: „PHILOSOPHIE IN DER ANTIKE"?

In der Auseinandersetzung mit einer bestimmten Epoche der Philosophie und ganz besonders dort, wo in diese eingeführt und erste grundlegende Informationen vermittelt werden sollen, wird die Philosophie nahezu mit der sogenannten Textarbeit identisch. Philosophie erscheint als etwas, das aus bestimmten Texten spricht, diese von anderen unterscheidet, ja sich selbst als die 'Eigenschaft' bestimmter Texte ausweist. Seit den fragmentarisch überlieferten Spekulationen und frühen Wissenschaftsversuchen der Vorsokratiker präsentiert sich die Philosophie als ein Corpus von Texten. Glaubt man *G. Colli*, dann ist diese Textualität der Philosophie ihre Geburtsstunde und ihr Sündenfall zugleich. In der Textwerdung wird eine ursprüngliche Weisheit negiert und ein Surrogat geschaffen, die 'bloße' Liebe zur Weisheit, eben die *Philo*sophie. Zwar beginnt diese Philosophie, so sagen es die Handbücher, mit Thales und Anaximander; ihr wirklicher Ursprung liegt jedoch im Dunkeln.[1] Wenn der platonische Sokrates von der 'Liebe zur Weisheit' *('philo-sophía')* spricht, setzt dies eine ursprüngliche Weisheit voraus, die man nicht mehr besitzt – sei es, weil man sie verloren hat, sei es, weil man sich in Distanz zu ihr begeben, oder sei es gar, weil sich das Projekt 'Weisheit' als nicht durchführbar erwiesen hat. So kennt die Antike zwar die sogenannten *'sieben Weisen'*, die eigentlich über zwanzig Weise waren, da man sich nicht einigen konnte, wer der heiligen Siebenzahl beizutreten würdig war und wer nicht.[2] Platon, der seiner 'Kunstfigur' *Sokrates* das Wort von der *Liebe zur Weisheit* in den Mund legt, schaut damit selbst bereits auf etwas allem Anschein nach unwiderbringlich Verlorenes zurück. Er kann dafür in seinen Dialogen, eine Verschriftlichung von Gedanken, die dann später 'Philosophie' heißen werden, nur einen dürftigen Ersatz schaffen. Alle spätere Philosophie ist die Fortsetzung und Weiterentwicklung jener literarischen Form, an deren Beginn Platon steht. Sie ist aber auch eine Trennwand, die zwischen uns und dem steht, was man, wie mißverständlich auch immer, *Weisheit* nennen mag. War diese ursprüngliche Weisheit subjektiv, weil sie von lebendigen Individuen verkörpert wurde, so steht die Philosophie für ein positives, ja objektives Prinzip, gestützt auf den konstruktiven Anspruch der Vernunft und die scheinbare Objektivität der Schrift. Der gegenseitigen Bezüglichkeit von Weisheit und lebendigem

Individuum entspricht nach dem „metaphysischen Bruch“, der Ablösung der Weisheit durch die bloße Liebe zur ihr, die Synonymität von Positivität und Text. Die Identität von Text und Welt, die sich zur Reziprozität von Faktizität und vernunftgestützter Rechtfertigung ausweiten wird, kündigt sich darin ebenso an wie die methodische Substitution der Welt durch den Text. So könnte sich auch noch die Geburt der Hermeneutik dem Scheitern des Theodizeeprojekts der Neuzeit verdanken: Wenn die beste aller möglichen Welten Utopie im schlechten Sinne bleiben muß, dann macht die philosophisch-philologische Selbstbeschränkung auf den „bestmöglichen aller Texte“, dem die Bemühungen des Geisteswissenschaftlers fortan zu gelten haben, durchaus Sinn.[3] Texte gewinnen mit anderen Worten in dem Maße an Bedeutung, in dem sie sich zur Wirklichkeitssurrogaten ausweiten und in dem die bloße Metaphorik von der Faktizität als Text sich in eine Ist-Aussage verwandelt, zwei Sichtweisen, die sich an mehr als an einer Stelle übereinanderschieben. Während also die Philosophie von der Weltweisheit zur Textweisheit mutiert und die Texterfassung zum einzigen Wirklichkeitsbezug des Philosophen wird, wird die Welt der Fakten zum alternativelosen ‘Daß’. Dazu noch einmal zurück zu Colli und seiner Konzeption einer ursprünglichen, der Philosophie überlegenen Weisheit.

Colli läßt offen, inwieweit der Zeitraum, in dem jene ursprüngliche Weisheit herrschte, sich überhaupt erfassen läßt. Die mündliche Tradition der Weisheit, schon für Platon kaum noch wahrnehmbar, ist entsprechend „für unsere Augen durch die Einführung der philosophischen Literatur geradezu entstellt (...) Andererseits bleibt es weitgehend ungewiß, über welchen Zeitraum sich diese Epoche der Weisheit erstreckt: zu ihr gehört die sogenannte vorsokratische Zeit, also das sechste und fünfte Jahrhundert v. Chr., aber der fernere Ursprung entzieht sich unserem Blick. Man muß auf die älteste Tradition der griechischen Dichtung und Religion zurückgehen, wobei aber die Deutung der Befunde nur philosophisch sein kann. Es muß sich, und sei es auch bloß hypothetisch, eine Interpretation von der Art abzeichnen, wie Nietzsche sie vorgeschlagen hat, um den Ursprung der Tragödie zu erklären.“[4] Letztere ist ja bekanntlich eine fiktional-retrospektive Ätiologie und insofern historisch wertlos. Die Unbestimmtheit der ursprünglichen Weisheit und die Unmöglichkeit, sie inhaltlich als Alternative zur Philosophie diesseits des metaphysischen Bruchs zu beschreiben, also wiederum in einen Text zu verwandeln, können ihrerseits als Metaphern für jenes Spiel mit Möglichkeiten gelesen werden, das in der Positivität und Faktizität der Identifikation von Text und Welt untergegangen scheint. Das assoziative Spiel mit den Möglichkeiten rehabilitieren zu wollen müßte der Weigerung gleichkommen, den vermeintlichen Faktizitäten, hier: dem metaphysischen Bruch und der Dominanz des Textes gegenüber dem Leben, das Signum der Notwendigkeit zuzugestehen: die Marginalie, selbst textfixiert, zeigt, daß zumindest auch andere Texte neben dem 'einzig zulässigen' möglich sind. Schon die Kontingenz des (Haupt-)Textes legt diesen Gedanken nahe. Colli selbst, um ihn noch einmal zu zitieren, wählt den Weg einer Negation der Geschichte und ihrer scheinbaren Alternativelosigkeit, um zu dem paradoxen Bild einer geschichtslosen Utopie zu gelangen, die das gerade Gegenteil einer Utopie der Geschichtslosigkeit wäre: „Der Tod der Philosophie (...) macht den Weg zur Weisheit frei. Es geht nicht darum, die Welt der Geschichte zu ändern: das, was vor der Philosophie war, kann jetzt ebenfalls leben, und wenig zählen angesichts dessen, was ein paar Menschen zu denken und einander zu sagen vermögen, die Veränderungen der Gesellschaften und Staaten.“[5] Der Primat des Denkens und Sagens lebendiger Individuen gegenüber jenen historischen Bewegungen, von denen etwa H. R. Schlette gesagt hat, der Text schreibe „sich mit enormer wissenschaftlicher, technischer, ökonomischer und anderweitiger Anstrengung im Grunde unwissend fort“ – um dann die lebensweltliche Wendung „Im-Text-Sein bedeutet Im-Streß-Sein“ anzubieten[6], die in etwa dieser Überordnung der Marginalie über den Text und der Möglichkeit über die Wirklichkeit zu vergleichen wäre. Im engeren Kontext der Betrachtung der Entwicklung der Philosophie in der Antike käme diese veränderte Rangfolge einer Drehung in der historischen Blickrichtung gleich, einer veränderten Wahrnehmung der Texte, genauer: der Entzauberung der vermeintlichen Präponderanz einer Objektivität der Texte und damit ihrer Rolle als eines Widerparts der in den Nebeln der Vorzeit entschwunden scheinenden ursprünglichen Weisheit. Auch im Verlaufe der vorliegenden Darstellung hat sich ja gezeigt, daß vor allem die sogenannte 'klassische' Periode in der Philosophie in der Antike sich darum bemüht hat, das, was sich als die „Weisheitsdimension der Philosophie' apostrophieren ließe, in einer angemessenen Weise zu berücksichtigen, nicht nur zu thematisieren, sondern auch zu reflektieren. Von der literarischen Stilisierung des historischen Sokrates, auf die noch zurückzukommen sein wird, einmal abgesehen, bleibt hier vor allem auf *Aristoteles* hinzuweisen, der, besonders in den Schriften zur Praxis, selbst den bescheiden-selbstgenügsamen Terminus *philosophía* vermeidet und durchaus in bestimmtem Sinne von der *Weisheit – sophía* spricht. Auf der theoretischen Ebene ist sie gar schlicht letzter Bezugspunkt, während auf der praktischen Ebene aufgrund ihrer Relationalität zur Glückseligkeit das „gelungene Leben“ an sie als an seine Bedingung gebunden bleibt. Ihre vermittelnde Funktion zwischen Theorie und Praxis läßt sie Welt- und Selbstverhältnisse vorbereiten, die langfristig und in der Aufnahme der Anfänge des Philosophierens in der Vorsokratik auf das hingearbeitet haben, was heute nicht nur in der Retrospektive als genuin *europäische Rationalität* vor uns steht, vor allem als rationales *Welt*verhalten.

Im europäischen Rahmen beginnt rationales Weltverhalten mit der Frage nach den letzten Gründen, Ursachen und Prinzipien, den *archaí*, und zwar in einem Prozeß fortschreitender Abstraktion bzw. Distanzierung vom Mythos. Im Unterschied zu den eher ‘primitiv’ anmutenden Phantasien hinsichtlich des Uranfänglichen, Identifikationen mit in der Natur selbst vorfindlichen Stoffen, spricht bereits Anaximander von einem Grenzenlosen, dem *ápeiron*, das zu unterschiedlichen Deutungen Anlaß gibt: Denkt man an ein *räumlich* Grenzenloses, dann stellt sich die Frage nach der unter Umständen unendlichen Ausdehnung des Urstoffes: Assoziiert man eine Aufhebung aller qualitativen Unterschiede im Sinne einer qualitätslosen Urmaterie, dann bleibt das Problem einer nachfolgenden Entwicklung, von der her sich Vielheit und Andersheit allererst begründen lassen, eine Frage, die von der Kosmologie und Naturlehre zu einem anderen Problem überleitet, jenem der Relation von Denken/Erkennen und Sein, Beziehungen, die zwischen dem Erkennenden und dem Erkannten herrschen, und die auch noch bei Parmenides die Fesseln des Mythos noch nicht ganz abgestreift haben: „Denn so wie zu jeder Zeit (einer) hat die Mischung der vielirrenden Körperglieder, so auch wird das Erkennen den Menschen zuteil. Denn dasselbe, was sie denkt, ist sie für die Menschen: die ursprüngliche Beschaffenheit der Glieder, für alle und jeden. Deren Fülle nämlich ist Erkenntnis (...) In dieser Weise also sind der Meinung nach die Dinge um uns entstanden und sind sie auch jetzt und werden sie künftig, nachdem sie sich voll entwickelt haben, ein Ende nehmen. Die Menschen aber haben diesen Dingen einen Namen, für jedes einen bezeichnenden, beigelegt.“[7]

Die Vorstellung vom Rationalen als einem *Geistigen* ist über die Antike hinaus prägend geworden. Die Anfänge dieser Vorstellung liegen ebenfalls in der vorsokratischen Philosophie. So suchte *Anaxagoras* das Problem von Einheit und Vielheit dadurch zu lösen, daß er die Vorstellung von *einer* arche zugunsten der neuen Vorstellungsweise aufgibt, es gäbe so viele Arten, als sich einfache Stoffe in den Dingen fänden, die bei fortschreitender Teilung immer wieder in gleichartige Bestandteile zerfielen. Im Unterschied zu den frühgriechischen Lehren von den archai kennt Anaxagoras keine Elemente mehr, die sich auf sinnlich Vorstellbares beziehen, wie die Luft, das Wasser, das Feuer, Warmes und Kaltes. Das, was alle Dinge bewirkt und ermöglicht, kann nicht selber stofflich, d. h. ein Ding sein: „Der Geist ist etwas, das unbeschränkt und selbstherrlich ist, und er ist mit keiner Sache in Mischung verbunden, sondern er ist als einziger an und für sich. Denn wenn er nicht an und für sich wäre, sondern mit irgend etwas anderem in Mischung verbunden, hätte er, falls er mit irgend etwas in Mischung verbunden wäre, an allen Sachen teil. Denn in jedem ist ein Anteil von jedem (...)."[8]

Anaxagoras selber kann dieser Forderung freilich noch nicht entsprechen. Er zieht den Geist *(nous)* selber nicht zur Erklärung der Natur heran, sondern greift auf die Vielheit der Stoffe zurück. So hat bereits der platonische Sokrates kritisch anzumerken: „Eines Tages (um 440 v. Chr.) hörte ich (Sokrates), wie jemand in einem Buch las, von Anaxagoras, wie er sagte; dabei sagte er, es sei der Geist, der die Ordnung im Kosmos herbeiführe und Grund von allem sei. Mit einer solchen Ursache war ich wirklich zufrieden; es schien mir, es sei irgendwie in Ordnung, wenn der Geist der Grund von allem sei (...) Ich wurde aber, lieber Freund, schrecklich enttäuscht. Denn als ich selbst im Buch weiterlas, sah ich, daß der Verfasser von seinem 'Geist' überhaupt keinen Gebrauch machte und auch keine Zweckursachen bezüglich der Ordnung der Dinge im Kosmos heranzog, sondern Lüfte und Äthermassen und Gewässer bemühte, und anderes Unpassendes mehr."[9]

Vor allem *Aristoteles* hat sich ausführlich mit Anaxagoras auseinandergesetzt und ihm vorgeworfen, er gebrauche bei seiner „Weltbildung die Vernunft als Kunstgriff, und wenn er in Verlegenheit kommt, aus welcher Ursache denn etwas notwendig sein soll, dann zieht er ihn herbei; im übrigen aber sucht er die Ursache eher in allem andern Entstehenden als in der Vernunft"[10]. Platon und Aristoteles sprechen von einem *wahren Sein*, einem *Sein, das ist* (óntōs on). Bei der Vielheit der Dinge der sinnlich wahrnehmbaren Welt ist unabdingbar eine einzige Urgestalt/*Idee von allem* zu postulieren, um so jedes Ding als das benennen zu können, was es in Wahrheit ist. Daher spricht Platon von der *Idee* als dem „was dem Erkannten Wahrheit verleiht und was dem Erkennenden das Vermögen (des Erkennens) gibt (...) von der Ursache des Wissens und der Wahrheit, die wir erkennen"[11]. Die Bedingungen des vielfältig Seienden müssen gleichzeitig jene des diskursiven, begrifflichen Wissens sein. Solches Wissen bleibt nicht nach Art und Weise der Fachwissenschaften bei den einzelnen, in der Empirie gegebenen Gegenständen stehen. Der *nous*, die Vernunft, vermittelt zwischen scheinhafter Sinnenwelt und der Welt der Ideen, weil er an beiden Anteil hat.[12]

Die aristotelische Kritik an den theologischen Prämissen des platonischen Idealismus teilt jene Voraussetzungen Platons, mit denen in gewisser Weise das Fundament des *alteuropäischen Rationalitätsglaubens* vorgegeben ist: Es gibt eine besondere Ausprägung des *nous*, die zur Prinzipienerkenntnis befähigt; diese Erkenntnis richtet sich auf das Sein an sich und ist deshalb Ontologie; sie darf aber aufgrund ihrer Erhabenheit auch 'Theologie' genannt werden. Diese *Weisheit* wird später *Metaphysik* heißen. Andererseits: Das Allgemeine, das die menschliche Vernunft interessiert, muß im Zusammenhang mit der Erfahrung der Einzeldinge betrachtet werden, ohne darin aufzugehen. Im Unterschied zur platonischen Lehre von der Wiedererinnerung *(anámnēsis)*, die ein apriorisches Ideenwissen voraussetzt, erwächst für Aristoteles aus der Erinnerung der Menschen Erfahrung, „denn viele Erinnerungen an denselben Gegenstand bewirken das Vermögen einer Erfahrung, und es scheint die Erfahrung der Wissenschaft und Kunst fast ähnlich zu sein. Wissenschaft und Kunst aber gehen für die Menschen aus der Erfahrung hervor"[13].

Aristoteles gelangt auf diese Weise zu einer *Hierarchisierung der Wissenschaften*, die den notwendigen Fachwissenschaften und ihrem eingeschränkten Objektbereich eine 'erste Wissenschaft' *(Weisheit)* entgegensetzt: die Betrachtung des Seienden, sofern es *ist*: „So wird denn die Weisheit die genaueste der Wissenschaften sein, und der Weise soll nicht bloß wissen, was sich aus den Prinzipien ergibt, sondern er soll auch hinsichtlich der Prinzipien selbst die Wahrheit kennen. So wird also die Weisheit Geist und Wissenschaft sein und als Haupt der Wissenschaften die ehrwürdigsten Gegenstände haben. Es ist nämlich unsinnig, wenn einer meint, die politische Wissenschaft oder die Klugheit sei die beste Wissenschaft. Denn der Mensch ist nicht das Beste, das es im Kosmos gibt."[14]

Ein entscheidender Aspekt der alteuropäischen Rationalität kommt in diesem Zitat zur Sprache: die Kosmologie als die Überzeugung von einer 'schönen Ordnung', durch die die Annahme entkräftet werden soll, die Welt sei zufällig entstanden. Der Vernunft stellt sich die dauernde Aufgabe, das vordergründig Unvernünftige, scheinbar Zufällige mit dem durch die (universale) Vernunft Gewordenen in Übereinstimmung zu bringen. Diese Ineinssetzung von rationalem Vollzug und *Ordnungs*denken kündigt sich darin an, daß nunmehr, anders als im Mythos, der Kosmos ein rational gegliedertes und geordnetes Ganzes symbolisiert, orientiert an zeitlosen, einheitlichen Prinzipien. Die Kosmologie tritt in ein Konkurrenzverhältnis zur Metaphysik und umgekehrt. Vor allem die Kosmologie will nicht nur über die Entstehung und den Aufbau der Welt informieren, sondern auch Vorbilder individuellen und gesellschaftlichen Handelns vor Augen stellen. So schließt sie von der konkreten Polis-Gesellschaft und ihren Ordnungen auf die Kosmosordnung, ebenso wie von der vorgegebenen Kosmosordnung auf jene Ordnungen, nach denen die Menschen ihr Leben einrichten, geschlossen wird. Es ist bezeichnend, daß sich auch hier der Mythos noch einmal zu Worte meldet.

So kommt der Figur des *Königs* im kosmologischen Entwurf des *Aristoteles* eine bemerkenswerte Rolle zu, freilich, wie im Mythos der Spätzeit überhaupt, im Ineinander von Mythologie und ‘Entmythologisierung’. Letztere, so lehrt das Beispiel des Aristoteles weiter, vollzieht sich gerade nicht in der pauschalen Abwehr des Mythos, sondern in der Anverwandlung seiner Prämissen. Dieses Ineinander von Mythos und Logos zeigt sich auch in den Dialogen Platons in signifikanter Weise. Platon erzählt bekanntlich immer dann einen Mythos (beispielsweise den Mythos vom Totengericht im ›Gorgias‹ und den Mythos von dem Pamphylier Er in der ›Politeia‹, wenn die Argumentation des Dialogs, der Diskurs, an einem Punkt angelangt ist, der sich nicht mehr weitertreiben läßt. Sollen die Intentionen des Diskurses trotzdem eingelöst werden, dann ist der Rückgriff auf außerdiskursive Medien naheliegend. Die Spitze der Argumentation verschließt sich von ihrem Wesen her der diskursiv-argumentierenden Erschließung. Inhaltlich ist hier an Fragen nach einem Jenseits zu denken: ein Jenseits zur Argumentation, zur empirischen wie zur ideellen Welt, zur Alltagserfahrung ebenso wie zur konkreten Anleitung zu einem bestimmten Handeln. Der Mythos spricht das Außergewöhnliche aus, das sich der begrifflichen Einholung und der gängigen Verbalisierung widersetzt. Das unbedingt Betreffende läßt sich gerade nicht den Bedingungen des Betreffens unterwerfen.

Bei Aristoteles übernimmt der altorientalische Königsmythos die Vermittlung von *soziomorpher* und *technomorpher* Erklärung des Gewordenseins des Kosmos. Das Ergebnis ist die Polarität von Mikrokosmos und Makrokosmos, wie wir sie noch aus der modernen Anthropologie kennen. Die Überlegungen, die Aristoteles in seiner Schrift ›Über die Welt‹ entfaltet, bewegen sich zwischen Personalisierung und dem Hinweis auf eine unpersönliche Kraft, verbinden also sowohl Mythisches mit einer prinzipienorientierten, wir würden heute sagen *wissenschaftlichen* Erklärung. Die Entstehung des Ganzen, des Kosmos und seiner unpersönlichen Harmonie, des Weltgesetzes, wird mit Kategorien beschrieben, die dem Bereich des intentionalen Handelns entlehnt sind, wie es sich nur einem mit einem Wollen ausgestatteten handelnden Subjekt zuschreiben läßt. Daher wird die Urkraft, die das All zusammenhält, bald *Gott* genannt, bald mit unerschöpflicher Kraft ausgerüstet, als *Herrscher* auch des Fernsten bezeichnet und in einem Stufenschema verortet, das von der höchsten Wohnung auf dem „äußersten Gipfel des Weltalls" bis in die tiefsten Tiefen reicht. Nicht zuletzt dieses Schema ist das Kennzeichen mythischer Weltbilder. Um das Ingeniöse des Weltenschöpfers hervortreten zu lassen, schildert Aristoteles den persischen Großkönig in all seiner Pracht, „die Majestät des Kambyses, des Xerxes und Dareios", ihre „allen unsichtbare Wohnung in Susa oder Ekbatana", die „gesamte Herrschaft über Asien", um dann – in der soziomorphen Projektion dieses Modells auf den Kosmos als ganzen – zu folgern, „daß die Würde des Großkönigs hinter der des Gottes, der die Welt in seiner Hand hält, ebensoweit zurücksteht wie hinter der seinen die des geringsten und schwächsten Geschöpfes. Wenn es daher als unwürdig galt, daß Xerxes irgend etwas selber für sich zubereite und alles selber vollstrecke, was er wollte, und sich erhöbe, um es zu ordnen, wieviel unschicklicher wäre dies noch für Gott! Würdiger und schicklicher ist es, daß er selber ruhig auf dem höchsten Platze waltet und daß seine Macht durch das ganze Weltall reicht, Sonne und Mond bewegt, den Himmel dreht und der Urgrund der Erhaltung aller irdischen Dinge ist."[15]

Aristoteles stellt sich zwar in der Tradition der ionischen Naturphilosophie und in Anlehnung an die rationale Kosmologie eines *Anaxagoras* den Kosmos als ein rational gegliedertes und geordnetes Ganzes vor, orientiert es an zeitlos gültigen, nur im Denken nachvollziehbaren Prinzipien. Er schließt aber auch von der konkreten Polis-Gesellschaft und von den Reichsgründungen altorientalischer Großkönige und den diese bestimmten Ordnungen auf die Kosmosordnung, die dann ihrerseits die Ordnungen vorgibt, nach denen die Menschen ihr Leben einzurichten haben. Für dieses Schlußverfahren hat sich die Kennzeichnung als „soziomorph" eingebürgert. Diese „schöne Ordnung" – nichts weiter heißt 'Kosmos' in der wörtlichen Übersetzung – wird im letzten nur durch die Mythologisierung rationaler Begründungsschemata zur unerschütterlichen Gewißheit, wie noch die spätantike Gnosis lehren wird.

Es war ebenfalls Aristoteles, der als erster zwischen *theoretischer* und *praktischer Philosophie* unterschieden und diese Unterscheidung methodisch begründet hat. Er hat diese Unterscheidung zugleich in den Dienst einer Hierarchisierung der Lebens- und Erkenntnisformen gestellt, durch welche die theoretische Lebensform einseitig privilegiert wurde. An dieser Privilegierung hat die praktische Philosophie als *Philosophie* bzw. Theorie teil, wenn auch nicht so sehr aufgrund ihres

Praxisbezugs. Diese aristotelische Unterscheidung ist bis in die neuzeitlichen Überlegungen zur Praxisgestalt von Theorie verbindlich geblieben. Das *verborgen Metaphysische* der aristotelischen Gestalt praktischer Philosophie findet mit Recht besonders deutlich im Teleologiegedanken seinen Ausdruck.

Die Einschränkungen allerdings, die der neuzeitliche Wissenschaftsbegriff der Philosophie gesetzt hat, signalisieren ein Ende der Metaphysik im aristotelischen Sinne einer *prima philosophia*. Damit wird nicht die *Metaphysik-Funktion* von Philosophie entbehrlich, wohl aber der normative Anspruch *erster* Philosophien (eines sogenannten Prinzipiendenkens) auf eine die Einzelwissenschaften ermöglichende oder gar überbietende Theorieform. Die Metaphysik-Funktion der Philosophie hält ja, unter *praktischen* Gesichtspunkten, eine Gestalt von Philosophie fest, die durch die Einzelwissenschaften hindurchgegangen ist. Sie kann gegewärtig, um den aristotelischen Sprachgebrauch zu variieren, nur *letzte Philosophie* sein.[16]

Nach Aristoteles bezieht sich die *praktische Philosophie* auf das *ergon*. Sie orientiert sich am Handeln und vollzieht sich im Gegenstandsbereich der veränderbaren Dinge. Die theoretische Philosophie dagegen erstreckt sich auf die *alḗtheia/theoría*, in bezug auf die wir uns, wie schon aus diesen Bezeichnungen selbst deutlich wird, als Zuschauer, Betrachter, verhalten. *Ethik, Ökonomik und Politik* sind, wenn auch nicht unwahr, so doch weniger oder anders wahr als dasjenige, auf das die theoretische Lebensform eigentlich gerichtet ist. Sie sind weniger bedeutsam, weil sie nicht oder doch nur in einem eingeschränkten Sinne reflektierte und theoretisch legitimierte Praxis sind. Aristoteles interessiert sich in diesem Kontext für ein Handeln, das unter anderem durch Teilhabe an Handlungsgemeinschaften ein bestimmtes Telos verwirklicht. Der Mensch kann zum Prinzip des Handelns werden, weil er an einem Telos teilhat, dessen gleichsam ontologische Struktur den Menschen *seine* Wahrheit finden läßt: Er ist zugleich selbst- und fremdbestimmt: Der Einzelne und abstrakt die Menschheit, das Leben *(bíos)*, sind zwar Prinzip des Handelns bzw. der Praxis, aber das Leben selbst scheint dabei als jene Tätigkeit auf, die ihr Telos in sich selbst trägt.

An diesem Punkt angelangt, stellt sich das Problem, ob die prinzipielle Aussage, in der die konkrete Praxis auf ein in sich feststehendes Sein bezogen wird, nicht gerade jene Unmittelbarkeit zu Verschwinden bringt, die wir mit einem Praktisch-Werden von Philosophie und damit mit 'gelebter Weisheit' in Verbindung bringen. Allerdings gilt es bereits bei Aristoteles und nicht erst in der Neuzeit und Gegenwart zwischen einer praktischen Philosophie als der spezifischen Philosophie der

Praxis, den strukturellen Bedingungen menschlicher Praxis wie den normativen Prinzipien richtigen Handelns, und einem Praktisch-Werden von Philosophie unter generellen Aspekten zu unterscheiden. Letzteres kennt keine Differenz zwischen Theorie und Praxis oder, in aristotelischer Terminologie, zwischen veränderlichem und unveränderlichem Seienden. Bei Aristoteles ist es, wie die Nikomachische Ethik ausweist, gerade der *Weisheitsaspekt* der Philosophie, der dem undifferenzierten Sich-Ausliefern an das Vergängliche wehren soll. Gegenwärtig wird dieser Weisheitsaspekt vielfach mit einer ‘Weisheit’ verwechselt, die Lebenspraxis mit Theoriefeindlichkeit gleichsetzt. Letztere kann aber auch das Resultat einer Engführung von Theorie sein, die die Anliegen und Fragestellungen der Philosophie in der Antike in einem engmaschigen Netz von Systematisierungen so sehr verzerrt hat, daß ihre lebenspraktische und lebensweltliche Bedeutung nahezu unerkennbar geworden ist. Freilich läßt sie sich auch nicht dadurch wiederentdecken, daß sich ein falscher Eklektizismus ihrer annimmt, wie er sich zunehmend in pseudophilosophischen Traktaten zu Worte meldet.[17] Ihr vermeintlich existentieller Ernst steht in einem umgekehrten Verhältnis zu ihrer Seriosität, ganz zu schweigen von ihrem wissenschaftlichen Ertrag. Es ist zudem ein weitverbreitetes Vorurteil, daß sich einfach nach Belieben, sozusagen eskapistisch, an antike Moralvorstellungen, Lebenslehren und Tugendkataloge anknüpfen ließe, so, als handle es sich hier um ewige, zeitlos gültige Wahrheiten. Das gilt es vor allem dann zu betonen, wenn die Philosophie in der Antike gleichsam als ein Steinbruch bemüht wird, Brocken zurechtzuhauen, die sich in jene Leerstellen einfügen lassen, die in einem erodierenden christlich-abendländischen Wertegebäude allenthalben sichtbar werden. Wer möchte schon die antike Sklavenhaltergesellschaft oder aristotelische Muße als Bedingung der Philosophie, die ja nichts anderes als Notwendigkeit der Entlastung von jeder Erwerbsarbeit meint, als Zugabe und Aufpreis für ein Leben nach den Maximen der klassischen griechischen Ethik in Kauf nehmen, ganz abgesehen davon, daß die Krise jener Werte, die durch den Rekurs auf die Antike substituiert werden soll, ja auch darüber belehren kann, eine wie diffizile und ins äußerste Detail gehende historisch-exegetische Arbeit notwendig ist, die begehrten Paradigmen überhaupt erst in ihren Voraussetzungen zur Kenntnis zu nehmen und zu verstehen.[18]

Die Philosophie in der Antike war durchaus immer auch Lebenslehre und Reflexion über unterschiedlich mögliche Lebensformen, bis hin zu einer ausformulierten und begründeten Lebenskunst. So bemerkt Aristoteles in einem Abschnitt seines Protreptikos[19]: „Wer kann uns ein genauerer Maßstab und Richtpunkt für das Gute sein, als der Weise?" Es dürfte kaum einem Zweifel unterliegen, daß auch für Aristoteles kein anderer als Sokrates dieser Weise ist. Freilich sind alle Zeugnisse, die wir über Sokrates besitzen, wie die Historien Xenophons, die Satiren eines Aristophanes und ganz zu schweigen von den Dialogen Platons, Idealisierungen, wenn nicht gar Verzerrungen. Sokrates, die Projektion eines Ideals, vielleicht eines Ideals, das gar nicht lebbar ist, repräsentiert selbst noch durch diese Quellenlage und das Legendarische, das sich mit seiner Person verbindet, die Ambiguität antiker Weisheit, die das schlechthin Einfache und zugleich das von seinem Begriff her absolut Unmögliche ist. So ist, mit Ausnahme des Epikureismus, der in der „Gartenexistenz" den vollendeten Zustand des Weisen erblickte, die Weisheit als ein bloßes Ideal zu sehen. Es liegt in der dem Menschen als solchen gar nicht erreichbaren „Rückkehr zu sich selbst, die das Ich von der Selbstentfremdung befreit, zu der die Sorgen, Leidenschaften und Begierden es gebracht haben (...), zu einem völlig leidenschaftslosen, luziden Zustand, zur Kenntnis der eigenen Person und Welt."[20] Der einzige, den wir behaupten hören, er habe diesen Zustand nicht nur einmal erlangt, ist Plotin; ihm eröffnet die Rückführung des Vielen auf das Eine den Weg, der in die Zeit- und Ortlosigkeit der *hénōsis* führt. Noch radikaler als bei Aristoteles vermischen sich hier Intellektualismus und Lebenspraxis. Bei Aristoteles, dessen Privilegierung des *bíos theōrētikós* die Weisheit ebenfalls von einer bestimmten Lebenspraxis, dem der Theorie geweihten Leben, auf dasjenige hin projiziert, was dem Schauenden, dem *theōrós*, in dieser Schau, einer bestimmten *Praxis* also, aufgeht: das Wissen um die letzten Prinzipien. Vielleicht ist das Prinzipienwissen, das später *Metaphysik* heißen wird, nicht mehr und nicht weniger als ein *Weisheitssurrogat*. Ist die Philosophie insgesamt nichts weiter als ein solcher Ersatz, ein 'Statt dessen'? Zu Beginn haben wir darauf hingewiesen, das *G. Colli* das surrogative Moment der Philosophie an ihrer Textgestalt festzumachen versucht hat. Ein zusätzliches inhaltliches Argument bringt Platon in seinen Dialogen vielfach variiert selber vor, nämlich jene Bestimmung, nach der der Philosoph weise und zugleich nicht weise ist. Seine 'Weisheit' resultiert aus dem Ungenügen an dem, was er hat; weil er aber das, was über das Gegebene hinausreicht, noch nicht erlangt und weiterhin am Alltagsleben und an den Verrichtungen der Vielen noch Anteil hat, ist er noch nicht 'weise' zu nennen. Im ›Symposion‹ kleidet der platonische Sokrates dieses Hin- und Hergerissensein in das Bild des Hineingespanntseins zwischen Göttliches und Tierisches. Weder die Götter noch die Tiere bedürfen der Philosophie, die einen, weil sie weise sind, die anderen, weil sie nie zur Weisheit gelangen können. Ausschließlich der Mensch, ausgespannt zwischen diesen beiden Extremen, bedarf der Philosophie, ist *philó-sophos*. Die Liebe zur Weisheit erhebt ihn, wiewohl weit von allem Göttlichen entfernt, doch über die vernunftlose Kreatur. Hadot[21] schreibt: „Der Philosoph lebt so in einem Zwischenzustand: Er ist nicht weise, aber er ist auch nicht nicht-weise. Er wird deshalb ständig hin- und hergerissen zwischen seinem philosophischen und seinem nicht-philosophischen Leben, zwischen dem Bereich des Gewöhnlichen und Alltäglichen und dem Bereich des Bewußtseins und der Klarsichtigkeit. Ebenso wie das philosophische Leben ein Praktizieren der geistigen Übungen ist, ist es ein Sichlosreißen vom Alltagsleben: Es bedeutet Umkehr, radikale Änderung der Weise, die Dinge zu sehen, des Lebensstils, des Verhaltens.“

Abstrakt, wiederum ausschließlich auf der Ebene der Theorie, könnte dies das Bemühen um eine nichtpartikuläre, universalistische Perspektive bedeuten, ein Bemühen, für das die Philosophie in der Antike seit ihren Anfängen ein imposantes begriffliches Repertoir bereit hält. An die stete Forderung nach Objektivität ist hier ebenso zu erinnern wie an den Willen, dem *logos* zu folgen und die Norm des *agathón* anzuerkennen. Dieses Allgemeine und die Abkehr von allen Partikularismen spricht schon in der Logoslehre *Heraklits* eine deutliche Sprache, wie die beiden folgenden *Sextus Empiricus*[22] zugeschriebenen Fragmente zeigen, die – in rhythmischer Sprache – eine Art Programm der Philosophie formulieren:

Gegenüber dem hier offenbar gewordenen ewigen Logos
(B 1 (A 1)
erweisen die Menschen sich ohne Verstehen
(B 1)
noch bevor sie ihn gehört haben
(1 A)
und selbst wenn sie ihn gehört haben.
(1 b)

Denn obwohl alles in Übereinstimmung mit dem einmal offenbar gewordenen Logos geschieht,
(A 2)
sind sie Unerfahrenen zu vergleichen,
(B 2)
sie sind, ob sie Worte oder Taten planen, Unerfahrenen gleich,
(2 ab)
im Verhältnis zu den Worten und Taten, die ich darlegte,
(A 3)

indem ich jedes (von ihnen) seiner Natur nach auseinanderlegte
(3a)
und erklärte, was es damit auf sich hätte.
(b)

Den anderen Menschen bleibt verborgen,
B3)
was sie im Wachen tun,
(3a)
genau wie das, was sie im Schlafe
(b1)
vergessen.
(b2)

Es geziemt sich, sich an das Allgemeine zu halten,
B2 (A4)
an den Logos, der jedem Ding gemeinsam ist.
(4a)
Es leben aber die Leute,
(B4a)
als ob es so etwas gäbe wie eine eigene Einsicht.
(B4b)

Dieses Fragment beschreibt den Aufstieg vom Privaten (des Sprechenden, d.h. Heraklits) zu einem Allgemeinen, in dessen Spiegel das Private der Vielen als nichtig zergeht. Den zeitlichen und räumlichen Prädikaten dieses Einen, des *lógos*, stehen die Menschen ebenso verständnislos gegenüber, wie sie ihre Situation als nicht Verstehende verstehen. Übersetzt man *lógos* mit *Wort* und dann in einem eher weiten Sinne als *Sprache*, dann, so wäre zu argumentieren, wird Heraklit die Sprache vor allem deshalb zum Problem, weil sie offensichtlich vorgängig immer schon, nicht von sich aus[23], aber doch in ihrem 'realen Wirken', *Mißverstehen* und nicht *Verstehen* ist. Auch diejenigen, die den *lógos* vernommen haben, bleiben unverständig, aber nun nicht mehr in einem gleichsam apriorischen, sondern in einem empirischen Sinne: in ihrer *empeiría*, d.h. in der Art und Weise eigener Erlebnisse und Erfahrungen begegnen sie dem *lógos*, dem Gesetz von allem, ohne es doch wahrzunehmen oder zu verstehen. So ist ihr (vermeintliches) Wissen im wachen Zustande eher dem Vergessen dessen gleich, was sie im Schlafen tun. Sie leben, als ob sie eine eigene, 'private', dem *lógos*, dem Allgemeinen, überlegene Einsicht in das Wesen der Dinge besäßen.

Der reale Dissenz von der Welt der Dinge spricht aus der ebenfalls wiederkehrenden, vom platonischen Sokrates vorgetragenen Definition, nach der Philosophie nichts anderes heiße als *sterben zu lernen*, eigentlich: *Sich im Sterben zu üben*. Nun läßt sich auch diese Maximalforderung durch Allegorisierung entschärfen: Sterbenlernen bedeutet dann etwa: den Eigenwillen hintanzustellen und die Leidenschaften zu besiegen, die Tyrannei der Begierden abzuschütteln, all dies monströse Verharmlosungen, die ebensosehr in die Richtung bürgerlicher Wohlanständigkeit weisen wie ein zur bloßen Spießbürgerweisheit herabgesunkenes Christentum: Hier wie dort ist der Ernst der Anfänge gezähmt und eingefriedet worden. Zwischen beiden Bewegungen herrscht aber auch eine Parallele im Positiven: Die Weisheitsdimension der Philosophie in der Antike ist ohne ihre *soteriologische Dimension* nicht zu haben, und Hadot[24] bemerkt zu Recht, daß angesichts der Bestimmung der Philosophie als eines Sterbenlernens „alles frühere und heutige philosophische Geschwätz ziemlich leer" scheint. Allerdings verharmlost auch er selber, wenn er Platon so interpretiert, als sei die Übung im Sterben „eine geistige Übung, die darin besteht, die Perspektive zu wechseln (...). In dieser Perspektive des reinen Denkens erscheinen die 'menschlichen, allzu menschlichen' Dinge sehr geringfügig. Hierin besteht eines der Grundthemen der platonischen geistigen Übungen. Mit Hilfe einer solchen geistigen Übung bewahrt man die innere Ruhe im Unglück"[25]. Den Philosophen in der Antike ging es nicht um solche Ruhe und Beruhigung. Das, was sie vorbrachten, war anstößig und verlangte schon zu ihrer Zeit der Kompensation. Für eine solche Kompensation halte ich alles, was unter dem Stichwort *Ironie* dem platonischen Sokrates zugeschrieben wird.[26] Eher dürfte Horkheimers Einschätzung der Philosophie auch für die Antike Gültigkeit haben, in der es heißt: „Philosophie ist der methodische und beharrliche Versuch, Vernunft in die Welt zu bringen; das bedingt ihre prekäre, umstrittene Stellung. Sie ist unbequem, obstinat und zudem ohne unmittelbaren Nutzen, also wirklich eine Quelle des Ärgernisses."[27]

ANMERKUNGEN

Zur Einleitung

[1] Aristoteles, Metaphysik 992 a 1 f.

[2] Statt einer ausführlichen Begründung, wie sie in der vorliegenden Einführung schrittweise gegeben werden soll, sei folgendes Zitat gestattet: „Doch wenn jede der Autoritäten aus dem Zerfall der vorhergehenden entsprungen ist, fehlt der Entscheidung für diese oder jene die Legitimation. Warum sollte man sich etwa für die urbane Aufklärungsautorität des politischen Humanismus entscheiden, da sie sich doch der Auflösung der monotheistischen Autorität des Christentums verdankt? Offenbar nicht, um damit wiederum Bindungen herzustellen, wiederum Autoritäten auf den Schild zu heben, sondern höchstens, weil sie nur dem Namen nach eine Autorität, der Sache nach deren Gegenteil ist; weil sie in ihrer politischen Verwirklichung nicht zur Befestigung nackter Herrschaft beiträgt; ihr Zwang besteht, der eigenen Idee zufolge, einzig in dem der 'zwingenden Einsicht'". J. Habermas, Philosophisch-politische Profile, Frankfurt a. M. 1971, 231.

[3] M. Horkheimer, Kritische Theorie II, Frankfurt [2]1968, 272.

Zum I. Kapitel

[1] H. Blumenberg, Wirklichkeitsbegriff und Wirklichkeitspotential des Mythos, in: M. Fuhrmann (Hrsg.), Terror und Spiel. Probleme der Mythenrezeption, München 1971, 11–66; 33 f. Auch im folgenden wird auf diese eigenwillige Deutung des Mythos Bezug genommen.

[2] Ibid., 35.

[3] Ibid., 43 f.

[4] Ibid., 50.

[5] E. Cassirer, Philosophie der symbolischen Formen, 3 Bde., Darmstadt 1969, II 78.

[6] Ibid. II 82.

[7] Vgl. 521 C–527 B.

[8] Symposion 347 E/348 A.

[9] Politeia 479 C/D.

[10] Heraklit B 56: „Getäuscht werden die Menschen gerade in der Erkenntnis dessen, was offen zutage tritt."

[11] Politeia 377 B.

[12] Politeia 377 A.

[13] Phaidon 60 B/C.

[14] Th. W. Adorno/M. Horkheimer, Dialektik der Aufklärung, Frankfurt a. M. ²1969, 6.

[15] Th. W. Adorno, Negative Dialektik, Frankfurt a. M. ²1973, 130.

[16] „‚Das Symbol gibt zu denken'. Dieser Spruch … sagt zweierlei: das Symbol gibt; aber was es gibt, das ist: zu denken, etwas zu denken. Das Symbol gibt: eine durch den Mythos belehrte Philosophie findet sich an einem gewissen Punkte der Reflexion ein, und sie will, über die philosophische Reflexion hinaus, auf eine gewisse Situation der modernen Kultur antworten … Der Anfang ist nicht das, was man zuerst findet; man muß zum Ausgangspunkt vordringen, man muß ihn erobern … Die Illusion besteht nicht darin, einen Ausgangspunkt zu suchen, sondern ihn ohne Voraussetzung zu suchen; es gibt keine Philosophie ohne Voraussetzung" (P. Ricœur, Symbolik des Bösen, Phänomenologie der Schuld II, Freiburg i. Br./München 1971, 396).

[17] B 2: „Die vielberedeten vier Prinzipien, deren erstes wir Wasser nennen und zum gewissermaßen einzigen Elemente machen, werden zur Vereinigung und Gerinnung und Verbindung der irdischen Dinge miteinander zusammengemischt."

[18] B 9: „Anfang der Dinge ist das Unendliche. Woraus aber ihnen die Entstehung ist, dahin geht auch ihr Vergehen nach der Notwendigkeit, denn sie zahlen einander Strafe und Buße für ihre Vergehen nach der Ordnung der Zeit."

[19] Heraklit B 123.

[20] G. Kafka, Die Vorsokratiker, München 1921, 17.

[21] Theaitetos 181 A.

[22] M. Heidegger (Holzwege, Frankfurt a. M. ³1963, 296–343) übersetzt den Spruch des Anaximander so: „… entlang dem Brauch; gehören nämlich lassen sie Fug und somit auch Ruch eines dem anderen (im Verschwinden) des Un-Fugs." Heidegger will seine Übersetzung nicht wissenschaftlich rechtfertigen, noch will er, daß sie auf irgendeine Autorität hin geglaubt wird. Der Spruch spricht in seinem Verständnis lediglich darauf an, daß wir die eigenen Ansprüche des gewohnten Vorstellens ablegen und im Bedenken der „Wirrnis des jetzigen Weltgeschicks", welches dem Spruch zugrunde liegt und darin seinen Ursprung hat, daß der „aufständige Mensch" – aufständisch gegen Natur und Geschichte – außerstande ist, einfach zu sagen, *was* dies *ist*, daß ein Ding *ist*, diese Situation überwinden. – Nitzsche übersetzt (1873) den Spruch so: „Woher die Dinge ihre Entstehung haben, dahin müssen sie auch zugrunde gehen, nach der Notwendigkeit; denn sie müssen Buße zahlen und für ihre Ungerechtigkeit gerichtet werden, gemäß der Ordnung der Zeit."

[23] R. Schaeffler, Religion und kritisches Bewußtsein, Freiburg i. Br./München 1973, 226 f.

[24] Heraklit B 49.

[25] Vgl. Empedokles B 90.

[26] Vgl. Anaxagoras B 12.

[27] W. Jaeger, Die Theologie der frühen griechischen Denker, Stuttgart 1964, 187 f.

[28] F. Nietzsche, Götzendämmerung, Stuttgart 1954, 96.

[29] Vgl. Anaxagoras B 14.

[30] Anaxagoras B 8.

[31] Demokrit (B 119) will den Nachweis führen, wie einheitlich die naturhafte und die menschliche Gesetzmäßigkeit übereinkommen; B 176 führt dann aus: „Der Zufall ist freigiebig, jedoch unzuverlässig, während die Natur in sich selbst gegründet ist. Ihre geringeren, aber doch zuverlässigeren Mittel bieten mehr Orientierung als die dem Zufall sich anknüpfenden Hoffnungen."

[32] Leukipp B 2.

[33] Kafka, a. a. O., 132 f.

Zum II. Kapitel

[1] J. Habermas, Erkenntnis und Interesse, Frankfurt a. M. 1968, 44.

[2] Ibid., 46.

[3] Ibid., 39.

[4] § 6. S. 49 der Ausgabe von Vorländer, Hamburg [7]1961.

[5] Ibid., § 14. S. 61.

[6] Diels II/B 1: „Der Mensch ist das Maß aller Dinge, der Seienden, daß und wie sie sind, und der Nichtseienden, daß und wie sie nicht sind."

[7] J. Stenzel, Metaphysik des Altertums, München/Berlin 1931, 81.

[8] Vgl. H. Boeder, Zu Platons eigener Sache, in: PhilJb 76 (1968/69) 37–66, 45 f.

[9] Metaphysik 1011 b 26 f.

[10] Protagoras B 7.

[11] Boeder, a. a. O., 49.

[12] Boeder, a. a. O., 51.

[13] K. Reinhardt, Vermächtnis der Antike. Gesammelte Essays zur Philosophie und Geschichtsschreibung (hrsg. von C. Becker), Göttingen 1960, 221.

[14] Platon, Theaitetos 167 C.

[15] Boeder, a. a. O., 50.

[16] Vgl. Platon, Kriton 48 A 5.

[17] Metaphysik XIII, 4.

[18] Boeder, a. a. O., 56 f.

[19] Boeder, a. a. O., 58.

[20] Stenzel, a. a. O., 93.

[21] Vgl. Heraklit B 1 und B 50.

[22] Stenzel, a. a. O., 92.

[23] Ibid.

[24] Memorabilien III, 11.

[25] Platon, Kriton 46 B.

[26] Platon, Theaitetos 149 A.

[27] Apologie 23 A.

[28] G. W. F. Hegel, Geschichte der Philosophie II, 117 (hrsg. von H. Glockner, Stuttgart [3]1952).

[29] Vgl. Phaidros 229 E 5.

[30] Vgl. Aristotelis fragmenta selecta (ed. Ross), 73.

[31] Gorgias 454 E 2 f.

[32] Boeder, a. a. O., 59 f.

[33] Kriton 48 B 8.

[34] Boeder, a. a. O., 66.

[35] G. W. F. Hegel, Wissenschaft der Logik I (ed. E. Moldenhauer u. K. M. Michel), Frankfurt a. M. 1969, 23.

[36] K. Marx, Die heilige Familie, in: Frühe Schriften I (ed. H. J. Lieber und P. Furth), Darmstadt 1962, 761.

[37] I. Kant, Grundlegung der Metaphysik der Sitten (ed. K. Vorländer), Hamburg [7]1961, 88.

[38] Metaphysik 1078 b 23.

[39] Stenzel, a. a. O., 98.

[40] 36 C.

[41] Apologie 29 E.

[42] Vgl. J. Habermas, Theorie und Praxis, Neuwied [2]1967, 318 f.

[43] Platon, Sophistes 259 D.

[44] Platon, Philebos 58 A; Phaidros 276 E.

[45] Vgl. Platon, Parmenides 165.

[46] Parmenides 166 C.

[47] Sophistes 219 A.

[48] Politikos 286 D/287 A.

[49] Parmenides 129 E.

[50] Sophistes 253 D.

[51] Vgl. Timaios 29 A.

[52] Phaidros 274 C.

[53] In diesem Sinne interpretierte M. Heidegger (Platons Lehre von der Wahrheit, Bern [2]1954, 39) das Höhlengleichnis: „Das Höhlenfeuer, das die sich selbst im eigenen Wesen nicht kennende Vernehmung der Schatten ermöglicht, ist das Bild für den unbekannten Grund jener Erfahrung des Seienden, die zwar Seiendes meint, aber es nicht als solches kennt."

[54] Vgl. Politeia 517 B.

Zum III. Kapitel

[1] Siehe hierzu u. a. vom Verf.: Zur Nähe klassischer und moderner Theodizeeversuche zum mythischen Denken. Platon–Leibniz–Horkheimer, in: Franziskanische Studien 57 (1975) 196–229.

[2] U. Hölscher, Anaximander und die Anfänge der Philosophie, in: H. G. Gadamer (Hrsg.), Um die Begriffswelt der Vorsokratiker, Darmstadt 1968, 95–117, 118.

[3] Physik 204 b 22 f.

[4] Vgl. ibid,. 203 b 14.

5 Vgl. Heraklit B 8 und B 54.

6 Im I., III. und X. Buch.

7 Phaidon 114.

8 Besonders der 'Mythos des Er' und die vorausgehenden Dialoge in der Politeia (608 B–614 B; 614 B–621 D) und der Schöpfungsmythos im Dialog Timaios (29 D–30 B, 92 b) sowie Symposion 178 B.

9 K. Reinhardt, Vermächtnis der Antike, a. a. O., 275.

10 Metaphysik 988 a 14.

11 W. Bröker, Plato über das Gute, in: Lexis II, 1 (1949) 47–66.

12 Politeia 509 A.

13 Nomoi 897 A/D.

14 Politeia 617 D/E.

15 Politeia 621 B.

16 Vgl. hierzu vom Verf.: Das Theodizeeproblem heute, in: NZSThR 17 (1975) 179–194.

17 Theaitetos 176 A.

18 Theaitetos 176 C.

19 854 C; vgl. auch Politeia 613 A.

20 J. Habermas, Legitimationsprobleme im Spätkapitalismus, Frankfurt a. M. 1973, 165.

Zum IV. Kapitel

1 Vgl. Phaidon 80 A 8–B 6.

2 Timaios 48 A/D.

3 Vgl. Politeia 521–526.

4 Politeia 611 E 3/4.

5 Vgl. Timaios 35 A u. 41 D.

6 Politeia 504 E.

7 Vgl. Politeia 508 E.

8 Politeia 509 B 9.

9 Symposion 211 B 3/5.

10 Platon, Parmenides 166 C 1.

11 Vgl. Symposion 211 und Phaidros 252.

12 Phaidros 250 A.

13 Vgl. Timaios 35.

14 Vgl. Phaidon 103 B und Timaios 35.

15 Vgl. Symposion 206.

16 Vgl. Phaidon 101.

17 Phaidon 70/72.

18 Phaidon 104/105.

19 W. Windelband, Geschichte der antiken Philosophie (bearbeitet von A. Bonhöffer), Munchen ^{3}1912, 186.

20 P. Natorp, Platons Ideenlehre. Eine Einführung in den Idealismus, Hamburg ^{4}1975, 378.

[21] Phaidros 247 C/248 A.

[22] Nomoi 892 A.

[23] Nomoi 897 B/C.

[24] Timaios 29 A.

[25] Timaios 27 D.

[26] Vgl. Symposion 211 A.

[27] Natorp, a. a. O., 191 f.

[28] Politeia 517 C.

[29] Natorp, a. a. O., 200.

[30] Dialektik und Sophistik im siebten platonischen Brief, SB Heidelberg (philos.-historische Klasse) 1964, 31.

[31] K. Oehler, Der entmythologisierte Platon, in: W. Wippern (Hrsg.), Das Problem der ungeschriebenen Lehre Platons. Beiträge zum Verständnis der platonischen Prinzipienphilosophie, Darmstadt 1972, 95–132. 108 f.

[32] Ibid., 109.

[33] H. Gomperz, Platons philosophisches System, in: Wippern (Hrsg.), a. a. O., 159–165, 108 f.

[34] Natorp, a. a. O., 456.

[35] Politeia 477 A.

[36] Windelband, a. a. O., 225.

[37] Aristoteles, Metaphysik 1028 a 10.

[38] Metaphysik 1003 a 33 f.

[39] Metaphysik 983 a 21.

[40] Metaphysik 1026 a 19.

[41] Vgl. Metaphysik 1026 b 1 f.

[42] Vgl. Metaphysik 1025 b 10–18.

[43] Metaphysik 1026 a 16.

[44] Metaphysik 1069 a 30–b 2.

[45] M. Wundt, Untersuchungen zur Metaphysik des Aristoteles, Stuttgart 1953, 56.

[46] Metaphysik 1028 b 33.

[47] R. Hönigswald, Die Philosophie des Altertums. Problemgeschichtliche und systematische Untersuchungen, Leipzig/Berlin [2]1924, 348.

[48] R. Hönigswald, Geschichte der Erkenntnistheorie, Darmstadt 1966, 24 f.

[49] Windelband, a. a. O., 227 f.

[50] Aristoteles, Physik 184 b 30.

[51] Metaphysik 1065 b 16.

[52] Physik 257 b 7 f.

[53] W. Bröker, Aristoteles, Frankfurt a. M. 1935, 59.

[54] Ibid., 61.

[55] Metaphysik 1070 a 1.

[56] Metaphysik 1071 b 23–26.

[57] Metaphysik 1072 b 4.

[58] Vgl. Metaphysik 1074 a 37.

[59] Metaphysik 1072 a 27.

[60] Metaphysik 1072 a 30 f.
[61] Bröker, a. a. O., 217 f.
[62] Metaphysik 1072 b 18 f.
[63] Stenzel, a. a. O., 172.
[64] Metaphysik 1074 b 33 f.
[65] Vgl. Metaphysik 1072 b 24 und Eth. Nik. 1178 b 21 f.
[66] Eth. Nik. 1106 b 11.
[67] Windelband, a. a. O., 243.
[68] Eth. Nik. 1174 b 31.
[69] Eth. Nik. 1094 a 19.
[70] Eth. Nik. 1177 b 30.
[71] Eth. Nik. 1094 a 1 f.
[72] H. Buchner, Grundzüge der aristotelischen Ethik, in: PhilJb 71 (1963/64) 230–242, 235.
[73] Eth. Nik. 1103 a 17.
[74] J. Ritter, 'Politik' und 'Ethik' in der praktischen Philosophie des Aristoteles, in: PhilJb 74 (1966/67) 235–253, 238.
[75] Eth. Nik. 1106 b 36.
[76] Ritter, a. a. O., 240.
[77] Politik 1254 a 7.
[78] Ritter, a. a. O., 243.
[79] Ritter, a. a. O., 245.
[80] Politik 1269 a 7.
[81] Politik 1269 a 2.
[82] Ritter, a. a. O., 248 f.
[83] Vgl. dazu: H. Buchner, Grundzüge der aristotelischen Ethik, in: PhilJb 74 (1963) 230–242, 234 f.
[84] Vgl. Ethik. Nik. 1098 a 12 ff.
[85] Ibid., 1098 a 30 ff.
[86] Ibid., 1107 a 1 ff.
[87] Ibid., 1141 a 28 ff.
[88] Ibid., 1140 a 15.
[89] Ibid., 1140 b 5 ff.
[90] Vgl. ibid., 1143 a 1 ff.
[91] Vgl. ibid., 1137 b 44 ff.
[92] Vgl. ibid., 1177 a 36 ff.
[93] Ibid., 1177 b 40.
[94] Vgl. ibid., 1177 b 44.
[95] Vgl. ibid., 1177 b 53.
[96] Ibid., 1144 b 50 ff.

Zum V. Kapitel

1 Windelband, a.a.O., 117f.
2 Hönigswald, Die Philosophie des Altertums, a.a.O., 223.
3 Vgl. H. Usener (Hrsg.), Epicurea, Leipzig 1887; 345, 24.
4 Ep. ad. Herod. § 38 Lucr. I, 150–214.
5 Ep. ad. Herod. § 39 Lucr. I, 215–264.
6 Ep. ad. Herod. § 57 Lucr. I, 615–616.
7 Lucr. I, 584–598.
8 Vgl. Plut. adv. Colot. c. 8, p. 1111 B.
9 Lucr. II, 251–293.
10 Vgl. Lucr. I, 1035–1051; II, 1144–1149.
11 Usener, a.a.O., 60.
12 Usener, a.a.O., 246.
13 Cicero, De natura deorum I, 2054.
14 Lucretius, De rerum natura I, 64f.
15 W. Weischedel, Der Gott der Philosophen, 2 Bde. Darmstadt 1971, I 59f.
16 Usener, a.a.O., 48.
17 Platon, Politeia 617B.
18 Horkheimer, a.a.O., II 82.
19 Ibid., 64f.

Zum VI. Kapitel

1 Platon, Sophistes 246Aff.
2 G. W. F. Hegel, Vorlesungen über die Geschichte der Philosophie (Bd. II), hrsg. von H. Glockner, Bd. 18 der Jubiläumsausgabe, Stuttgart [3]1952, 289.
3 Ibid., 288.
4 Der Begriff 'Hellenismus' ist eine Schöpfung J. G. Droysens, der damit versuchte, in der Überwindung des Klassizismus dem Entwicklungsgedanken in der Geschichtswissenschaft Raum zu schaffen. Nach seinen eigenen Worten wandte er sich einem Zeitraum zu, der „mißachtet zu werden pflegte als eine große Lücke, als ein toter Fleck in der Geschichte der Menschheit, als eine ekelhafte Ablagerung aller Entartung, Fäulnis, Erstorbenheit" (vgl. H.E. Stier, Grundlage und Sinn der griechischen Geschichte, Stuttgart 1945, 26). Über Droysens zum Teil veraltete Analysen hinaus bezeichnet der Begriff gegenwärtig das Ergebnis jener Hellenisierung, „die seit Alexander Programm war und von den Unterworfenen akzeptiert wurde ... er hat für das geistige Zusammenwachsen der Alten Welt unter dem Vorbild der griechischen Kultur sowie für den – zuerst von Diogenes von Sinope formulierten – intellektuellen Kosmopolitismus in den Zentren der Wissenschaften und Künste die Grundlagen geschaffen" (vgl. Art. Hellenismus von J. Busche, in: J. Ritter [Hrsg.], Historisches Wörterbuch der Philosophie III, Darmstadt 1974, Sp. 1052).
5 „Erst jetzt wird es notwendig, moralphilosophisch auf jenes Faktum zu reflektieren. Im Unsterblichkeitsglauben der älteren Antike war gleichsam der

Glaube an die Unsterblichkeit der Polis mit dem an ihre unsterblichen Götter in eins verschmolzen. Mit der Erfahrung der Hinfälligkeit der Polis und mit der Herauslösung des Individuums aus der Polisgemeinschaft löst sich der Unsterblichkeitsgedanke von den menschlichen Ordnungen und Verhältnissen los: nur mehr die Götter sind (bei aller Menschlichkeit) unsterblich. Die materialistisch oder naturalistisch denkenden Schulen der Spätantike können auch nicht mehr – wie Sokrates oder Platon – in der Unsterblichkeit der Seele einen Ersatz für den Verlust des Ewigkeitsglaubens an die Polis und ihre Götter (und 'in ihnen' aufgehoben aller Polites) finden, sie lehren, wie sich der Einzelne mit seiner Endlichkeit abfinden kann und wie er – gerade durch solches sich Abfinden – zu größtmöglichem Glück gelangt" (I. Fetscher, Vom Leben in der Endlichkeit, in: Concilium 11 [1975] 332–340, 333).

[6] Stenzel, a. a. O., 187.

[7] Sextus Empiricus, IX, 102–108.

[8] Aufgeführt im 4. Buch der Politik.

[9] Cicero (Acad. II, 17, 59) definiert die epochē so: „Id est adsentionis retentio." Vgl. auch die analoge Bestimmung in der neueren Phänomenologie.

[10] Vgl. Diogenes Laertius IX, 61 104.

[11] Vgl. Adv. math. IX. 204 sq.

[12] Dem Betrachter der Geschichte geht „an der Person Alexanders die Erkenntnis auf, daß es die großen Männer sind, die die Geschichte machen; ein Solon, Miltiades, Aristeides, Perikles, Brasides, die durch ihre Arete auch eine widrige Tyche überwinden. Man versteht, wie von diesem geschichtlichen Heroenkult eine Brücke führte zur Apotheose der hellenistischen Könige und später der römischen Kaiser, die als Götter und Heilande (sotēres) gefeiert wurden" (W. Nestle, Griechische Weltanschauung in ihrer Bedeutung für die Gegenwart. Vorträge und Abhandlungen, Stuttgart 1946, 354).

[13] Sämtl. Werke (ed. G. Lasson), Bd. VIII/1 Leipzig 1920, 70 f.

[14] J. Baur, Plädoyer für Plato, in: PhilJb 82 (1975) 129–131, 131.

[15] Aristoteles, Eth. Nik. 1099 a.

[16] KrV B 882/B 493 ff.

[17] Gorgias 501 A und 464 C.

[18] Metaphysik 981 a 15.

[19] K. Deichgräber, Die griechische Empirikerschule, ^{2}1965, 295.

[20] Deichgräber, a. a. O., 298 f.

[21] Ibid., 298.

[22] Vgl. Galen, scr. min. III 2, 12.

[23] Deichgräber, a. a. O., 301

[24] Ibid., 302 f.

[25] F. A. Lange, Geschichte des Materialismus (ed. A. Schmidt), 2 Bde. Frankfurt a. M. 1974, I 90.

[26] P. Barth, Die Stoa (neu bearbeitet von A. Goedeckemeyer), Stuttgart ^{5}1941, 13.

[27] Platon, Apologie 30 A.

[28] M. Pohlenz, Die Stoa. Geschichte einer geistigen Bewegung, 2 Bde., Göttingen 1948, I 32f.

[29] Ibid., 35.

[30] Stoic. vet. fragm. (ed. v. Arnim) II, 1021.

[31] Ibid., I, 160.

[32] Ibid., I, 172.

[33] Ibid., II, 913.

[34] Ibid., I, 199f.

[35] Pohlenz, a. a. O., I 56.

[36] Vgl. Stoic. vet. fragm., I, 152.

[37] Barth, a. a. O., 17.

[38] Vgl. Lange, a. a. O., I 76.

[39] Pohlenz, a. a. O., I 68.

[40] Ibid., I 117.

[41] 617 E.

[42] Vgl. Stoic. vet. fragm. I, 185–190 und III. 153.

[43] So behauptete Chrysipp (II, 1177), Gott ließe Kriege und Unglücksfälle zu, um eine Überbevölkerung zu verhindern.

[44] Sinn des Negativen in der Welt ist dementsprechend die Abschreckung der zum Bösen Neigenden, die Bestrafung des Sünders und die Festigung des Guten in der Tugend (vgl. Stoic. vet. fragm. II, 1176f.).

[45] Bis in die Theodizee des Leibniz hinein war diese Lehre von Bedeutung: die prästabilierte Harmonie der Dinge, welche die bestmögliche aller Welten erlaubt, entläßt notwendig aus sich heraus das malum metaphysicum, ein naturnotwendiges Negativum im Dienste der Güte des Ganzen.

[46] Stoic. vet. fragm. II, 550.

[47] Chrysipp konkretisierte diese Ausführungen im Bilde jenes Hundes, der – an einen Wagen festgebunden – diesem 'freiwillig' nachläuft (vgl. Stoic. vet. fragm. II, 975).

[48] Pohlenz, a. a. O., I 79.

[49] Vgl. Stoic. vet. fragm. I, 107.

[50] Vgl. Seneca, de prov. VI, 6 („Quia non poteram vos istis subducere, animos vestros adversus omnia armavi").

[51] Chrysipp vergleicht den Zustand des Toren auch mit dem des Kotes: „auch er verbreitet nicht dauernd üblen Geruch, aber rühre ihn nur auf, dann wirst du es merken" (vgl. Cicero, Tusc. IV, 54).

[52] Pohlenz, a. a. O., I 154.

[53] Archedemos, Fragm. 21.

[54] Pohlenz, a. a. O., I 189.

[55] Pohlenz, a. a. O., I 197.

[56] F. Ueberweg, Grundriß der Geschichte der Philosophie. T. 1. Die Philosophie des Altertums (hrsg. von K. Praechter), Berlin [12]1926, 478.

Zum VII. Kapitel

1 Die Einbürgerung der Philosophie in Rom, in: K. Büchner (Hrsg.), Das neue Cicerobild, Darmstadt 1971, 10–37, 10.

2 In einem Stück des Plautus (vgl. Harder, a.a.O., 14) heißt es:

„Jetzt, denn noch magst und darfst du's,
sauf, schlampampe,
Verdirb den jungen Herrn, das brave Blut,
Die Tag und Nächte zecht und ludert durch,
Kauft Mädchen, gebt sie frei, füttert Schmarotzer,
Kauft ein zum Frühstück wie zum Opferschmaus!"

„Für 'ludert durch' steht im Text das gar nicht seltene Wort *pergraecari*, also eigentlich 'durchgriechen': das zeigt schlagend, was damals in breiten Kreisen als charakteristisch griechisch empfunden wird" (Harder, ibid.).

3 Harder, a.a.O., 15f.

4 Th. W. Adorno, Negative Dialektik, Frankfurt a.M. [2]1973, 45.

5 Ibid., 44: „Was in ihr (sc. der Philosophie) sich zuträgt, entscheidet, nicht These oder Position; das Gewebe, nicht der deduktive oder induktive, eingleisige Gedankengang. Daher ist Philosophie wesentlich nicht referierbar. Sonst wäre sie überflüssig; daß sie meist sich referieren läßt, spricht gegen sie."

6 E. Troeltsch, Gesammelte Schriften, Bd. IV, 837f.

7 Hönigswald, a.a.O., 239.

8 Ibid., 239f.

9 Vgl. Cicero, de finibus II 14, 15 sowie de officiis I 4, 14.

10 Vgl. Cicero, Tusc. I, 30.

11 Adorno, a.a.O., 65.

12 Ibid.

13 Ibid., 66.

14 Ibid.

15 Cicero, de oratore III 19, 72.

16 E. Gilson, Beredsamkeit und Weisheit bei Cicero, in: Büchner, a.a.O., 179–207, 198.

17 Cicero, de oratore III 35, 141f.

18 Vgl. Cicero, a.a.O., III 17, 64.

19 Gilson, a.a.O., 200.

20 Vgl. Cicero, a.a.O., III 23, 89.

21 Ibid., III 21, 79.

22 Gilson, a.a.O., 204.

23 Ibid., 205.

24 Cicero, a.a.O., III 35, 143.

25 Gilson, a.a.O., 182.

26 Ibid.

27 Harder, a.a.O., 20.

28 Harder, a.a.O., 21: „Es ist also der Begriffsumfang und die Begriffsfä-

bung bei dieser Menschlichkeit unter Menschen eine ähnliche wie bei dem englischen *fairness*."

Zum VIII. Kapitel

1 „Wo innerhalb der christlichen Gnosis Jesus oder Christus erscheint (beide werden geschieden, da Jesus nur als Mensch gewertet wird), bekommen sie im Erlösungswerk nur untergeordnete Aufgaben. Christus wird zwar gelegentlich in die Hierarchie des Pleroma aufgenommen. Aber gerade damit wird er ebenfalls zu einer mythischen Gestalt, die mit dem Menschen Jesus wesentlich nichts zu tun hat. Vor allem aber: das gnostisch Entscheidende ist die Selbsterkenntnis, die zugleich Gotteserkenntnis ist. Davon kann bei *Johannes* keine Rede sein: statt der Selbsterkenntnis kommt es hier auf die Erkenntnis Jesu als des Gesandten an" (E. Haenchen, Gott und Mensch, Tübingen 1965, 20).

2 R. Bultmann, Jesus Christus und die Mythologie, Hamburg [2]1955, 14.

3 Bultmann, a. a. O., 17: „Mythen geben der transzendenten Wirklichkeit eine immanente weltliche Objektivität. Der Mythos objektiviert das Jenseitige zum Diesseitigen."

4 Vgl. Celsi alēthēs lógos (ed. O. Glöckner, Bonn 1924), 1 (I, 2) – im folgenden zitiert als CC.

5 Vgl. M. Elze, Art ›Dogma‹, in: J. Ritter, a. a. O., Bd. II, Sp. 275/77.

6 W. Elert, Der Ausgang der altkirchlichen Christologie, Berlin 1957, 16.

7 Ibid., 13.

8 Adorno/Horkheimer, Dialektik der Aufklärung, a. a. O., 43.

9 Ibid., 9.

10 W. Windelband (Einleitung in die Philosophie, [2]1920, 34) konnte die Metaphysik geradezu als die 'Hypostasierung von Idealen' definieren.

11 Elert, a. a. O., 34.

12 O. Cullmann, Heil als Geschichte. Heilsgeschichtliche Existenz im Neuen Testament, Tübingen 1965, 121 f., 123.

13 Blumenberg, a. a. O., 45.

14 Ibid., 57.

15 Ibid., 51.

16 Ebert, a. a. O., 24.

17 H. Dörrie, Die platonische Theologie des Kelsos in ihrer Auseinandersetzung mit der christlichen Theologie, Göttingen 1967, 54.

18 Ibid., 55.

19 Vgl. zum Folgenden: C. Andresen, Logos und Nomos. Die Polemik des Kelsos wider das Christentum, Berlin 1955.

20 Vgl. J. Bidez, Julian der Abtrünnige, München 1940, 327.

21 Ibid., 326.

22 P. Ricœur, Symbolik des Bösen, Freiburg i. Br./München 1971, 390.

23 N. Brox, 'Was befreit, ist die Gnosis'. Die Reaktion der frühen Kirche auf eine esoterische Religion, in: Diakonia 18 (1987) 235–241, 235 ff.

24 Vgl. dazu neuerdings: H. Jonas, Typologische und historische Abgren-

zung des Phänomens der Gnosis, in: K. Rudolph (Hrsg.), Gnosis und Gnostizismus, Darmstadt 1975, 626–645.

[25] Vgl. hierzu: M. Plauen, Dityrambiker des Untergangs. Gnostizismus in Ästhetik und Philosophie der Moderne, Berlin 1994.

[26] O. Marquard, Das gnostische Rezidiv der Gegenneuzeit, in: J. Taubes (Hrsg.), Religionstheorie und Politische Theologie, Bd. 2: Gnosis und Politik, München 1984, 31.

[27] O. Marquard, Abschied vom Prinzipiellen, Stuttgart 1984, 74 f.

[28] Ders., Das gnostische Rezidiv, a. a. O., 33.

Zum IX. Kapitel

[1] „Die symbolische Umdeutung ist ein verzweifelter Ausweg, ohne die Verzweiflung sich einzugestehen" (M. Horkheimer, Zur Kritik der instrumentellen Vernunft, Frankfurt a. M. 1967, 350).

[2] M. Wundt, Plotin, Leipzig 1919, 62.

[3] Ibid., 61.

[4] Enn. II, 9, 1 und V, 6, 6.

[5] H. R. Schlette, Das Eine und das Andere. Studien zur Problematik des Negativen in der Metaphysik Plotins, München 1966, 80.

[6] Ibid., 77.

[7] W. Beierwaltes, Die Metaphysik des Lichtes in der Philosophie Plotins, ZphilF 15 (1961) 334–362, 337.

[8] Ibid., 338.

[9] In der Metaphysik Plotins sind Denken und Sein identisch, „nicht indem der Geist Sein denkt, ist oder wird allererst Sein, sondern Sein ist immer schon das dem Denken innewohnende Maß" (ibid., 339; s. auch Enn. V, 9, 8, 11).

[10] Enn. V, 2, 1, 7–8.

[11] Stenzel, a. a. O., 195 f.

[12] Enn. III, 8, 3.

[13] Enn. IV, 9, 1–5.

[14] Enn. V, 1, 3.

[15] Enn. III, 3, 3 sowie IV, 4, 10 f.

[16] Enn. II, 4, 3.

[17] Enn. II, 4, 11.

[18] Enn. I, 8, 3.

[19] Enn. I, 8, 4.

[20] Enn. II, 4, 16.

[21] Enn. III, 2, 11.

[22] Enn. III, 8, 9, 29–31.

[23] Enn. III, 8, 9, 33.

[24] Beierwaltes, a. a. O., 359.

[25] Ibid., 361.

[26] Ibid., 359.

[27] Enn. IV, 4, 2.

[28] Beierwaltes, a. a. O., 362.

[29] Enn. IV, 7. 6.

[30] Den Gnostikern gegenüber, welche die Welt als negativ abtaten, betont Plotin, daß die Welt – hervorgegangen aus dem Einen – vollkommen ist, sich selbst genügt ohne irgendeiner anderen Sache zu bedürfen, da in ihr alles enthalten sei, Pflanzen, Tiere, Menschen, Gestirne, Dämonen und Götter (vgl. Enn. III, 2, 1).

[31] Vgl. Enn. III, 2, 6 und IV, 9, 9 f.

[32] Schlette, a. a. O., 66.

[33] Vgl. Enn. V, 8, 4, 10.

[34] Enn. VI, 5, 9, 1, 10 f.

[35] Enn. V, 8, 8.

[36] Vgl. Phaidon 65 E 2–4.

[37] Vgl. Politeia 532 B 1.

[38] Vgl. Theaitetos 201 D.

[39] Enn. IV, 3, 30.

[40] Vgl. Phaidros 249 C 8/D 3.

[41] Wundt, a. a. O., 58 f.

[42] Enn. V, 3, 17 (zit. nach Wundt, a. a. O., 72).

Zum X. Kapitel

[1] Vgl. G. Colli, Die Geburt der Philosophie, Frankfurt a. M. 1981, 13–20.

[2] L. de Crescenzo [Geschichte der griechischen Philosophie. Die Vorsokratiker, dt. von L. Birk, Zürich 1985, 21] bemerkt: „Die Sieben Weisen waren zweiundzwanzig, nämlich: Thales, Pittakos, Bias, Kleobulos, Chilon, Periandros, Myson, Aristodemos, Epimenides, Leophantos, Pythagoras, Anacharsis, Epicharon, Akusilaos, Orpheus, Peisistratos, Pherekydes, Hermioneos, Lasos, Pamphilos und Anaxagoras. Das braucht uns nicht besonders zu wundern. Die in den heiligen Texten überlieferten Weisen waren so zahlreich, weil die Verfasser der Philosophiegeschichten sich über die Namen nie einigen konnten [...].

[3] Vgl. dazu: J. Greisch, Hermeneutik und Metaphysik. Eine Problemgeschichte, München 1993, 121 ff.

[4] Colli, a. a. O., 14.

[5] G. Colli, Nach Nietzsche, Frankfurt a. M. 1980, 88. Vgl. auch das Nachwort von G. Carchia und R. Klein zu: Die Geburt der Philosophie, a. a. O., 127 f.

[6] H. R. Schlette, Der Marginalismus ist ein Humanismus, in: ders., Konkrete Humanität. Studien zur Praktischen Philosophie und Religionsphilosophie, hrsg. von J. Brosseder, N. Klein, E. Weinzierl, Frankfurt a. M. 1991, 59.

[7] Parmenides, Fragmente 31 und 36, zitiert nach J. Mansfeld, *Die Vorsokratiker*, Stuttgart 1987, 331 und 333 (entspricht 28 B 16 und 28 B 19 nach Diels-Kranz).

[8] Anaxagoras, Fragment 38, zitiert nach Mansfeld, a.a.O., 525 (entspricht 59B 12 nach Diels-Kranz).

[9] Platon, *Phaidon* 97b/c.

[10] *Metaphysik* A4, 985a.

[11] *Politeia* 507a.

[12] Vgl. ibid.

[13] *Metaphysik* A1, 980a.

[14] Aristoteles, *Nikomachische Ethik*, VI,7, 1141a.

[15] Aristoteles, Über die Welt 5–6; 396b–399a.

[16] Dieser Gedanke führt zu einer Neubestimmung der Metaphysik, die allerdings im Rahmen dieser „Einführung" nicht geleistet werden kann. Ich verweise daher auf meine diesbezügliche Arbeit: Metaphysik und praktische Philosophie. Anmerkungen zu einem problematischen Verhältnis, in: LOGOS, N.F. 2(1995) 41–58.

[17] 'Cicero für Manager' oder 'Seneca für Gestreßte' sind nur zwei solcher Titel, die inzwischen für ein ganzes literarisches Genre stehen können.

[18] Obwohl zu diesem Komplex inzwischen eine Reihe fundierter Studien vorliegt – ich verweise in diesem Zusammenhang auf: M. Forschner, Die stoische Ethik, Darmstadt ²1995 –, stehen diese doch in keinem Verhältnis zu der ethisch theologischen Literatur, die sich, sieht man von den alttestamentarischen Gesetzestexten einmal ab, mit nur insgesamt wenigen Seiten der Bibel auseinandersetzen muß. Es ist in diesem Zusammenhang übrigens für die gesellschaftliche Akzeptanz der an der Antike orientierten Lebens- und Weltorientierungen bezeichnend, daß zwei oder drei Schulreformen den sogenannten Neuhumanismus einfach hinwegfegen konnten.

[19] Fragment 5; vgl. I. Dühring, Aristoteles, Heidelberg 1966, 414.

[20] P. Hadot, Philosophie als Lebensform. Geistige Übungen in der Antike, Berlin 1991, 40.

[21] Ibid.

[22] DK 22 B 1.

[23] Verhält es sich wirklich so, wenn der *logos* doch letzte Einheit der Gegensätze ist und diese als im *logos* gründend 'irgendwie' als von diesem 'gewollt' verstanden werden müssen?

[24] Ibid., 31.

[25] Ibid., 32.

[26] Vgl. hierzu: C.-A. Scheier, Klassische und existentielle Ironie: Platon und Kierkegaard, in: PhilJb 97 (1990) 238ff.

[27] Kritische Theorie, a.a.O., Bd. II, 307f.

ZEITTAFEL ZUR PHILOSOPHIE IN DER ANTIKE

Die nachstehende zeitliche Übersicht kann naturgemäß nur eine relative Chronologie präsentieren, wie sie in vielfacher Rekonstruktion eruiert worden ist, wobei in der fortschreitenden zeitlichen Aufeinanderfolge die Angaben wesentlich sicherer werden. Die größte Unsicherheit besteht bei den vorsokratischen Denkern. Die antike Zeitrechnung basierte vor allem auf den Daten, die mit der Herrschaft eines bestimmten Archonten oder einer besonderen Olympiade schriftlich fixiert wurden. Hinzu kommt, daß weniger der gesamte Lebenslauf wichtig erscheinender Persönlichkeiten erfaßt wurde, als vielmehr die 'Blüte'-Zeit *(akmḗ)*. Die folgenden Angaben wollen daher nicht im Sinne einer vollständigen Chronologie verstanden werden. Die Denker und Schulen, die nicht unmittelbar in der vorliegenden Einführung zur Sprache kamen, sind der Übersichtlichkeit und Vollständigkeit halber in Klammern angegeben.

1. *Die Ionische Schule*	
Thales von Milet	ca. 625–585 v. Chr.
Anaximander	ca. 610–545 v. Chr.
Anaximenes	gest. 525 v. Chr.
(Xenophanes	geb. um 580 v. Chr.)
Heraklit von Ephesos	ca. 540–480 v. Chr.
2. *Die Pythagoreer*	
Pythagoras von Samos	ca. 570–500 v. Chr.
(Philolaos	gegen Ende des 5. Jh. v. Chr.)
(Archytas von Tarent	zu Beginn des 4. Jh. v. Chr.)
3. *Die Eleaten*	
Parmenides von Elea	um 500 v. Chr.
Zenon von Elea	um 460 v. Chr
(Melissos	zu Beginn des 5. Jh. v. Chr.)
Empedokles	um 440 v. Chr.
Anaxagoras	ca. 500–430 v. Chr.
4. *Die Atomisten*	
Leukipp von Abdera	ca. 450 v. Chr.
Demokrit von Abdera	ca. 460–360 v. Chr.
5. *Die Sophisten*	
Protagoras	ca. 480–410 v. Chr.

Gorgias	ca. 480–400 v. Chr.
Prodikos von Keos	ca. 420 v. Chr.
Hippias von Elis	gegen Ende des 5. Jh. v. Chr.
Thrasymachos	gegen Ende des 5. Jh. v. Chr.
6. *Sokrates von Athen*	470–399 v. Chr.
7. *Hedonisten und Kyniker*	
Aristipp von Kyrene	ca. 435–355 v. Chr.
(Antisthenes	gest. um 366 v. Chr.)
(Diognes von Sinope	ca. 400–325 v. Chr.)
(Krates von Theben	gegen Ende des 4. Jh. v. Chr.)
8. *Die Schule von Megara*	
Euklid von Megara	um 400 v. Chr.
9. *Platon von Athen*	427–347 v. Chr.
10. *Die platonische Akademie*	
(Eudoxos von Knidos	ca. 410–355 v. Chr.)
(Speusipp	348–339 v. Chr.)
(Xenokrates	339–315 v. Chr.)
Arkesilaos	268–241 v. Chr.
Karneades	ca. 215–135 v. Chr.
Cicero	106–43 v. Chr.
Plutarch	48–125 n. Chr.
11. *Aristoteles von Stageira*	384–322 v. Chr.
12. *Die peripatetische Schule (Lyzeum)*	
(Theophrastos von Lesbos	372–287 v. Chr.)
Aristoxenos	ca. 350 v. Chr.
(Strato von Lampsakos	gest. 270 v. Chr.)
13. *Der Skeptizismus*	
Pyrrhon von Elis	ca. 360–270 v. Chr.
Sextus Empiricus	ca. 200–250 v. Chr.
14. *Epikur von Samos*	341–270 v. Chr.
15. *Die Stoa*	
Zenon von Kitium	ca. 335–265 v. Chr.
(Kleanthes von Troas	331–232 v. Chr.)
Chrysipp	282–209 v. Chr.
Panaitios	185–110 v. Chr.

Poseidonios	ca. 140 v. Chr.
(Seneca	gest. 65 n. Chr.)
(Epiktet	um 100 n. Chr.)
(Marcus Aurelius	121–180 n. Chr.)

16. *Die Neupythagoreer*

Philon von Alexandria	ca. 25 v. Chr.–45 n. Chr.
Apollonius	gegen Ende des 1. Jh. n. Chr.

17. *Der Neuplatonismus*

(Ammonios Sakkas	ca. 175–242 n. Chr.)
Plotin	204–270 n. Chr.
Porphyrios	ca. 300 n. Chr.

18. *Die Syrer*

Jamblichos von Chalcis	gest. 330 n. Chr.

19. *Die Schule von Athen*

Proklos	410–485 n. Chr.
(Simplikios von Kilikien	ca. 530 n. Chr.)

20. *Die Anfänge der „christlichen Philosophie"*

Tertullian	gest. um 220 n. Chr.
Origenes	gest. 254 n. Chr.
(Lactantius	ca. 300 n. Chr.)
(Aurelius Augustinus	354–430 n. Chr.)
(Boethius von Rom	480–525 n. Chr.)

AUSWAHLBIBLIOGRAPHIE

In der folgenden Auswahlbibliographie, die vor allem neuere Forschungsliteratur aus dem Zeitraum von 1980 bis 1995 enthält, wurden Textausgaben und Übersetzungen nur dann aufgenommen, wenn sie die hier gebotene Sicht der antiken Philosophie beeinflußten bzw. wenn sie über das Studium eines Einführungsbandes hinaus als unentbehrlich anzusehen sind. Der erste Band des „Handbuches der Geschichte der Philosophie" von *W. Totok* (Frankfurt 1964) erfaßt nahezu vollständig das zwischen 1920 und 1962 erschienene Schrifttum zur Philosophie in der Antike. Die im vorliegenden Text im einzelnen zitierte Literatur wurde in die Auswahlbibliographie nicht aufgenommen. Hierzu sei auf die Anmerkungen im Text verwiesen.

Textsammlungen und -ausgaben

V. E. Alfieri, Gli Atomisti, Frammenti, testimonianze e note, Bari 1936; Aristotelis quae ferebantur librorum fragmenta. Coll. V. Rose, Lipsiae 1886; Commentaria in Aristotelem Graeca, ed cons. et auct. Acad. litt. reg. Boruss. 1–23, Berolini 1882–1909 (Nachdruck Berlin 1960); Aristotelis Opera, ex recensione J. Bekkeri, ed. Acad. regia Borussia, ed. alt. Berolini 1960; Aristoteles, Philosophische Werke, In Verbindung mit … hrsg. u. m. Einl., erkl. Anm. und Register versehen von E. Rolfes, Bd. 1–3, Leipzig 1920–22 (Philosophische Bibliothek); H. v. Arnim, Stoicorum veterum fragmenta. 2. ed. Vol. 1–4. Leipzig 1921–23; R. Berger (Hrsg.), Socrate. Choix de textes et introd. par R. Berger, Genève 1949; G. H. Clark, Selections from Hellenistic philosophy, Ed. with new transl. and interpretative material. New York 1940; Corpus medicorum Graecorum, Edd. Academiae Berolinensis, Havniensis, Lipsiensis. Vol. 1 ff. Berolini 1927 ff.; F. N. Bagniet, De Chrysippi vita doctrina et reliquiis, Lovanii 1822; M. T. Ciceronis Scripta quae mansuerunt omnia. Fasc. 1 ff. Lipsiae: Teubner 1914 ff. (Neuausgabe Leipzig 1961 ff.); Corpus Hemeticum. Texte établi par A. D. Nock et trad. par A.-J. Festugière. Vol. 1.2. Paris 1945; K. Deichgräber, Die griechische Empirikerschule, Sammlung der Fragmente und Darstellung der Lehre. Berlin 1930; Democritus, Doctrines philosophiques et réflexions morales, trad. et précédees d'une introd. par M. Solvine, Paris 1928; H. Diels, Die Fragmente der Vorsokratiker. Griechisch und Deutsch, Bd. 1–3, Berlin ^{9}1959 (ed. W. Kranz); Fragmenta historicorum Graecorum. Coll. dispos., notis et prolegom. illustr. C. Muellerus. Vol. 1–5. Parisiis 1841–70; Index stoicorum herculanensis, Ed. A. Traversa, Genova 1952; Kelsos, Alethēs lógos. Exc. et restituere conatus est O. Glöckner, Bonn 1924; Lucretius, De rerum natura libri 6. Recogn. brevique adnotatione critica instr. C. Bailey (Repr.) Vol. 1–3, Oxonii 1950; W.J. Oates (ed.), Stoic and Epicurean philosophers. The complete extant writings of Epicurius, Epictetus, Lucretius, Marcus Aurelius. Ed. and with an introd., New York 1957; Parmenides' Lehrgedicht, Griechisch und Deutsch von H. Diels (Hrsg.), Berlin 1897; Patrologia Graeca, ed. J.P. Migne, 161 Bde., Paris 1857–66; Patrologia Latina, ed. J.P. Migne. 217 Bde. und 4 Reg.-Bde., Paris 1878–90; Fragmenta philosophorum Graecorum. Coll. F.W.A. Mullachus, Vol. 1–3. Parisiis 1860–81; Philonis Opera quae supersunt. Ed. L. Cohn et P. Wendland. (Ed. minor), Vol. 1–6 (Nachdruck Berlin 1962); Platonis Opera quae extant omnia. Vol. 1–3. Ed. H. Stephanus. Genevae 1578 (nach der Seitenzählung dieser Ausgabe wird allgemein zitiert); Platons Werke. Von F. Schleiermacher. T. 1, 1.2. T. 2, 1–3. Berlin 1804–1809 (zahlreiche Neuauflagen, zuletzt: Reinbek [6]1966); Plotins Opera, Ed. P. Henry et H.R. Schwyzer, Vol. 1 ff. Paris 1951; Plotins Schriften (Griech./dt.), übersetzt von R. Harder, neubearbeitet und mit griechischem Lesetext versehen sowie um Anmerkungen erweitert. Bd. 1 a.b. 2 a.b. 5 a.b., Hamburg 1956–62 (Philosophische Bibliothek); Solisti e Socrate. Una antologia dai framenti e dalle testimonianze a cura di F. Adorno, Torino 1961; H. Usener, Epicurea, Leipzig 1887 (Zitation nach dieser Sammlung); L'Oraison funèbre de Gorgias. Texte et comm. de W. Vollgraff, Leiden 1952; Xenophontis Commentarii, Recogn. W. Gilbert. Lipsiae [Leipzig] 1912.

Allgemeine grundlegende Literatur

K. Adomeit, Rechts- und Staatsphilosophie, Bd. I: Antike Denker über den Staat, Heidelberg [2]1992; A.H. Armstrong, Introduction to ancient philosophy, London [3]1957; G. Binder/B. Effe (Hrsg.), Mythos. Erzählende Weltdeutung im Spannungsfeld von Ritual, Geschichte und Rationalität, Trier 1990; R. Bubner, Antike Themen und ihre moderne Verwandlung, Frankfurt a.M. 1992; F.M. Cornford, From Religion to Philosophy. A Study in the Origins of Western Speculation, Princeton (University Press) 1991; W. Ekschmitt, Weltmodelle. Griechische Weltbilder von Thales bis Ptolemäus, Mainz 1989; R. Faber/B. Kytzler (Hrsg.), Antike heute, Würzburg 1992; O. Gigon, Antike Philosophie, Bern 1948; P. Hadot, Philosophie als Lebensform. Geistige Übungen in der Antike, Berlin 1991; U. Hölscher, Das nächste Fremde. Von Texten der griechischen Frühzeit und ihrem Reflex in der Moderne, München 1994; G. Krüger (Hrsg.), Das Verhältnis von Staat und Individuum in der Antike. Antike historische und philosophische Texte, Baden-Baden 1994; H. Lammer, Wörterbuch der Antike, Stuttgart [5]1959; W. Ludwig (Hrsg.), Die Antike in der europäischen Gegenwart, Göttingen 1992; J. Mansfeld, Studies in the Historiography of Ancient Philosophy, Assen (Van Gorkum) 1990; H.R. Schlette, Weltseele. Geschichte und Hermeneutik, Frankfurt a.M. 1993; B. Snell, Der Weg zum Denken und zur Wahrheit. Studien zur frühgriechischen Sprache, Göttingen 1978; J. Speck (Hrsg.), Grundprobleme der großen Philosophen – Philosophie des Altertums und des Mittelalters: Sokrates, Platon, Aristoteles, Augustinus, Thomas von

Aquin, Nikolaus von Kues, Göttingen ^{4}1990; J.-P. Vernant (Hrsg.), Der Mensch der griechischen Antike, Frankfurt a.M.–New York–Paris 1993; A. Zaicev, Das griechische Wunder. Die Entstehung der griechischen Zivilisation, Konstanz 1993.

Zur Diskussion um den Mythos

H. Blumenberg, Arbeit am Mythos, Frankfurt a.M. 1980; K.H. Bohrer (Hrsg.), Mythos und Moderne. Begriff und Bild einer Rekonstruktion, Frankfurt a.M. 1983; M. Eliade, Mythos und Wirklichkeit, Frankfurt a.M. 1988; C.-F. Geyer, Mythos. Formen, Beispiele, Deutungen, München 1996; K. Hübner, Die Wahrheit des Mythos, München 1985; O. Marquard, Abschied vom Prinzipiellen, Stuttgart 1981; W. Nestle, Vom Mythos zum Logos. Die Selbstentfaltung des griechischen Denkens von Homer bis auf die Sophistik und Sokrates, Stuttgart ^{2}1975; H. Poser (Hrsg.), Philosophie und Mythos, Berlin–New York 1979; E. Rudolph (Hrsg.), Mythos zwischen Philosophie und Theologie, Darmstadt 1994.

Die Vorsokratik

H. Blumenberg, Das Lachen der Thrakerin. Eine Urgeschichte der Theorie, Frankfurt a.M. 1987; K.J. Boudouris (Hrsg.), Ionian Philosophy, Athen 1989; Th. Buchheim, Die Vorsokratiker. Ein philosophisches Porträt, München 1994; G. Colli, Die Geburt der Philosophie, Frankfurt a.M. 1981; L. de Crescenzo, Geschichte der griechischen Philosophie. Die Vorsokratiker, dt. von L. Birk, Zürich 1985; A. Dihle, Aufklärung in der Antike?, in: E. Rudolph (Hrsg.), Die Vernunft und ihr Gott. Studien zum Streit zwischen Religion und Aufklärung, Stuttgart 1992, 13–32; D. Fehling, Materie und Weltbau in der Zeit der frühen Vorsokratiker: Wirklichkeit und Tradition, Innsbruck 1994; R. Ferber, Zenons Paradoxien der Bewegung und die Struktur von Raum und Zeit, Stuttgart ^{2}1995, H.-G. Gadamer (Hrsg.), Um die Begriffswelt der Vorsokratiker, Darmstadt 1968; J. Geffcken, Die griechische Aufklärung, in: Neue Jahrbücher f. d. klass. Altertum 26 (1923) 15–31; C.-F. Geyer, Die Vorsokratiker (Reihe: Zur Einführung), Hamburg 1995; T. Hammer, Einheit und Vielheit bei Heraklit von Ephesus, Würzburg 1991; E. Heitsch, Xenophanes und die Anfänge kritischen Denkens, Stuttgart 1994; K. Held, Heraklit, Parmenides und der Anfang von Philosophie und Wissenschaft. Eine phänomenologische Besinnung, Berlin–New York 1980; H. Heuser, Als die Götter lachen lernten. Griechische Denker verändern die Welt, München–Zürich 1992; W. Jaeger, Die Theologie der frühen griechischen Denker, Stuttgart 1964; G.S. Kirk/J.E. Raven/M. Schofield, Die vorsokratischen Philosophen. Einführung, Texte und Kommentare, dt. von K. Hüser, Stuttgart–Weimar 1994 (Originalausgabe: Cambridge ^{2}1983); J. Mansfeld, Die Vorsokratiker, Stuttgart 1987; W. Pleger, Die Vorsokratiker, Stuttgart 1991; R. Ranke-Graves, Griechische Mythologie, Reinbek b. Hamburg 1984; M. Ring, Beginning with the presocratics, London (Mayfield) 1987; W. Röd, Die

Philosophie der Antike I. Von Thales bis Demokrit, München 1976; J. Schlüter, Heidegger und Parmenides. Ein Beitrag zu Heideggers Parmenidesauslegung und zur Vorsokratiker-Forschung, Bonn 1979; J. Schmidt, Sophokles. König Ödipus. Das Scheitern des Aufklärers an der alten Religion, in: Ders., Aufklärung und Gegenaufklärung in der europäischen Literatur, Philosophie und Politik von der Antike bis zur Gegenwart, Darmstadt 1989, 33–55; M. Schofield, An Essay on Anaxagoras, Cambridge 1980; B. F. Taureck, Sophisten zur Einführung, Hamburg 1995; P. Thrams, Die Morallehre Demokrits und die Ethik des Protagoras, Heidelberg 1986; G. Wöhrle (Hrsg.), Anaximenes aus Milet. Die Fragmente zu seiner Lehre, Stuttgart 1993.

Sophistik und Sokratik

H. H. Benson (Ed.), Essays on the philosophy of Socrates, Oxford (University Press) 1992; G. Böhme, Der Typ Sokrates, Frankfurt a. M. 1988; J. Brun, Socrates, Paris (Presses Universitaires de France) 1991; B. Cassin (Ed.), Positions de la Sophistique, Paris (Vrin) 1987; P. Coby, Socrates and the sophistic enlightenment. A commentary on Plato's Protagoras, Lewisburg (Buchwell University Press) 1987; M. Dreher, Sophistik und Polisentwicklung, Bern 1983; Th. Ebert, Sokrates als Pythagoreer und die Anamnesis in Platons Phaidon, Stuttgart 1994; G. Figal, Sokrates, München 1995; O. Gigon, Sokrates. Sein Bild in Dichtung und Geschichte, Tübingen–Basel [3]1994; B. Gower/M. C. Stokes (Eds.), The Philosophy of Socrates and Its significance, London (Routledge) 1992; K. Joel, Der echte und der xenophonitische Sokrates, Bd. 1–3, Berlin 1893–1901; H. Kessler (Hrsg.), Sokrates. Gestalt und Idee, Heitersheim 1993; J. Mazel, Socrate, Paris (Fayard) 1987; M. Montinari, Socrates. An Approach, Amsterdam (Grüner) 1987; A. Patzer (Hrsg.), Der historische Sokrates, Darmstadt 1987; G. Rundberg, Sokrates bei Xenophon, Uppsala 1939; I. F. Stone, The trial of Socrates, London (Cape) 1988; Xenophon, Erinnerungen an Sokrates, herausgegeben von P. Jaerisch, Zürich 1987; Xenophon, Conversations of Socrates. Translated by H. Tredenick and R. Waterfield, London (Penguin) 1990; B. Waldenfels, Das sokratische Fragen. Aporie, Elenchos, Anamnesis, Meisenheim/Glan 1961.

Platon

R. Bichler, Von der Insel der Seligen zu Platons Staat. Geschichte der antiken Utopie, Wien 1995; K. Bormann, Platon, Freiburg–München 1973; W. Bröcker, Platos Gespräche, Frankfurt a. M. [3]1985; A. Demandt, Der Idealstaat. Die politischen Theorien der Antike, Köln 1993; Ders., Antike Staatsformen. Eine vergleichende Verfassungsgeschichte der Alten Welt, Berlin 1995; H. Dörrie, Die geschichtlichen Wurzeln des Platonismus, Stuttgart 1987; G. Droz, Les Mythes platoniciènes, Paris (Seuil) 1992; R. Ferber, Die Unwissenheit des Philosophen. Warum hat Plato die „ungeschriebene Lehre" nicht geschrieben?, St. Augustin

1991; H. Funke, Utopie und Tradition. Platons Lehre vom Staat in der Moderne, Würzburg 1987; P. Gardeya, Platons Parmenides. Interpretation und Bibliographie, Würzburg 1991; K. Gloy, Studien zur platonischen Naturphilosophie im Timaios, Würzburg 1986; H. Görgemanns, Platon, Heidelberg 1994; F.-P. Hager, Gott und das Böse im antiken Platonismus, Amsterdam (Rodopi) 1987; E. Heitsch, Wege zu Platon. Beiträge zum Verständnis seines Argumentierens, Göttingen 1992; K. Held, Treffpunkt Platon. Philosophischer Reiseführer durch die Länder des Mittelmeeres, Stuttgart 1990; Ch. Jermann, Philosophie und Politik. Untersuchungen zu Struktur und Problematik des platonischen Idealismus, Stuttgart 1986; H. Krämer, Das neue Platonbild, in: ZphilF 48 (1994) 1–20; G. Löhr, Das Problem des Einen und Vielen in Platons 'Philebos', Göttingen 1990; E. M. Manasse, Platonliteratur, Philos. Rundschau, Beihefte 1 und 2, Tübingen 1957 und 1961; M. F. Meyer, Philosophie als Meßkunst. Platons epistemologische Handlungstheorie, Münster–New York 1994; R. D. Mohr, The Platonic Cosmology, Leiden (Brill) 1985; D. O'Brien, Theodicèe platoniciènne, theodicèe gnostique, Leiden (Brill) 1992; P. Natorp, Platons Ideenlehre. Eine Einführung in den Idealismus, Hamburg [4]1975; W. Pfannkuche, Platons Ethik als Theorie des guten Lebens, Freiburg–München 1988; R. W. Puster, Zur Argumentationsstruktur Platonischer Dialoge, Freiburg–München 1983; J. W. Rath, Wenn Pan gewährt ... Platons Philosophie als mytho-logische Grenzerfahrung, Wien 1995; O. Seel, Die platonische Akademie, Stuttgart 1953; P. M. Steiner, Psyche bei Platon, Göttingen 1992; P. Stemmer, Platons Dialektik. Die frühen und mittleren Dialoge, Berlin–New York 1992; P. Stöcklein, Über die philosophische Bedeutung von Platons Mythen, Leipzig 1937; Th. A. Szlezak, Platon lesen, Stuttgart 1993; D. Thiel, Platons Hypomnemata. Die Genese des Platonismus aus dem Gedächtnis der Schrift, Freiburg–München 1994; K. Trampedach, Platon, die Akademie und die zeitgenössische Politik, Stuttgart 1994; O. Wichmann, Platon. Ideelle Gesamtdarstellung und Studienwerk, Darmstadt 1966; W. Wieland, Platon und die Formen des Wissens, Göttingen 1982; B. Wilke, Vergangenheit als Norm in der platonischen Staatsphilosophie, Stuttgart 1995; J. Wippern (Hrsg.), Das Problem der ungeschriebenen Lehre Platons. Beiträge zum Verständnis der platonischen Prinzipienphilosophie, Darmstadt 1972; U. Zumbrich, Mimesis bei Platon, Bern 1984.

Aristoteles

B. Bertold, Genitrix virtutum. Zum Wandel des aristotelischen Begriffs praktischer Vernunft, Münster 1986; G. Bien, Die Grundlegung der politischen Philosophie bei Aristoteles, Freiburg–München [3]1985; J. Düring, Aristoteles. Darstellung und Interpretation seines Denkens, Heidelberg 1966; F. P. Hager (Hrsg.), Metaphysik und Theologie des Aristoteles, Darmstadt 1969; J.-P. Dumont, Introduction a la methode d'Aristote, Paris (Vrin) 1992; G. Fine, On Ideas. Aristote's critizism of Plato's Theory of Forms, Oxford (University Press) 1993; St. Haacke, Zuteilen und Vergelten. Figuren der Gerechtigkeit bei

Aristoteles, Wien 1994; O. Höffe (Hrsg.), Aristoteles: Nikomachische Ethik (= Klassiker Auslegen, Bd. 2), Berlin 1995; W. Jaeger, Aristoteles. Grundlegung einer Geschichte seiner Entwicklung, Berlin ²1955; A. Kamp, Aristoteles' Theorie der Polis. Voraussetzungen und Zentralthemen, Bern 1990; A. Kenny, Aristote on the Perfect Life, Oxford (University Press) 1992; J. H. Königshausen, Ursprung und Thema von Erster Wissenschaft. Die aristotelische Entwicklung des Problems, Amsterdam (Rodopi) 1989; H. J. Krämer, Arete bei Platon und Aristoteles, Heidelberg 1959; W. Kullmann, Aristoteles und die moderne Wissenschaft, Stuttgart 1995; U. Marquardt, Die Einheit der Zeit bei Aristoteles, Würzburg 1993; W. Mesch, Ontologie und Dialektik bei Aristoteles, Göttingen 1994; K. Oehler, Der Unbewegte Beweger des Aristoteles, Frankfurt a. M. 1984; Chr. Pietsch, Prinzipienfindung bei Aristoteles. Methoden und erkenntnistheoretische Grundlagen, Stuttgart 1992; B. Plickat, Aristoteles' Begründung des politisch Guten, Frankfurt a. M. 1989; W. J. Prior, Virtue and Knowledge. An introduction to Ancient Greek ethics, London (Routledge) 1990; J. Schüssler, Aristoteles. Philosophie und Wissenschaft, Frankfurt a. M. 1982; H. Seidl, Beiträge zu Aristoteles' Erkenntnislehre und Metaphysik, Würzburg 1984; Th. A. Szlezak, Platon und Aristoteles in der Nuslehre Plotins, Basel–Stuttgart 1983; J. O. Urmson, Aristotele's ethics, Oxford (Blackwell) 1988; W. Welsch, Aisthesis. Grundzüge und Perspektiven der Aristotelischen Sinneslehre, Stuttgart 1987; F. Wolf, Aristote et la politique, Paris (Presses Universitaires de France) 1991.

Nachklassische Philosophie

C. Andresen, Logos und Nomos. Die Polemik des Kelsos wider das Christentum, Berlin 1955; C. Atherton, Stoics on Ambiguity, Cambridge (University Press) 1993; P. Barth, Die Stoa, neu bearbeitet von A. Goedeckemeyer, Stuttgart ⁶1946; O. Betz/T. Schramm, Perlenlied und Thomasevangelium. Texte aus der Frühzeit des Christentums, Zürich 1985; K. Büchner (Hrsg.), Das neue Cicerobild, Darmstadt 1971; R. Bultmann, Das Urchristentum im Rahmen der antiken Religionen, Zürich/Stuttgart ³1963; C. Colpe/L. Honnefelder/M. Lutz-Bachmann (Hrsg.), Spätantike und Christentum, Berlin 1992; K. Döring/Th. Ebert (Hrsg.), Dialektiker und Stoiker, Stuttgart 1993; M. Fleck, Cicero als Historiker, Stuttgart 1993; C.-F. Geyer, Religion und Diskurs. Die Hellenisierung des Christentums aus der Perspektive der Religionsphilosophie, Stuttgart 1990; O. Gigon, Die antike Kultur und das Christentum, Gütersloh ²1969; M. T. Griffin, Seneca: A Philosopher in Politics, Oxford (University Press) 1992; E. von Ivanka, Hellenisches und Christliches im frühbyzantinischen Geistesleben, Wien 1948; W. Jaeger, Das frühe Christentum und die griechische Bildung, Berlin 1963; F. Jürss, Die epikureische Erkenntnistheorie, Berlin 1991; K. Kabel, Die Sinnfrage des Lebens. Philosophisches Denken im frühchristlichen Vor- und Umfeld, Stuttgart 1995; P. Koslowski (Hrsg.), Gnosis und Mystik in der Geschichte der Philosophie, Zürich–München 1988; K. Löwith, Zur Kritik der christlichen Überlieferung, Stuttgart 1966; K. Löwith, Weltgeschichte und Heilsgeschehen. Die theologischen Voraussetzungen der Geschichtsphilosophie, Stuttgart [4]1961; R. Müller, Die epikureische Ethik, Berlin 1991; E. Pagels, Versuchung durch Erkenntnis. Die gnostischen Evangelien, Frankfurt a. M. 1981; L. Paquet, Les Cyniques Grecs, Ottawa 1987; M. Plauen, Dityrambiker des Untergangs. Gnostizismus in Ästhetik und Philosophie der Moderne, Berlin 1994; M. Pohlenz, Stoa und Stoiker, Zürich 1950; M. Pohlenz, Die Stoa. Geschichte einer geistigen Bewegung, 2 Bde., Göttingen [2]1955 ff.; F. Ricken, Antike Skeptiker, München 1994; K. Rudolph (Hrsg.), Gnosis und Gnostizismus, Darmstadt 1975; S. Sambursky, Religion und Naturwissenschaft im spätantiken Denken, Berlin 1981; F. H. Sandbach, The Stoics, Bristol (Bristol Press) 1989; W. Schmidthals, Neues Testament und Gnosis, Darmstadt 1984; A. Schubert, Untersuchungen zur stoischen Bedeutungslehre, Göttingen 1994; M. Scopello, Les Gnostiques, Paris (Cerf) 1991; C. Tresmontant, Biblisches Denken und hellenische Überlieferung, Düsseldorf 1956; P. Veyne, Weisheit und Altruismus. Eine Einführung in die Philosophie Senecas, Frankfurt a. M. 1993; W. Weber, Die Vereinheitlichung der religiösen Welt in der Spätantike, Stuttgart 1930; W. Weinkauf (Hrsg.), Die Stoa. Kommentierte Werkausgabe, Augsburg 1994; A. Weische, Cicero und die neue Akademie. Untersuchungen zur Entstehung und Geschichte des antiken Skeptizismus, Münster 1961.

Plotin/Neuplatonismus

K. Alt, Weltflucht und Weltbejahung. Zur Frage des Dualismus bei Plutarch, Numenios, Plotin, Stuttgart 1993; Dies., Philosophie gegen Gnosis. Plotins Polemik in seiner Schrift II 9, Stuttgart 1990; W. Beierwaltes, Denken des Einen. Studien zur neuplatonischen Philosophie und ihrer Wirkungsgeschichte, Frankfurt a. M. 1984; H. Benz, Materie und Wahrnehmung in der Philosophie Plotins, Hildesheim 1990; J. Brun, Le Neoplatonisme, Paris (Presses Universitaires de France) 1988; H. Dörries, Zur Geschichte der Mystik. Eriugena und der Neuplatonismus, Tübingen 1925; J. Halfwassen, Der Aufstieg zum Einen. Untersuchungen zu Platon und Plotin, Stuttgart 1992; Chr. Horn, Plotin über Sein, Zahl und Einheit, Stuttgart 1995; A. Ch. Lloyd, The anatomy of neoplatonism, Oxford (Clarendon) 1990; D. J. O'Meara, Plotinus. An introduction to the Enneads, Oxford (University Press) 1993; S. Sambursky/S. Pines, The Concept of Time in Late Neoplatonism, Leiden (Brill) 1987; R. Schicker, Plotin. Metaphysik und Modalität, St. Augustin 1993; H. R. Schlette, Das Eine und das Andere. Studien zur Problematik des Negativen in der Metaphysik Plotins, München 1966; V. Schubert, Pronoia und Logos. Die Rechtfertigung der Weltordnung bei Plotin, München–Salzburg 1968; V. Schubert, Plotin. Einführung in sein Philosophieren, Freiburg–München 1971; K. H. Volkmann-Schluck, Plotin als Interpret der Ontologie Platons, Frankfurt a. M. 1941; K. H. Volkmann-Schluck, Plotins Lehre vom Wesen und von der Herkunft des Schlechten, in: PhilJb 75 (1967) 1–21; M. Wundt, Plotin, Leipzig 1919.

PERSONENREGISTER

Ein Auffinden der Autoren, die in den Anmerkungen zu den einzelnen Kapiteln zitiert sind, wird erleichtert durch das Nachschlagen in der alphabetisch geordneten Auswahlbibliographie.

Die Zeittafel S. 195–197 ist für die Erfassung der Autorennamen in diesem Personenregister nicht berücksichtigt.